अधिगम का आकलन

Our other publication by
Prof. S.K. Mangal and Prof. Shubhra Mangal

— **Assessment of Learning**
— **Creating an Inclusive School**
— **Childhood and Growing up**
— **Learning and Teaching**
— **अधिगम का आकलन**
— **समेकित विद्यालय की स्थापना**
— **बाल्यकाल एवं वृद्धि-उन्मुख बालक**
— **अधिगम एवं शिक्षा**

अधिगम का आकलन
(Assessment of Learning)

प्रो. एस.के. मंगल
एम.ए., एम.एस.सी., एम.एड., पी.एच.डी (शिक्षा)

प्रो. (श्रीमती) शुभ्रा मंगल
एम.एस.सी., एम.एड., एम.फिल., पी.एच.डी. (शिक्षा)

SHIPRA

(First Published 2017)

Rs. 795

ISBN: 978-93-86262-49-3

2023 Impression

Adhigam Ka Aaklan

Published by:
SHIPRA PUBLICATIONS
LG 18-19, Pankaj Central Market,
I.P. Ext., Patparganj, Delhi 110092, India
+91 11 22235152/6152, 9650028065
info@shiprapublication.com
www.shiprapublication.com

प्रस्तावना

किसी एक शिक्षण–अधिगम परिस्थिति में एक विद्यार्थी को किस प्रकार के अधिगम अनुभव प्रदान किये जायें, इससे सम्बन्धित उचित निर्णय, इस प्रकार के अधिगम हेतु वांछित योग्यता, क्षमता तथा पूर्व ज्ञान स्तर के उचित निदान एवं आकलन के माध्यम से ही भलीभाँति संभव है। इस प्रकार के आकलन को ही 'अधिगम हेतु आकलन' की संज्ञा दी जाती है जिसकी आवश्यकता एक शिक्षण–अधिगम सम्बन्धी पूरी प्रक्रिया को शुरू से लेकर अंत तक भली भाँति अंजाम देने के लिये पड़ती रहती है। इसे रचनात्मक या निर्माणात्मक आकलन की भी संज्ञा दी जाती है। क्योंकि इसमें विद्यार्थियों को स्वतन्त्र रूप से अकेले या अपने साथियों के साथ सहयोगपूर्ण वातावरण में अपने बड़ों या अध्यापक के मार्ग निर्देशन में अधिगम अनुभव अर्जित करने में अपेक्षित सहयोग करते हुये पाया जाता है। इसलिये आज के दिनों में रचनात्मकतावादी उपागम से अनुप्रेरित शिक्षण–अधिगम वातावरण में परम्परागत संकलनात्मक मूल्यांकन आधारित अधिगम के आकलन के स्थान पर एक नवीन अवधारणा 'अधिगम हेतु आकलन' को अपनाने पर अधिक जोर दिया जा रहा है। परन्तु जहाँ तक आकलन या मूल्यांकन की उपयोगिता का प्रश्न है दोनों ही प्रकार के मूल्यांकन–रचनात्मक तथा संकलनात्मक जो 'अधिगम हेतु आकलन' तथा 'अधिगम के आकलन' प्रक्रियाओं से जुड़े रहते हैं एक शिक्षण–अधिगम परिस्थिति में आयोजित शिक्षण–अधिगम प्रक्रिया के भलीभाँति नियोजन, आयोजन तथा नियंत्रण के लिए काफी आवश्यक होते हैं।

इस प्रकार का सतत् एवं समग्र मूल्यांकन कैसे किया जाना चाहिये तथा किस प्रकार के उचित साधन एवं उपकरणों (नई विचारधारा से अनुप्रेरित साधनों सहित) का उपयोग अधिगम करने तथा किये गये अधिगम के आकलन के लिये किया जाना चाहिये। इस बात का भलीभाँति ज्ञान हमारे विद्यालयों में कार्यरत शिक्षकों को भी होना काफी आवश्यक है। इस प्रकार के ज्ञान की प्राप्ति का पहला सुनहरा अवसर पूर्व सेवाकालीन अध्यापक प्रशिक्षण कार्यक्रम के द्वारा शिक्षकों को प्राप्त होता है और इसके लिये उनके पाठ्यक्रम में इस प्रकार की व्यवस्था अवश्य ही की जानी चाहिये। राष्ट्रीय अध्यापक शिक्षा परिषद् (NCTE) ने इस संबंध में विश्वविद्यालयों तथा अध्यापक शिक्षा संस्थानों को अपने बी.एड. पाठ्यक्रम में उचित संशोधन करने हेतु दिशानिर्देश जारी किये हैं। इन्हीं का अनुगमन करते हुये गुरूगोबिन्द सिंह इन्द्रप्रस्थ विश्वविद्यालय, नई दिल्ली ने अपने द्विवार्षिक पाठ्यक्रम में 'अधिगम का मूल्यांकन'

(Assessment of Learning) नामक अध्ययन कोर्स को स्थान दिया है। प्रस्तुत पुस्तक इसी अध्ययन कोर्स की आवश्यकता पूर्ति हेतु लिखी गई है। यद्यपि यहाँ मुख्य ध्यान गुरूगोबिन्द सिंह इन्द्रप्रस्थ विश्वविद्यालय द्वारा अनुमोदित अध्ययन कोर्स की ओर ही दिया गया है परन्तु विषयवस्तु की अपनी गहनता तथा विस्तृतता की वजह से यह पाठ्यपुस्तक अन्य विश्वविद्यालयों द्वारा अनुमोदित इस पेपर के अध्ययन कोर्सों सम्बन्धी आवश्यकताओं को पूरा करने में भी अपेक्षित रूप से सहायक बन सकती है।

पुस्तक की रचना में बहुत से विद्वानों, लेखकों तथा शिक्षाशास्त्रियों की रचनाओं से यथेष्ट मार्गदर्शन प्राप्त किया गया है। हम उन सभी के आभारी हैं।

किसी भी रचना के संदर्भ में यह मानने में भी कोई कठिनाई नहीं होनी चाहिये कि प्रत्येक रचना अपने आप में अनूठी होती है। इस दृष्टि से प्रस्तुत रचना की भी अपनी कुछ विशेषतायें हैं। यथाः

- पुस्तक पूरी तरह से निर्धारित पाठ्यक्रम की आवश्यकताओं को पूरा करती है। सभी इकाइयों, प्रकरणों और बिन्दुओं पर इसमें गहराई और विस्तार से प्रकाश डाला गया है।
- भाषा सरल है और प्रस्तुतीकरण का ढंग ऐसा है जिससे विषय का स्पष्ट ज्ञान हो सके।
- पुस्तक (पेपरबैक) के अन्त में उन सभी प्रकार के अध्ययन प्रश्नों (निबन्धात्मक तथा लघुउत्तरात्मक) को स्थान दिया गया है जो पुनरावृत्ति तथा स्व-मूल्यांकन का अवसर प्रदान करने के साथ-साथ विश्वविद्यालय परीक्षा के लिए तैयारी करने में भी मदद करेंगे।
- पुस्तक के अंत में उन सभी संदर्भ ग्रंथों तथा विशेष अध्ययन योग्य पुस्तकों की सूची भी दी गई है जिनका उपयोग सदंर्भ या उपयोगी सूचना स्त्रोत के रूप में इस पुस्तक की रचना हेतु किया गया है। पाठकवृन्द को विशेष गहराई में जाने के लिये इन ग्रन्थों से उचित सहायता मिल सकती है।

अपनी इन उपरोक्त विशेषताओं के साथ प्रस्तुत रचना कैसी बन पड़ी है, इसका निर्णय तो सुयोग्य पाठकवृन्द के रूप में आपका ही रहेगा। हाँ त्रुटियों से अवगत कराने का अवश्य ही आग्रह है ताकि आगामी संस्करण में अपेक्षित सुधार लाये जा सकें।

पाठकों के लिये 'शुभ कामनाओं सहित'

एस.के. मंगल
शुभ्रा मंगल

विषय सूची

1

मापन, आकलन, मूल्यांकन तथा मूल्यांकन उपागम
(Measurement, Assessment, Evaluation and Evaluation Approaches)

विषय प्रवेश (Introduction)

विद्यालय पाठ्यक्रम का कोई भी विषय क्यों न हो उससे सम्बन्धित शिक्षण अधिगम सदैव ही उस विषय के लिए निर्धारित शिक्षण-अधिगम उद्देश्यों की पूर्ति हेतु प्रयत्नरत रहता है। यह बात शिक्षण के लिए भी पूरी तरह लागू होती है। यहाँ भी अध्यापक कक्षा विशेष के लिए निर्धारित पाठ्यक्रम का अनुसरण करते हुए अच्छी-से-अच्छी विधियों एवं तकनीकों को काम में लाता हुआ निर्धारित उद्देश्यों की पूर्ति हेतु प्रयत्नरत रहता है। अपने इन प्रयत्नों के दौरान उसे यह जानने की उत्सुकता रहती है कि उसके प्रयत्न किस दिशा में जा रहे हैं और उनके फलस्वरूप उसे निर्धारित उद्देश्यों की प्राप्ति में कितनी और किस रूप में सफलता मिल रही है। यह जानकारी उसे अपने प्रयत्नों को सही दशा और दिशा देने में बहुमूल्य सहयोग दे सकती है। उसे इस प्रकार की जानकारी तभी मिल सकती है जबकि वह यह जाने कि उसके शिक्षण के फलस्वरूप विद्यार्थियों को क्या कुछ उपलब्ध हो रहा है, तथा उनके व्यवहार में किस प्रकार के अपेक्षित परिवर्तन आ रहे हैं। इस कार्य में यहाँ उसकी सहायता वे सूचनाएं तथा आँकड़े करते हैं जिनकी प्राप्ति उसे अपने विद्यार्थियों की उपलब्धि या व्यवहार परिवर्तन का परीक्षण करने, मापने तथा मूल्यांकन के द्वारा होती है। इस दृष्टि से एक अध्यापक के लिए यह आवश्यक हो जाता है कि वह इन सभी प्रक्रियाओं-परीक्षण, मापन तथा मूल्यांकन की अवधारणा और कार्यप्रणाली से अच्छी तरह अवगत हो जाए। इस अध्याय में हम इन्हीं से अवगत होने की चेष्टा कर रहे हैं।

परीक्षण, मापन एवं मूल्यांकन की अवधारणा
(Concept of Test, Measurement and Evaluation)

आपने कुछ ऐसे परीक्षणों जैसे उपलब्धि परीक्षण, अभिरुचि परीक्षण, बुद्धि परीक्षण आदि के बारे में अवश्य सुना होगा अथवा आप स्वयं इन परीक्षणों से गुजरे होंगे। इन

सभी परीक्षणों में जैसे कि आपने देखा होगा कुछ निश्चित प्रश्न होते हैं जिनके उत्तर आपसे देने को कहा जाता है। जो उतर आपके द्वारा दिए जाते हैं उनके आधार पर यह निर्णय लिया जाता है कि आपके द्वारा दिए हुए कितने उत्तर गलत या सही हैं। उत्तरों का गलत या सही होना इस बात पर निर्भर करता है कि आपका दिया हुआ उत्तर विषय विशेष या विशेषता विशेष में आपकी किस प्रकार की उपलब्धि को दिखाता है। सही उत्तर आपको उपलब्धि, अभिरुचि विशेष तथा बौद्धिक स्तर की दृष्टि से सही ठहराते हैं तथा गलत उत्तर इन क्षेत्रों में आपकी कमी या न्यूनता की ओर संकेत करते हैं। उपरोक्त विवरण के आधार पर अब परीक्षण, परीक्षण क्षेत्र तथा मापन के अर्थ को समझा जाए। निश्चित प्रश्नों से युक्त प्रश्न–पत्र तथा मापन साधन, चाहे वह उपलब्धि की माप के लिए काम में लाया जा रहा हो अथवा अभिरुचि या बुद्धि की, परीक्षण (Tests) कहलाता है। इस मापन साधन या प्रश्न–पत्र को विद्यार्थियों को देकर जब उनसे इसमें दिए प्रश्नों के उत्तर देने को कहा जाता है तो इसे परीक्षण लेना (Testing) कहा जाता है। यहाँ अभी तक किसी भी मापन की बात नहीं उठती। मापन का अस्तित्व तब प्रकाश में आता है जब हम विद्यार्थियों द्वारा दिए गए उत्तरों को सही या गलत ठहराकर उन्हें सही के लिए एक तथा गलत के लिए शून्य अंक देने का प्रयत्न करते हैं।

मापन इस तरह परीक्षण (Test) और परीक्षण लेने (Testing) से एक कदम आगे चलने की बात है। परीक्षा या परीक्षण (Examination or Testing) जब ले लिया जाता है तब प्राप्त उत्तरों की अंकन प्रक्रिया (Scoring process) से मापन का काम शुरू होता है। परन्तु इसका यह अर्थ नहीं कि जब तक परीक्षा या परीक्षण न ले लिया जाए, मापन हो ही नहीं सकता अथवा ये कहना कि मापन से पहले परीक्षा या परीक्षण कर लिया जाना (Testing) जरूरी है, उचित नहीं है। मापन प्रक्रिया (Process of measuring) में परीक्षण साधनों (Testing devices) जैसे उपलब्धि परीक्षण, बुद्धि परीक्षण, अभिरुचि परीक्षण तथा परीक्षण विहीन साधनों (Non & testing devices) जैसे निरीक्षण, रेटिंग स्केल आदि से भी मिली जानकारी तथा आँकड़ों को, जिस विशेषता या गुण का परीक्षण या सर्वेक्षण किया जा रहा हो, उसकी संख्यात्मक (Numerical) रूप में व्याख्या करने का काम किया जा सकता है।

किसी में किसी विषय विशेष के अधिगम अर्जन को लेकर कितनी क्षमता तथा योग्यता है तथा किसी–का–किसी विशेष अभिरुचि को लेकर क्या स्तर है अथवा किसी का कितना बौद्धिक स्तर है इस बात को मापन प्रक्रिया में परीक्षण तथा सर्वेक्षण से प्राप्त सूचनाओं व ऑकड़ों को संख्यात्मक अंक (Numerical Scores) देकर अभिव्यक्त किया जाता है। फलस्वरूप जिसके अंक जितने ज्यादा या कम होते हैं उसे किसी विशेषता या गुण के मापन के संदर्भ में उतने ही ऊँचे या नीचे स्तर का घोषित किया जाता है। इस प्रकार विषय के तथ्यों, सिद्धान्तों तथा प्रक्रियाओं के

ज्ञान, अवबोध, दक्षताओं तथा अनुप्रयोग को लेकर किसका क्या स्तर है। इसकी अंकों के रूप में संख्यात्मक अभिव्यक्ति मापन के द्वारा ही सम्भव है।

मापन की अवधारणा को और अच्छी तरह समझने में हमें विभिन्न विद्वानों द्वारा दी गई कुछ निम्न परिभाषाएं काफी सहायता कर सकती हैं–

स्टीवेन्स (Stevens): "मापन किन्हीं निश्चित स्वीकृत नियमों के अनुसार वस्तुओं को अंक प्रदान करने की प्रक्रिया है।" (Measurement is the process of assigning numbers to objects according to certain agreed rules.)

रेमर्स, गेज एवं रुमेल (Remmers, Gaxe and Rummel): मापन तात्पर्य ऐसे निरीक्षणों से हैं जिन्हें परिमाणात्मक रूप में अभिव्यक्त किया जा सकता हो और जिनसे "कितना कुछ" इस प्रश्न का उत्तर प्राप्त हो।

(Measurement refers to observation that can be expressed quantitatively and answers the question "how much") — 1960, pp. 7-8.

महेश भार्गव (Mahesh Bhargava): मापन वह प्रक्रिया है जिसके अंतर्गत निरीक्षणों, वस्तुओं या घटनाओं को किसी सार्थक या एक जैसे ढंग से नियमानुसार कुछ प्रतीक या अंक प्रदान किए जाते हैं।

(Measurement is the process of assigning symbols or numerals to observations, objects or events in some meaningful or consistent manner according to rule.)—1987, p. 53.

ग्रॉन्लुंड एवं लिन (Gronlund and Linn): मापन पद विद्यार्थियों का परिमाणात्मक रूप से विवरण देने तक सीमित रहता है अर्थात् मापन के परिणाम सदैव संख्याओं में अभिव्यक्त किए जाते हैं जैसे मैरी अंकगणित की 40 समस्याओं में से 35 को सही हल कर लेती है। इसमें न तो गुणात्मक विवरण शामिल होता है (जैसे मैरी का काम बहुत साफ-सुथरा था) और न ही इसमें प्राप्त परिणामों का मूल्य और कीमत आँकने संबंधी कोई निर्णय लिया जाता है।

(The term measurement is limited to quantitative description of pupils: that is, the results of measurement are always expressed in numbers, e.g., Marry correctly solved 35 out of the total 40 arithmetic problems). It neither include qualitative descriptions (Marry's work was neat) nor imply judgement concerning the worth or value of the obtained results.

—1990, p. 6.

उपरोक्त परिभाषाओं के विश्लेषण से यह स्पष्ट हो सकता है कि मापन और कुछ नहीं बल्कि एक परिमाणिक प्रक्रिया (quantification process) है जिसमें किसी निरीक्षण या परीक्षण के दौरान किसी वस्तु या व्यक्ति विशेष के व्यवहार या प्रकृति में जो भी विशेषताएँ दिखाई देती हैं उन्हें मापन इकाइयों या संख्यात्मक मूल्यों में व्यक्त करने का प्रयत्न किया जाता है। उदाहरण के लिए, जब हम कहते हैं कि अमुक

विद्यार्थी की ऊँचाई 160 सेंटीमीटर हैं अथवा जीव विज्ञान के किसी इकाई परीक्षण में 8 अंक हैं (उसने 10 वस्तुगत प्रश्नों में से 8 के सही उत्तर दिए हैं) तब हम निश्चित रूप से उसकी ऊँचाई तथा जीव विज्ञान में उसकी उपलब्धि के संदर्भ में मापन ही कर रहे होते हैं। यहाँ एक सेंटीमीटर और एक अंक मापन के लिए प्रयुक्त विभिन्न इकाइयों (Units) का ही प्रतिनिधित्व कर रहे हैं तथा विद्यार्थी विशेष के निरीक्षण तथा परीक्षण के दौरान उसकी अपनी प्रकृति या योग्यता विशेष में जैसा प्रदर्शन देखने को हमें मिला था उसी के आधार पर उसको सापेक्षिक मापन इकाइयाँ मापने हेतु प्रदान की गई हैं। इस प्रकार वास्तव में मापन के दौरान हम निरीक्षण और परीक्षण के परिणामों को परिमाणात्मक रूप से अभिव्यक्त करने का प्रयत्न करते हैं तथा इन्हें अधिक-से-अधिक वस्तुगत तथा संक्षिप्त रूप से अभिव्यक्त करने हेतु अंकों, संख्यात्मक मूल्यों तथा मापन इकाइयों की सहायता लेते हैं।

मूल्यांकन जैसा कि हम अभी जानेंगे यह संप्रत्यय परीक्षण और मापन दोनों से ही काफी अधिक बड़ा और व्यापक है। ऐसा कुछ स्पष्ट आभास नीचे दी गई परिभाषाओं के आधार पर हमें अच्छी तरह हो सकता है

कार्टर वी. गुड (Carter V. Good): मूल्यांकन वह प्रक्रिया है जिसमें किसी जाँच स्तर को आधार बनाकर किसी वस्तु का मूल्य या कीमत निर्धारित करने या आँकने की बात की जाती है।

(Evaluation is the process of ascertaining or judging the value or amount of something by the use of a standard of appraisal)–1959 p. 209.

रेमर्स, गेज एवं रुमेल (Remmers, Gage and Rummel): मूल्यांकन केवल मात्र परीक्षण कार्यक्रम नहीं है। मूल्यांकन हेतु परीक्षण काम में लाए जाते हैं, परन्तु ये परीक्षण उन विभिन्न तकनीकों (जैसे-निरीक्षण, चेक लिस्ट, प्रश्नावली, साक्षात्कार आदि) में से एक हैं जो एक सम्पूर्ण मूल्यांकन हेतु काम में लाई जाती हैं।

(Evaluation is not just a testing programme—Tests are but one of many different techniques, such as observation, check lists, questionnaires, interviews etc. that may contribute to the total evaluation programme)–1960, p. 6.

राइटस्टोन (Wrightstone): मूल्यांकन सापेक्षिक रूप से एक तकनीकी शब्द है जो परंपरागत षरीक्षणों और परीक्षा की तुलना में एक अधिक व्यापक मापन संप्रत्यय के रूप में प्रयुक्त किया जाने लगा है-इसमें व्यक्तित्त्व संबंधी मुख्य परिवर्तनों तथा शैक्षिक कार्यक्रम से जुड़े हुए मुख्य उद्देश्यों पर बल दिया जाता है। इनमें केवल विषयवस्तु से संबंधित उपलब्धियों को ही नहीं बल्कि अभिवृत्तियों, रुचियों, आदर्शों, सोचने के तरीकों, काम करने की आदतों तथा व्यक्तिगत एवं सामाजिक अनुकूलन क्षमता को भी शामिल किया जाता है।

(Evaluation is relatively a new technical term introduced to designate a more comprehensive concept of measurement that is applied in conventional tests and examination---the emphasis---is upon broad personality changes and major objectives of educational programme- These include not only subject matter achievements but also attitudes, interests, ideals, way of thinking, work habits and personal and social adaptability.) –1956, p. 8.

टोरगेरसन एवं एडम्स (Torgerson and Adams): मूल्यांकन करने से अभिप्राय है किसी प्रक्रिया या वस्तु का मूल्य आँकना। इसलिए शैक्षिक मूल्यांकन से तात्पर्य किसी ऐसे निर्णय लेने से है जिससे यह पता चले कि कोई शिक्षण प्रक्रिया या अधिगम अनुभव किस सीमा तक सार्थक रहा।

(To cvaluate is to ascertain the value of a process or a things—Thus educational evaluation is the passing of judgement on the degree of worthwhileness of a teaching process or learning experience.) –1951 p. 5

भारतीय शिक्षा आयोग (Indian Educational Commission, 1966): अब यह माना जाता है कि मूल्यांकन एक सतत प्रक्रिया है, संपूर्ण शिक्षा प्रणाली का यह एक अभिन्न अंग है और निश्चित रूप से इसका संबंध शैक्षिक उद्देश्यों से है। विद्यार्थी की पढ़ने की आदतों, अध्यापक के पढ़ाने की विधियों पर यह बहुत गहरा असर डालता है और इस तरह यह न केवल शैक्षिक उपलब्धियों के मापन में सहायक होता है, बल्कि उनमें बढ़ोतरी भी करता है।

(It is now agreed that evaluation is a continuous process, forms an integral part of the total system of education and is ultimately related to educational objectives—It exercises, a great influence on the pupil's study habits and the teacher's method of instruction and thus helps not only to measure educational objectives but also improves it.)

क्विलन एवं हैना (Quillen and Hanna): मूल्यांकन वह प्रक्रिया है जिसमें विद्यालय द्वारा बालकों में होने वाले व्यवहार परिवर्तनों के संबंध में सूचना एकत्रित की जाती है और उनकी व्याख्या की जाती है।

(Evaluation is the process of gathering and interpreting evidences on change in the behaviour of the students as they progress through school.)

ब्रूस टकमैन (Bruce Tuckman): मूल्यांकन वह साधन है जिसके द्वारा यह पता लगाया जाता है कि कोई भी कार्यक्रम अपने उद्देश्य की पूर्ति कर रहा है या नहीं अर्थात् यह जानना कि अनुदेशनात्मक प्रक्रिया से जुड़े हुए अदा पक्ष के तत्व वांछित और निर्दिष्ट उद्देश्यों की प्राप्ति में कितने सक्षम हैं।

(Evaluation is the means of determining whether the programme is meeting its goals; that is, whether---a given set of instructional inputs match the intended or prescribed outcomes.)

रोनाल्ड डॉल (Ronald Doll): मूल्यांकन वह व्यापक और सतत प्रक्रिया है जिसके द्वारा यह जानने का प्रयत्न किया जाता है कि विषयवस्तु और इसे प्रदान करने

हेतु काम में लाए जाने वाले प्रक्रम का स्पष्ट रूप से परिभाषित उद्देश्यों की प्राप्ति हेतु किस प्रकार उपयोग किया जा रहा है।

(Evaluation is a broad and continuous effort to inquire into the effects of utilizing content and process to meet clearly defined goals.)

उपरोक्त परिभाषाओं के मनन और मंथन से मूल्यांकन के अर्थ, प्रकृति एवं विशेषताओं के संदर्भ में निम्न बातें उभरकर सामने आ सकती हैं–

- मूल्यांकन, मापन एवं परीक्षण की तुलना में काफी विषद और व्यापक संप्रत्यय है।
- यह एक ऐसी सतत प्रक्रिया है जिसमें विद्यार्थी की प्रगति के बारे में जानने हेतु सभी तरह के अथक प्रयास किए जाते हैं।
- यह शिक्षण-अधिगम प्रक्रिया के परिणामों का परिमाणात्मक (Quantitative) एवं गुणात्मक (qualitative) विवरण प्रस्तुत करता है।
- यह शिक्षण-अधिगम प्रक्रिया के फलस्वरूप विद्यार्थी के व्यवहार के सभी पक्षों (Domains of behaviour) के परिवर्तनों की जानकारी प्रदान करने में मदद करता है।
- मूल्यांकन की विधियों एवं तकनीकों का क्षेत्र कुछ परीक्षणों या परंपरागत परीक्षाओं तक ही सीमित न होकर बहु-आयामी साधनों तथा तकनीकों के प्रयोग हेतु काफी लचीलापन तथा व्यापकता प्रदान करता है।
- इसके द्वारा निर्धारित उद्देश्यों की प्राप्ति के संदर्भ में शिक्षक, शिक्षार्थी, शिक्षण विधियों तथा शैक्षिक व्यवस्था की गुणवत्ता कैसी रही इस सबकी व्यापक जाँच और मापन पूरी तरह संभव है।
- मूल्यांकन की प्रक्रिया अपने सर्वांग रूप में परीक्षण और मापन की तरह शैक्षिक उपलब्धि के मापन में ही सहायक नहीं होती, बल्कि यह शैक्षिक व्यवस्था के सभी प्रकार के अदा (Input) और प्रक्रिया (Process) पक्षों का सर्वोत्तम प्रदा (Output) के संदर्भ में मूल्यांकन करती हुई संपूर्ण शिक्षा-प्रणाली के सुधार एवं प्रगति में सहायक होती है।

मूल्यांकन, मापन से किस प्रकार भिन्न है?
(How Evaluation is Different from Measurement ?)

पीछे लिखित विवरण से यह स्पष्ट विदित हो जाता है कि मापन की तुलना में मूल्यांकन काफी विशद और व्यापक संप्रत्यय है। इन दोनों में निहित अंतर को शिक्षण अधिगम के संदर्भ में और अच्छी तरह निम्न रूप में जाना जा सकता है–

1. मापन पद का प्रयोग विद्यार्थियों की उपलब्धि और क्षमता स्तर का परिमाणात्मक विवरण प्रस्तुत करने तक ही सीमित रहता है अर्थात् मापन के परिणामों को सदैव अंकों और संख्याओं में ही अभिव्यक्त किया जाता है (जैसे-रमेश ने 100 अंकों के किसी उपलब्धि परीक्षण में 60 अंक प्राप्त किए हैं)। यहाँ रमेश की उपलब्धियों को

केवल अंकों के माध्यम से व्यक्त कर उनका परिणामस्वरूप विवरण ही दिया गया है। रमेश का कार्य साफ-सुथरा है या नहीं, उसने समस्याओं के हल में मौलिकता का परिचय दिया है या नहीं ऐसी कोई गुणात्मक विवरण सम्बन्धी बात यहां नहीं कही गई है। इसके विपरीत मूल्यांकन पद का प्रयोग विद्यार्थियों की उपलब्धि का परिमाणात्मक तथा गुणात्मक (Quantitative as well as Qualitative) दोनों ही प्रकार के विवरण प्रस्तुत करने के लिए किया जा सकता है और इसके लिए इसमें मापन युक्त तथा मापन विहीन (Measurement and Non-measurement) दोनों ही प्रकार के साधन एवं तकनीकों को प्रयोग में लाया जा सकता है। यही कारण है कि विद्यार्थियों के व्यवहार में होने वाले केवल उन परिवर्तनों के लिए जिनकी परिमाणात्मक रूप में व्याख्या की जा सकती है, मापन विधियों का प्रयोग किया जा सकता है, परन्तु जब बात व्यवहार में आए गुणात्मक परिवर्तनों की आती है तो वहाँ मापन की प्रक्रिया असफल रहती है। इसीलिए मापन की प्रक्रिया और विधियाँ जहाँ ज्ञानात्मक और क्रियात्मक व्यवहार के क्षेत्रों में आने वाले परिवर्तनों (ज्ञान, अवबोध तथा कौशलों का विकास आदि) की जाँच के लिए भलीभाँति प्रयुक्त हो सकती है वहीं वे भावात्मक क्षेत्र में आने वाले परिवर्तनों जैसे रुचियों, अभिवृत्तियों, आदतों, स्वभाव तथा समायोजन आदि की जाँच हेतु काम में नहीं लाई जा सकती। भावात्मक क्षेत्र से संबंधित व्यवहार परिवर्तनों की जाँच मूल्यांकन के लिए प्रयुक्त मापन विहीन साधन (Non-measuring devices) जैसे अवलोकन, रेटिंग स्केल, प्रश्नावली, साक्षात्कार आदि द्वारा ही संभव है। इस दृष्टि से मूल्यांकन में मापन और मापनहीन दोनों तकनीकों का प्रयोग होने के कारण इसे सभी प्रकार के व्यवहार परिवर्तनों की जाँच हेतु काम में लाया जा सकता है जबकि मापन केवल उन्हीं का संभव है जिन्हें मापन तकनीकों से मापा जा सकता हो।

2. मापन और मूल्यांकन में एक बड़ा अंतर उनकी प्रक्रिया में मूल्य निर्धारण करने या आँकने संबंधी विशेषता की अनुपस्थिति तथा उपस्थिति को लेकर है। मापन सही उत्तर के लिए 1 तथा गलत के लिए 0 अंक देने संबंधी मापन व्यवस्था को अपनाकर किसी विद्याथी को विषय विशेष विज्ञान में 100 में से 60 अंक देकर ही संतुष्ट हो जाता है। उसके इस प्रकार के अंक संबंधी मापन की उसके लिए क्या कीमत है इस बात के ऊपर कोई टीका-टिप्पणी करना मापन की प्रक्रिया में शामिल नहीं है। उसकी इस उपलब्धि को संतोषजनक, अच्छा, बहुत अच्छा, साधारण या असंतोषजनक बताना या इसके आधार पर उसे कोई डिवीजन या ग्रेड प्रदान करना मूल्यांकन के दायरे में आता है मापन के नहीं, क्योंकि मापन तो केवल मात्र संख्यात्मक या परिमाणात्मक विवरण ही प्रस्तुत कर सकता है, गुणात्मक विवरण देना इसके क्षेत्र से बाहर की बात है।

3. मापन में केवल मात्र मापन तकनीकों और विधियों का ही प्रयोग होता है जबकि मूल्यांकन में मापन युक्त और मापन विहीन (Measurement and non-measurement) दोनों प्रकार की तकनीकों तथा विधियों का प्रयोग किया जाता है।

मूल्यांकन में एक तरह से मापन अपने आप ही शामिल हो सकता है परंतु मापन के लिए यह बात नहीं। दूसरी बात यह है कि मूल्यांकन के लिए मापन पर आश्रित रहना जरूरी नहीं है। दूसरे शब्दों में, पहले किसी वस्तु या विशेषता का मापन किया जाएगा उसके पश्चात् ही उसका मूल्य निर्धारण होगा यह बात नहीं। हम बिना मापन किए हुए अवलोकन, रेटिंग, प्रश्नावली तथा साक्षात्कार आदि मापनहीन तकनीकों का प्रयोग करते हुए किसी वस्तु, या व्यवहारगत विशेषता की जाँच कर सकते हैं तथा उसका मूल्य निर्धारित कर सकते हैं। उसकी अच्छाई, बुराई तथा स्तर के बारे में अपनी राय जाहिर कर सकते हैं।

4. इस तरह अगर उचित रूप से समीक्षा करके देखा जाए तो हमें मापन की तुलना में मूल्यांकन की संपूर्णता एवं व्यापकता के संदर्भ में निम्न तथ्य देखने को मिल सकते हैं–

(i) मूल्यांकन मापन के परिणामों पर निर्भर रह सकता है, परन्तु फिर वह एक कदम आगे बढ़कर इन परिणामों की सार्थकता या निरर्थकता पर अपना निर्णय देने का प्रयत्न अवश्य करता है। जैसे अगर विद्याथों के 60 प्रतिशत अंक हैं तो वह बताएगा कि उपलब्ध परिस्थितियों में उसके इतने अंकों की उपलब्धि का क्या मूल्य है।

(ii) मूल्यांकन परिस्थिति विशेष में किसी विद्यार्थी की उपलब्धि का मूल्य आँकने हेतु वांछित सूचना या आँकड़ों की प्राप्ति हेतु मापन परिणामों पर ही निर्भर नहीं करता, बल्कि ऐसी सभी तकनीक और साधन भी जिनमें मापन नहीं होगा–जैसे साक्षात्कार, रेटिंग स्केल, अवलोकन, प्रश्नावली आदि से प्राप्त परिणामों को भी विद्यार्थी की उपलब्धियों की सार्थकता जानने या मूल्य आँकने के लिए काम में लिया जा सकता है।

(iii) विद्यार्थियों की प्रगति की समीक्षा करने अथवा उनकी उपलब्धियों का मूल्य आँकने हेतु मूल्यांकन में परिमाणात्मक विवरण (मापन तकनीकों के जरिए) तथा गुणात्मक विवरण (मापनहीन तकनीकों के जरिए) दोनों ही प्रकार की सूचनाओं या आँकड़ों का प्रयोग किया जा सकता है।

उपरोक्त तीनों निष्कर्षों को सूत्र रूप में निम्न प्रकार अभिव्यक्त किया जा सकता है–

(i) मूल्यांकन = प्रगति का परिमाणात्मक विवरण (मापन) + मूल्य निर्धारण
(ii) मूल्यांकन = प्रगति का गुणात्मक विवरण (मापन विहीन) + मूल्य निर्धारण
(iii) मूल्यांकन = प्रगति का परिमाणात्मक एवं गुणात्मक विवरण + मूल्य निर्धारण

उपरोक्त तीनों प्रकार के संबंधों की चित्रात्मक रूप में निम्न प्रकार प्रस्तुति की जा सकती है–

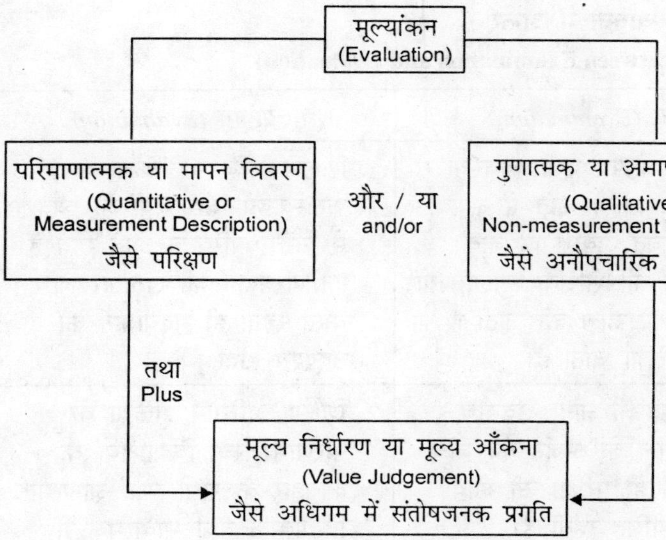

चित्र 1.1: मूल्यांकन संप्रत्यय की व्यापकता

(स्त्रोत: Gronlund and Linn, 1900. p. 6.)

परीक्षा की अवधारणा (Concept of Examination)

परीक्षा एक बहुत ही आम-प्रचलित पद है। किसी भी बात की जाँच या आकलन उसकी यथार्थता एवं अयथार्थता, सच या झूठ, उचितता या अनुचितता आदि के सम्बन्ध में करने हेतु किसी परीक्षा विशेष से गुजरने की बात की जाती रही है। शिक्षा के क्षेत्र में भी विद्यार्थियों की उपलब्धि या निष्पत्तियों की जाँच, आकलन तथा मापन हेतु परीक्षा पद का प्रयोग पम्परागत रूप से होता रहा है। वर्ष के सत्रों में इनका अवलोकन करने हेतु त्रैमासिक परीक्षा, अर्धवार्षिक परीक्षा, वार्षिक परीक्षा आदि पदों का प्रयोग किया जाता रहा है तथा इन्हें विभिन्न प्रारूपों जैसे मौखिक परीक्षा, प्रयोगात्मक परीक्षा तथा लिखित परीक्षा के रूप में लिया जाता रहा है। लिखित परीक्षा के विभिन्न प्रारूपों जैसे निबन्धत्मक परीक्षा, लघु उत्तरात्मक परीक्षा, अति लघु-उत्तरात्मक परीक्षा तथा वस्तुनिष्ठ परीक्षा आदि के प्रचलन से भी हम अच्छी तरह परिचिति हैं। परन्तु किन्हीं कारणवश परीक्षा शब्द/पद का स्थान आजकल आकलन (Assessment) तथा मूल्यांकन (Evaluation) ने ले लिया है क्योंकि इन दोनों पदों का उपयोग उस जाँच, मापन तथा आकलन की ओर संकेत करता है जिससे विद्यार्थियों के व्यवहार में आने वाले सभी प्रकार के परिवर्तनों गुणात्मक तथा संख्यात्मक का व्यवहार के सभी क्षेत्रों-ज्ञानात्मक, क्रियात्मक एवं भावात्मक के संदर्भ में निरन्तर एवं व्यापक आकलन जाँच तथा मापन किया जा सके। परीक्षा तथा मूल्यांकन पदों में निहित अन्तर को हम संक्षेप में निम्न प्रकार व्यक्त कर सकते हैं।

परीक्षा एवं मूल्यांकन में अन्तर
(Distinction between Examination and Evaluation)

परीक्षा *(Examination)*	मूल्यांकन *(Evaluation)*
1. परीक्षा से तात्पर्य ऐसी व्यवस्था से है जिसमें वर्ष के अंत में अथवा एक निश्चित अवधि के बाद विद्यार्थियों की शैक्षिक उपलब्धियों के संदर्भ में जांच की जाती है या परीक्षण लिया जाता है।	1. शिक्षण अधिगम प्रक्रिया के फलस्वरूप विद्यार्थियों के व्यवहार में निरंतर परिवर्तन आते रहते हैं। इन परिवर्तनों की लगातार जांच करते रहना ही मूल्यांकन का उद्देश्य होता है।
2. विषय सम्बन्धी ज्ञान, अवबोध तथा कौशल के अर्जन की जांच करने तक ही परीक्षा की कार्य प्रणाली सीमित रहती है।	2. शिक्षण अधिगम प्रक्रिया के परिणामस्वरूप विद्यार्थियों के व्यवहार के सभी पक्षों-ज्ञानात्मक, क्रियात्मक तथा भावात्मक में अपेक्षित परिवर्तन लाए जाते हैं। व्यवहार और व्यक्तित्व में आने वाले सभी प्रकार के परिवर्तनों की जांच करना ही मूल्यांकन का प्रयोजन होता है।

आंकलन की अवधारणा (The Concept of Assessment)

विद्यार्थियों को निर्धारित शिक्षण-अधिगम उद्देश्यों की पूर्ति हेतु कक्षा शिक्षण तथा अन्य गतिविधियों के माधयम से अपेक्षित अधिगम अनुभव प्रदान करने का कार्य किया जाता है और इस कार्य हेतु शिक्षकों द्वारा विविध प्रकार की विधियों तथा तकनीकों का उपयोग किया जाता है तथा विद्यार्थियों द्वारा इन्हें अर्जित करने हेतु अपनी ओर से विशेष प्रयास किये जाते हैं, उनका यह प्रयास कितना सार्थक रहा तथा उन्होंने किस प्रकार की शैक्षिक उपलब्धि या निष्पत्ति का प्रदर्शन किया इसका उचित आकलन करने हेतु विभिन्न प्रकार की परीक्षण परीक्षा, मापन तथा मूल्यांकन तरीकों का उपयोग किया जाता है। इस तरह जब हम विद्यार्थियों की किसी भी प्रकार की उपलब्धि या निष्पत्ति स्तर की जाँच या आकलन की बात करते हैं तो इस कार्य हेतु हमसे जो भी बन पड़ता है वह सभी कुछ करने का सभी ओर से प्रयत्न करते हैं ताकि जाँच या आकलन में कोई कमी न रह जाये। इस आकलन से केवल विद्यार्थियों की अधिगम क्षमता या प्रयासों का ही पता नहीं चलता बल्कि शिक्षण अधिगम प्रक्रिया से जुड़ी सभी बातों का आकलन यहाँ संभव होता है। अध्यापक ने पढ़ाने ने कितनी समर्थता जताई, विषयवस्तु/अधिगम अनुभवों का चयन कैसा रहा तथा शिक्षण विधियों

तकनीकों का चयन एवं प्रयोग कितना सार्थक रहा आदि आदि। इस तरह अपनी सर्वांगता तथा व्यापकता में आकलन और मूल्यांकन शब्दों का प्रयोग एक जैसे ही अर्थों की अभिव्यक्ति करता हुआ प्रतीत होता है और यही कारण है कि इन दोनों को समानार्थी एवं पर्यायवाची पदों के रूप में ही प्रयुक्त किया जाता है।

अधिगम का आकलन तथा अधिगम के लिए आकलन में अन्तर (Distinction between Assessment of Learning and Assessment for Learning)

अधिगम का आकलन (Assessment of Learning)

अधिगम का आकलन पद का प्रयोग आकलन कार्य के उस प्रकार के लिए होता है, जो एक अधिगम गतिविधि, या कार्यक्रम के क्रियान्वयन के उपरान्त अधिगमकर्ता के अधिगम या व्यवहारात्मक परिणामों के आकलन के लिए किया जाता है। इस प्रकार के आकलन की प्रमुख विशेषताओं को निम्न रूप में स्पष्ट किया जा सकता है–

1. इस प्रकार के आकलन के द्वारा हम निम्न बातों की जाँच की कोशिश करते हैं–

   (i) अधिगम प्रयत्नों के फलस्वरूप अधिगम अपने अच्छे या बुरे रूप में किस प्रकार सम्पन्न हुआ?

   (ii) किसी विषय अथवा कार्य को करने के सम्बन्ध में अधिगम उद्देश्यों की प्राप्ति या उपलब्धि कहाँ तक सम्भव हो पाई?

   (iii) अधिगम के परिणामस्वरूप अधिगमकर्ता के व्यवहार में किस प्रकार के परिवर्तन प्रकाश में आए।

2. यह किसी अधिगम प्रक्रिया के विशुद्ध परिणामों के रूप में जाना जा सकता है और यह इस तरह एक प्रकार से अधिगमकर्ता के अन्तिम अधिगम व्यवहार तथा प्रारम्भिक व्यवहार के बीच का विशुद्ध अन्तर होता है जिसे सूत्र के रूप में हम निम्न प्रकार व्यक्त कर सकते हैं:

   अधिगम का आकलन = अधिगम प्रक्रिया के अन्त में अधिगमकर्ता का अधिगम स्तर – अधिगम प्रक्रिया के शुरू होने से पहले अधिगम स्तर

3. अधिगमकर्ता को अपने अधिगम प्रयासों के परिणाम से परिचित कराने के लिए यह अधिगम की समाप्ति पर किया जाता है।

4. अधिगमकर्ता के अधिगम परिणामों का आकलन करने के लिए समय और निर्धारित कार्यक्रम के आधार पर रचनात्मक भी हो सकता है और संकलनात्मक भी। जब यह एक पाठ्यक्रम, सेमेस्टर या फिर एक निश्चित अवधि के बाद समुचित रूप से लिया जाता है तब यह संकलनात्मक आकलन का स्वरूप ले लेता है परन्तु जब आकलन या मूल्यांकन की प्रक्रिया एक सतत प्रक्रिया के रूप में चलती रहती है तो उस अवस्था में सम्पन्न आकलन रचनात्मक आकलन का स्वरूप ले लेता है। यहाँ हम

अधिगमकर्ता के अधिगम प्रतिफलों का आकलन समय-समय पर बहुत अधिक बार करने की कोशिश करते हैं ताकि अधिगमकर्ता की अधिगम प्रक्रिया और परिणामों पर पूर्णरूप से नियंत्रण रखा जा सके।

अधिगम के लिए आकलन (Assessment for Learning)

"अधिगम के लिए आकलन या मूल्यांकन" पद आकलन कार्य के उस रूप के लिए प्रयुक्त होता है जिसका प्रयोग एक विद्यार्थी या अधिगमकर्ता में पहले से उपस्थित अधिगम क्षमता को जानने तथा यह निश्चित करने के लिए किया जाता है कि किसी दिए गए कार्य का अधिगम करने की उसमें कितनी क्षमता या योग्यता है। इस प्रकार के आकलन के परिणाम एक विद्यार्थी को किसी विषय विशेष के अंश को सीखने और शिक्षक के लिए उस विषय विशेष का अंश पढ़ाने के कार्य को काफी आसान और ठीक ढंग से विधिपूर्वक पढ़ाने के योग्य बना देता है। इस प्रकार की जानकारी के आधार पर वे अपनी अधिगम या शिक्षण की यात्रा के लिए सही रूप में योजना बना सकते हैं। इस प्रकार के आकलन की प्रकृति एवं विशेषताओं को निम्न रूप से स्पष्ट किया जा सकता है –

1. इस आकलन के बारे में अधिगम कार्य शुरू करने या क्रियान्वित करने से पूर्व ही सम्पन्न किया जाता है।

2. इस प्रकार के आकलन से जो परिणाम प्राप्त होते हैं उनके आधार पर ही अधिगम कार्य प्रारम्भ करने के बारे में निर्णय लिए जाते हैं।

3. इस प्रकार के आकलन में एक अध्यापक उस समय संलग्न रहता हुआ दिखाई दे सकता है जब वह अपने विषय सम्बन्धी किसी प्रकरण को पढ़ाने से पूर्ण विद्यार्थियों के पूर्वज्ञान का आकलन कर रहा होता है। उस विषय से सम्बन्धित बालकों को जिस प्रकार की जानकारी और पूर्वज्ञान होता है उसी के परिप्रेक्ष्य में वह अपने पाठ पढ़ाने से सम्बन्धित विधियों और प्रस्तुतीकरण करने के ढंग की योजना बनाता है। इस तरह अध्यापकों के द्वारा अपना पाठ पढ़ाने के समय पूर्वज्ञान की जो परीक्षा ली जाती है वह अधिगम के लिए किया जाने वाला आकलन ही है।

4. विभिन्न परीक्षणों और मापकों जैसे–आईक्यू (IQ), ईक्यू (EQ) परीक्षण, अभिवृत्ति परीक्षण, रुचि अनुसूची, व्यक्तित्व अनुसूची, स्वभाव तथा मूड की पहचान आदि के द्वारा विद्यार्थियों के बारे जो पृष्ठपोषण मिलता है वह अधिगम के लिए आकलन के रूप में एक प्रभावशाली अदा (Input) का कार्य करता है। एक विशेष प्रकार के अधिगमकर्ता के लिए किस प्रकार का अधिगम उचित रहेगा इन सब बातों का निर्णय इस प्रकार के अधिगम के लिए आकलन से प्राप्त पृष्ठपोषण की सहायता से ठीक प्रकार से किया जा सकता है। इस प्रकार की प्रतिपुष्टि के प्रकाश में अधिगम प्रक्रिया के संचालन के लिए अपनाई जाने वाली विधियों, प्रयुक्त की जाने वाली सहायक सामग्री आदि के बारे में निर्णय लिए जा सकते हैं।

5. जिसे निदानात्मक आकलन या परीक्षण कहा जाता है वह अपने आप के

अधिगम के लिए प्रयुक्त आकलन और मूल्यांकन ही है। इस प्रकार के आकलन और परीक्षण के द्वारा हम अधिगमकर्ता की अधिगम कठिनाइयों तथा अधिगम सम्बन्धी कमजोरियों अथवा अच्छाइयों का पता लगाने का प्रयत्न करते हैं जिनका सम्बन्ध किसी विषय विशेष के प्रकरण के अधिगम अथवा कार्य को सीखने से होता है। इस प्रकार के निदान से हमें जो प्रतिपुष्टि प्राप्त होती है उसी की मदद से हमें उपचारात्मक कदम उठाने सम्बन्धी निर्णय लेने में आसानी रहती है ताकि अधिगमकर्ता की अधिगम कठिनाइयों का निवारण किया जा सके। अधिगम मार्ग में आने वाली इन बाधाओं को पार करने से ही अधिगम का आगे का रास्ता आसान हो जाता है और इस प्रकार से निदानात्मक परीक्षण या आकलन अधिगम के लिए आकलन अथवा मूल्यांकन सम्बन्धी भूमिका का अच्छा निर्वहन करता हुआ प्रतीत होता है।

6. रचनात्मक मूल्यांकन या आकलन में हम एक अधिगमकर्ता के अधिगम की समय-समय पर, यह जाँच करने के लिए कि वह अपने अधिगम पथ पर क्या प्रगति कर रहा है, आकलन करते हैं। अधिगम प्रक्रिया के किसी एक या अन्य स्तर पर किया गया इस प्रकार का आकलन 'अधिगम के लिए आकलन' (Assessment for learning) की भूमिका का भलीभांति निर्वहन करता है क्योंकि यह अधिगमकर्ता को आगे के अधिगम के लिए उसकी तैयारी और क्षमता से परिचित कराता है। इससे अधिगमकर्ता को उसके अधिगम पथ में होने वाली कमजोरियों, कमियों और कठिनाइयों की जानकारी कराता है। इस प्रकार का पृष्ठपोषण आगे के अधिगम के लिए वांछित रूप से योजना बनाने और व्यवस्था करने में अधिगमकर्ता की सहायता करता है।

इस प्रकार से किसी एक या अन्य साधनों के द्वारा विभिन्न रूपों में अधिगम के लिए 'आंकलन के लिए आकलन' (Assessment for learning) सम्पन्न किया जा सकता है। हालांकि अपने सभी स्वरूपों और प्रकारों में इसकी प्रकृति और प्रयोजन हमेशा ही पूर्ण रूप से रचनात्मक रहता है, अर्थात् किसी भी प्रकार का अधिगम कार्य करने के संदर्भ में, उसे उचित प्रकार से क्रियान्वित करने के लिए एक अधिगमकर्ता की सहायता करना या उसके लिए तैयार करना।

आकलन या मूल्यांकन की आवश्यकता एवं उद्देश्य
(Needs and Objectives of Assessment or Evaluation)

मूल्यांकन के प्रयोजनों एवं कार्यों को आधार बनाकर शिक्षण में मूल्यांकन की आवश्यकता और उद्देश्यों को निम्न प्रकार लिपिबद्ध किया जा सकता है:

1. किसी शिक्षण-अधिगम परिस्थिति में किसी कक्षा या स्तर विशेष के विषयों के शिक्षण हेतु अनुदेशनात्मक या शैक्षिक उद्देश्यों के निर्धारण अथवा उनमें संशोधन करने में सहायता प्रदान करना।

2. किसी शिक्षण-अधिगम परिस्थिति तथा कक्षा या स्तर विशेष के विषयों के शिक्षण हेतु अधिगम अनुभवों का चयन और आयोजन में सहायता प्रदान करना।

3. किसी शिक्षण-अधिगम परिस्थिति तथा कक्षा या स्तर विशेष के विषयों के शिक्षण में उनकी विभिन्न शाखाओं तथा प्रकरणों के संदर्भ में वांछित शिक्षण विधियों, तकनीकों तथा शिक्षण साधनों के चयन और उपयोग में सहायता करना।

4. विद्यार्थियों की सामान्य तथा विशेष अधिगम कठिनाइयों के निदान तथा वांछित उपचारात्मक शिक्षण के आयोजन में सहायता करना।

5. अध्यापक को विद्यार्थियों की आवश्यकताओं तथा उपलब्ध शिक्षण-अधिगम परिस्थितियों को ध्यान में रखते हुए उसके शिक्षण कार्य के उचित नियोजन एवं संगठन में मदद करना।

6. अध्यापक और विद्यार्थियों दोनों को ही अपने-अपने उत्तरदायित्वों को निभाने हेतु वांछित अभिप्रेरणा (आंतरिक तथा बह्य)प्रदान करना।

7. निर्देशन एवं परामर्शदाताओं को जरूरतमंद विद्यार्थियों को शैक्षिक, व्यक्तिगत एवं व्यावसायिक निर्देशन एवं परामर्श सेवाएँ प्रदान करने में सहायता करना।

8. किसी दी हुई शिक्षण-अधिगम परिस्थिति में कक्षा या स्तर विशेष के लिए निर्धारित शिक्षण के उद्देश्यों की उपलब्धि में सहायता करना।

9. मूल्यांकन परिणामों के आधार पर शिक्षकों, विद्यार्थियों, माता-पिता, परामर्शदाताओं प्रशासकों, पाठ्यक्रम निर्माणकर्ताओं, अनुसंधानकर्ताओं तथा नियोजनकर्ताओं को अपने-अपने क्षेत्र में अपने-अपने कर्तव्यों के निर्वाह हेतु उचित निर्णय लेने में सहायता करना।

आकलन या मूल्यांकन का क्षेत्र और कार्य

(Scope and Functions of Assessment or Evaluation)

शिक्षण अधिगम प्रक्रिया के विभिन्न स्तरों या पक्षों पर विद्यार्थियों के अधिगम प्रतिफलों का आकलन या मूल्यांकन उन सभी व्यक्तियों जो किसी भी रूप में मूल्यांकन या आकलन के परिणामों के अनुप्रयोग और कार्यों से जुड़े हुए होते हैं के लिए ही मूल्यवान सिद्ध होते हैं। आकलन या मूल्यांकन के इस क्षेत्र संबंधी व्यापकता तथा किये जाने वाले कार्यों, शीर्षकों के अन्तर्गत निम्न बातों को ध्यान में रखते हुए कर सकते हैं -

(A) शिक्षण अधिगम प्रक्रिया के ऊपर पूर्ण नियंत्रण रखना।

(B) विभिन्न प्रकार के कार्यों या प्रयोजनों के क्रियान्वयन में सहायता करना।

एक शिक्षण अधिगम परिस्थिति में विद्यार्थियों के अधिगम परिणामों के आकलन और मूल्यांकन के महत्व और उपयोगिता को ठीक प्रकार से समझने के लिए आइए हम इन दोनों बातों के बारे में एक-एक करके चर्चा करते हैं।

(A) शिक्षण अधिगम प्रक्रिया के ऊपर पूर्ण रूप से नियंत्रण रखना

(Exercising over all control over the Teaching Learning Process)

विद्यार्थियों का हित चिंतन ही सभी प्रकार के शिक्षण का एकमात्र उद्देश्य होता है और विद्यार्थियों का हित इसी में है कि उनके उचित विकास एवं प्रगति के लिए उनके

व्यवहार में वांछनीय परिवर्तन लाए जाएँ। इस प्रकार के परिवर्तनों को लाने हेतु किसी भी विशेष आयु तथा ग्रेड स्तर पर उचित रूप से नियोजन करना होता है। शुरूआत शिक्षण अधिगम उद्देश्यों के निर्धारण से हो सकती है। जिनके माध्यम से यह तय किया जाता है कि शिक्षण अधिगम प्रक्रिया के फलस्वरूप व्यवहार में किस प्रकार के परिवर्तन लाए जाने हैं। ये परिवर्तन किस प्रकार लाए जा सकते हैं या दूसरे शब्दों में निश्चित उद्देश्यों की प्राप्ति कैसे संभव है। इस बात पर सोच-विचार कर अब आगे शिक्षण अधिगम सामग्री, विधियों, प्रविधियों, शिक्षण सहायक सामग्री तथा गतिविधियों का चयन करने का प्रयत्न किया जाता है। इस तरह विषय विशेष से सम्बन्धित विषय सामग्री, पाठ्यक्रम, शिक्षण-अधिगम विधियों एवं तकनीक आदि का चुनाव करके विद्यार्थियों को अच्छे-से-अच्छे अधिगम अनुभव प्रदान करने का इस प्रकार प्रयत्न किया जाता है कि निर्धारित शिक्षण-अधिगम उद्देश्यों की प्रभावपूर्ण ढंग से उपलब्धि संभव हो सके। शिक्षण-अधिगम मार्ग पर आगे बढ़ते हुए एक स्थिति ऐसी आती है जबकि शिक्षार्थी और शिक्षक दोनों की ही यह इच्छा जागती है कि वे यह जानें कि उनके शिक्षण अधिगम प्रयत्न किस रूप में आगे बढ़ रहे हैं। किस सीमा तक किस रूप में उनके कदम निर्धारित शिक्षण-अधिगम उद्देश्यों की पूर्ति की ओर आगे बढ़ रहे हैं, इसी बात की थाह पाते रहना ही शिक्षण-अधिगम प्रक्रिया पर समुचित नियंत्रण रखने हेतु आवश्यक चीज बन जाती है और यह कार्य मूल्यांकन द्वारा ही संभव हो पाता है। इस प्रकार से जहाँ शिक्षण-अधिगम के लिए नियोजन का पहला चरण उद्देश्यों के निर्धारण से शुरू होता है और फिर अधिगम अनुभवों के उचित चयन एवं आयोजन तथा इन अनुभवों को प्रदान करने हेतु उपयुक्त विधियों, तकनीकों तथा शिक्षण सामग्री के चयन एवं उपयोग द्वारा इन उद्देश्यों की पूर्ति हेतु विशेष प्रयत्न किए जाते हैं, वहीं मूल्यांकन के परिणाम समय-समय पर यह बताने की चेष्टा करते रहते हैं कि जो कुछ भी हो रहा है वह ठीक दिशा और दशा में हो रहा है अथवा नहीं। शिक्षण अधिगम उद्देश्य ठीक प्रकार निर्धारित किए गए हैं या नहीं। अधिगम अनुभवों का चयन और आयोजन कितना उपयुक्त है, शिक्षण विधियाँ, तकनीक तथा सामग्री कितनी सार्थक हैं, विद्यार्थियों और शिक्षक के प्रयत्न कितने सही हैं, आदि-आदि। इस तरह सम्पूर्ण शिक्षण अधिगम प्रक्रिया पर समुचित नियंत्रण रखते हुए उसे ठीक दिशा और दशा में आगे बढ़ाने हेतु उपयुक्त पृष्ठपोषण (feedback) प्रदान करते रहना ही एक अच्छी मूल्यांकन प्रक्रिया का एकमात्र उद्देश्य होता है।

मूल्यांकन द्वारा शिक्षण अधिगम की सम्पूर्ण प्रक्रियाओं तथा सभी अवयवों पर इस प्रकार के नियंत्रण को आगे दिए गए चित्र 1.2 द्वारा अच्छी तरह समझा जा सकता है।

(B) आकलन या मूल्यांकन द्वारा किए जाने वाले कार्य और प्रयोजन
(Function and Purposes served through Assessment or Evaluation)

विद्यार्थियों के अधिगम प्रतिफलों का आकलन या मूल्यांकन निम्न प्रकार के महत्वपूर्ण कार्यों या प्रयोजनों की प्राप्ति में सहायता करता हुआ पाया जाता है:

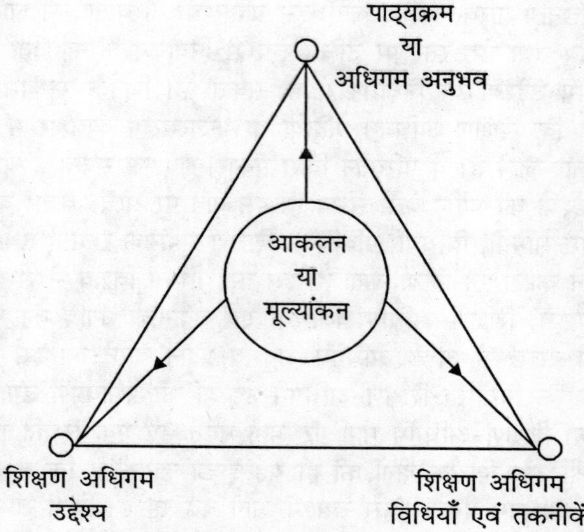

चित्र 1.2: शिक्षण अधिगम प्रक्रिया पर नियंत्रण

1. अभिप्रेरणात्मक कार्य (Motivational Functions): अध्ययन के दौरान अगर विद्यार्थियों को अपनी प्रगति और अधिगम परिणामों के बारे में पता चलता रहे तो इसमें उन्हें अधिगम पथ पर ठीक तरह आगे बढ़ते रहने हेतु वांछित अभिप्रेरणा प्राप्त होती रहती है। आकलन की प्रक्रिया एक सतत प्रक्रिया होती है। इसके परिणामों से बालकों की अपनी प्रगति और अधिगम पथ पर अपनी उचित दिशा और दशा का ज्ञान होता रहता है और यही बात उन्हें शिक्षण अधिगम प्रक्रिया में पूरी तरह अभिप्रेरित बनाए रखने में भरसक मदद करती रहती है। इसके अतिरिक्त मूल्यांकन या आकलन परिणामों को बहुधा अध्यापक तथा विद्यार्थियों को वांछित प्रोत्साहन प्रदान करने हेतु भी काम में लाया जाता है जैसे डिवीजन, ग्रेड, सर्टीफिकेट, प्रशंसा-पत्र, मैडल इत्यादि प्रदान करने हेतु मूल्यांकन परिणामों को ही आधार बनाया जाता है। इस प्रकार के प्रोत्साहन उपायों का दोतरफा लाभ होता है। एक तो जिनकों इन्हें प्रदान किया जाता है उन्हें उचित अभिप्रेरणा प्राप्त होती है तथा इसके अतिरिक्त साथी विद्यार्थियों तथा अध्यापकों को भी ऐसा ही कुछ कर दिखाने हेतु उचित अभिप्रेरणा प्राप्त होने की सम्भावना रहती है।

2. चयन या नियुक्ति में सहायता (Placement Function): विद्यार्थियों के अधिगम प्रतिफल, योग्यताओं और निष्पत्तियों का आकलन या मूल्यांकन किसी एक या अन्य प्रकार की चयन या नियुक्ति सम्बन्धी गतिविधियों में निम्न प्रकार से सहायता करता है–

(i) मूल्यांकन से प्राप्त प्रदत्त, किसी एक विशेष शैक्षिक संस्था में उपलब्ध किसी विशेष शैक्षणिक या व्यावसायिक पाठ्यक्रम में विद्यार्थियों का चुनाव करने या किसी कोर्स विशेष में नियुक्ति करने में सहायता करते हैं।

(ii) विद्यालय की किसी सहपाठ्य क्रिया या स्पोर्ट और खेलकूद आदि में भाग लेने के लिए या किसी भी अभिरुचि (Hobby) के लिए विद्यार्थियों का चयन कर उस समिति का सदस्य नियुक्त करने का कार्य विद्यार्थियों के मूल्यांकन से प्राप्त प्रदत्तों के आधार पर ही किया जाता है।

(iii) विभिन्न प्रकार की नौकरियों के लिए प्रार्थियों का चयन करने में भी विद्यालय मूल्यांकन से प्राप्त परिणाम काफी सहायता करते हैं।

3. पृष्ठपोषण एवं सूचनात्मक कार्य (Feedback and Informational Functions): मूल्यांकन परिणामों को शिक्षण-अधिगम प्रक्रिया की सफलता हेतु, वांछित संप्रेषण कायम रखने के लिए तथा सभी सम्बन्धित व्यक्तियों को आवश्यक जानकारी प्रदान करने के काम में अच्छी तरह प्रयुक्त किया जा सकता है। मूल्यांकन द्वारा दिए गए ऐसे कुछ कार्य निम्न प्रकार के हो सकते हैं-

(i) मूल्यांकन के द्वारा विद्यार्थियों को अपनी अधिगम प्रगति के बारे में समय-समय पर वांछित सूचनाएँ प्राप्त होती रहती हैं। अपनी ताकत और कमजोरियों का ज्ञान उन्हें लगातार ऐसा पृष्ठपोषण (Feedback) देता रहता है जिससे वे अपने-आपको अधिगम पथ पर उचित ढंग से आगे बढ़ा सकें।

(ii) मूल्यांकन के परिणामों से अध्यापकों को भी अपने शिक्षण के बारे में उचित पृष्ठपोषण (Feedback) प्राप्त होता रहता है। वे अपनी शिक्षण की प्रभावशीलता तथा विधियों और शिक्षण सामग्री की उपयुक्तता या कमियों से परिचित होते रहते हैं।

(iii) अंक, ग्रेड, सर्टीफिकेट, स्टार, प्रगति-पत्र तथा अध्यापक द्वारा विद्यार्थियों की डायरी इत्यादि में दिए जाने वाले रिमार्क आदि मूल्यांकन परिणामों की ही देन होते हैं। इन सभी के द्वारा प्रत्यक्ष और अप्रत्यक्ष रूप से माता-पिता तथा अभिभावकों को अपने बालकों की प्रगति के बारे में लगातार वांछित सूचनाएँ प्राप्त होती रहती हैं और इन्हीं के आधार पर अपने बालकों के कल्याण हेतु आगे उनका शिक्षकों तथा विद्यालय अधिकारियों से आवश्यक संप्रेषण और संपर्क बना रहता है।

(iv) मूल्यांकन के द्वारा शिक्षकों के अतिरिक्त विद्यालय के अन्य सम्बन्धित व्यक्तियों को भी विद्यार्थियों के बारे में आवश्यक जानकारी प्राप्त होती रहती है। पुस्तकालय, प्रयोगशाला, कार्यशाला तथा विद्यालय कार्यालय के कर्मचारियो, खेल अधिकारी आदि सभी व्यक्तियों को ऐसी सभी जानकारी विद्यार्थियों को उनकी प्रगति तथा प्रशासनिक सेवाओं को व्यवस्थित करने में काफी सहायता कर सकती है।

(v) मूल्यांकन परिणामों द्वारा विद्यालय के प्रशासनिक अधिकारियों तथा शिक्षा अधिकारियों को विद्यार्थियों तथा विद्यालय की प्रगति के बारे में अपेक्षित जानकारी मिलती रहती है इस जानकारी के आधार पर ही वे विद्यालयों की कार्यप्रणाली पर उचित नियन्त्रण रखने में कामयाब होते हैं।

(vi) मूल्यांकन के परिणामों के माध्यम से लोगों को विद्यालय विशेष की प्रगति तथा कार्यप्रणाली से परिचित होने का अवसर प्राप्त होता है। बोर्ड तथा प्रतियोगिता परीक्षाओं में विद्यालय के जो परिणाम आते हैं और पाठांतर क्रियाओं, समारोहों तथा प्रतियोगिताओं में जब भी किसी विद्यालयों का नाम रोशन होता है उससे विद्यालयों की सापेक्षिक प्रगति से भलीभाँति परिचित हुआ जा सकता है।

(vii) मूल्यांकन के परिणामों से जो आँकड़े सामने आते हैं उन्हीं का सहारा लेकर अध्यापक तथा व्यक्ति विशेष पर विद्यार्थियों की सफलता तथा असफलता का श्रेय अथवा जवाबदेही लाद दी जाती है। इसी के आधार पर उन्हें अपनी कार्यप्रणाली में अपेक्षित सुधार लाने का अवसर मिलता है।

4. सर्टिफिकेट, ग्रेडिंग प्रदान करने तथा प्रोन्नत करने सम्बन्धी कार्य (Certification, Grading and Promotion Function): मूल्यांकन या आकलन से प्राप्त प्रदत्त या परिणाम निम्न प्रकार के कार्यों के सम्पादन में भीलभाँति उपयोग में लाये जा सकते हैं:

(i) किसी एक विद्यार्थी ने कोई एक अधिगम पाठ्यक्रम, या शिक्षण स्तर या विद्यालय या बोर्ड की परीक्षा उत्तीर्ण कर ली है, तथा उस कोर्स में विद्यार्थी ने कितने अंक प्राप्त किए हैं, उसकी निष्पत्ति का क्या स्तर रहा है तथा उसने कक्षाविद्यालय या जिले में कौन-सा स्थान प्राप्त किया है, इन सब बातों को प्रमाणित करते हुए प्रमाणपत्र प्रदान करने में मूल्यांकन परिणाम ही प्रमुख आधार का कार्य करता है।

(ii) किसी शैक्षणिक या सहशैक्षणिक या गैर-शैक्षणिक क्षेत्र में विद्यार्थी का प्रदर्शन या उपलब्धि किस स्तर की रही है, उसे यह बताने के लिए मूल्यांकन या आकलन परिणाम के आधार पर ही ग्रेड (जैसे- A+, A, B+, B, आदि) प्रदान करने का कार्य किया जाता है।

(iii) विद्यार्थियों को एक कक्षा या श्रेणी से अगली कक्षा या श्रेणी में प्रोन्नत (Promote) करने के लिए मूल्यांकन या आकलन परिणाम की सहायता लेनी पड़ती है। इसके अलावा विद्यालय की किसी खेल की टीम के कैप्टन का चयन करने, नेतृत्व करने वाले लड़के या लड़की का चयन करने आदि में भी मूल्यांकन या आकलन प्रक्रिया की ही सहायता लेनी पड़ती है।

5. निदानात्मक कार्य (Diagnostic Function): विभिन्न शैक्षणिक या गैर-शैक्षणिक क्षेत्रों में विद्यार्थियों की अधिगम कठिनाइयों या कमजोरियों का पता लगाने के लिए भी मूल्यांकन या आकलन से प्राप्त प्रदत्तों की सहायता ली जाती है और इस प्रकार का निदान करने के उपरान्त सुधार के लिए समुचित प्रयास किए जाते हैं, जैसे-

(i) जरूरतवन्द विद्यार्थियों के लिए मार्गदर्शन एवं परामर्श सेवाओं की व्यवस्था करना।

(ii) अधिगम कठिनाईयों से युक्त जरूरतवन्द विद्यार्थियों के लिए विशेष उपचारात्मक शिक्षा की व्यवस्था करना।

6. नियोजन सम्बन्धी कार्य (Planning Function): आकलन या मूल्यांकन से प्राप्त प्रदत्त या परिणाम शिक्षण अधिगम कार्य के नियोजन से सम्बन्धित निम्न कार्यो को करने के लिए उपयोग में लाए जा सकते हैं:

(i) शिक्षण अधिगम के क्रियान्वयन हेतु उचित शिक्षण अधिगम उद्देश्यों का निर्माण करना।

(ii) उचित अधिगम अनुभवों का चयन तथा आयोजन करना और वांछित पाठ्यक्रम का विकास करना।

(iii) शिक्षण अधिगम की विधियाँ एवं तकनीक तथा शिक्षण सहायक सामग्री आदि की चयन सम्बन्धी योजना बनाना।

(iv) उपचारात्मक शिक्षण, वैयक्तिक अनुदेशन तथा सामूहिक क्रियाओं एवं विशिष्ट या शैक्षिक कार्यक्रम आदि के आयोजन की योजना बनाना।

मूल्यांकन या आकलन उपागम (Evaluation or Assessment Approaches)

जैसा कि हम इस अध्याय के पहले कह चुके हैं, अधिगम का आकलन और अधिगम के लिए आकलन में दो प्रकार के उपागम शामिल होते हैं-निर्माणात्मक या रचनात्मक आकलन तथा संकलनात्मक आकलन। आइये अब इन दोनों प्रकार के आकलनों या मूल्यांकनों की प्रकृति और कार्यों से परिचित होने का प्रयत्न किया जाये।

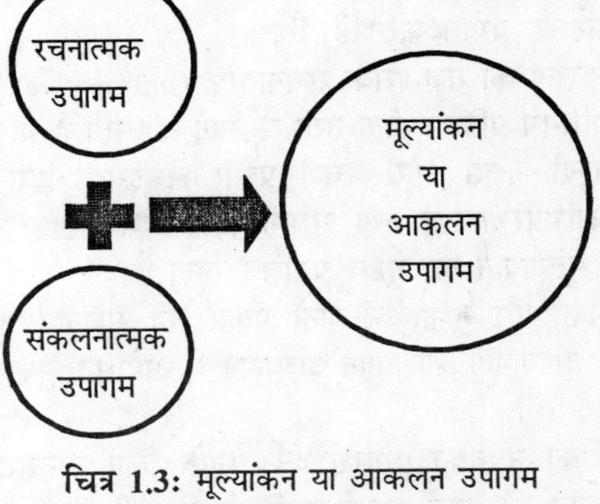

चित्र 1.3: मूल्यांकन या आकलन उपागम

1. निर्माणात्मक या रचनात्मक मूल्यांकन (Formative Evaluation): इस प्रकार का मूल्यांकन शिक्षण-अधिगम प्रक्रिया के क्रियान्वयन स्तर (Implementation Stage) पर किया जाता है। दूसरे शब्दों में यह पता लगाने के लिए इसकी जरूरत पड़ती है कि शिक्षण-अधिगम प्रक्रिया के परिणामस्वरूप विद्यार्थी के व्यवहार में अपेक्षित परिवर्तन आ भी रहे हैं या नहीं। जो कुछ परिश्रम शिक्षक द्वारा शिक्षण कार्य हेतु किया जा रहा है या विद्यार्थी द्वारा अधिगम अर्जन में किया जाता है, वह सब कुछ ठीक दिशा और

दशा को प्राप्त हो रहा या नहीं। अगर मूल्यांकन के परिणाम कहीं कुछ भी कमी की ओर संकेत करते हैं तो शिक्षक और शिक्षार्थी दोनों को ही अपने शिक्षण तथा अधिगम विधियों, कार्यप्रणाली, शिक्षण अधिगम अनुभव, शिक्षण/अधिगम परिस्थितियों तथा वातावरण आदि में अनुकूल परिवर्तन लाने के बारे में सोचना पड़ता है। इसी तरह अगर परिणाम संतोषजनक हों तो उसी तरह आगे बढ़ते रहने या उससे कुछ बेहतर करने की प्रेरणा मिलती रहती है। इस तरह इस प्रकार के मूल्यांकन के परिणाम शिक्षण-अधिगम प्रक्रिया को सदैव ही एक नवीन रूप देने, नए तरह से उसका निर्माण करने आदि के रूप में फलीभूत होते रहते हैं। उद्देश्य केवल यही रहता है कि विद्यार्थी के निर्माण या विकास के कार्य को सही दिशा और दशा प्राप्त होती रहे। इस प्रकार के मूल्यांकन में औपचारिक (जैसे चैकलिस्ट, प्रश्नोत्तर, परीक्षण, अभ्यास कार्य, प्रदत्त कार्य) तथा अनौपचारिक (जैसे अवलोकन, विद्यार्थियों की टिप्पणियों, संवाद या पूछे जाने वाले प्रश्नों पर ध्यान देना) दोनों ही प्रकार की तकनीक या प्रविधियों का प्रयोग किया जा सकता है। इस प्रकार के मूल्यांकन की मुख्य विशेषताओं को संक्षेप में निम्न प्रकार से लिपिबद्ध किया जा सकता है।

- पाठ के पढ़ाने या अनुदेशन प्रदान करने के दौरान यानी अनुदेशन की क्रियान्वयन अवस्था में (पूर्व या बाद में नहीं) ही इस प्रकार का मूल्यांकन किया जाता है।
- इससे विद्यार्थियों को अपनी प्रगति के बारे में जानकारी मिलती रहती है, मुख्यतया वह यह जानते हैं कि निर्धारित उद्देश्यों की प्राप्ति हेतु अभी उन्हें किस प्रकार के प्रयत्न करने हैं।
- इसकी सफलता का राज इसके सूचनात्मक (Informative) बने रहने में ही है। शिक्षण-अधिगम प्रक्रिया ठीक तरह से आगे बढ़ रही है या नहीं यह जानकारी जितनी जल्दी-जल्दी और अच्छी प्रकार से इसके द्वारा मिलती रहे और अपेक्षित अभिप्रेरणात्मक तथा सुधारात्मक कदम उठाए जाते रहें यही इस प्रकार के मूल्यांकन का मुख्य प्रयोजन रहता है।
- परिमाणात्मक और गुणात्मक दोनों प्रकार की सूचनाएं तथा आँकड़े प्रदान करके यह अध्यापक को अपने अध्यापन में अपेक्षित सुधार लाने में सहायता करता है।
- विद्यार्थियों को उपयुक्त परामर्श देने, उनके लिए उपचारात्मक शिक्षण की व्यवस्था करने और उन्हें अपनी प्रगति के लिए शिक्षकों से उपयुक्त सहायता लेने को प्रेरित करने में इसका विशेष योगदान रहता है।
- इस प्रकार के मूल्यांकन के परिणामों को विद्यार्थियों की उपलब्धियों के बारे में अच्छी या बुरी राय बनाने, फेल-पास करने, ग्रेडिंग करने, उनकी आपस में तुलना करने आदि में प्रयुक्त नहीं किया जाता और न ही किसी तरह उनका स्थायी रूप से कार्यालय के रिकार्ड में आलेखन किया जाता है।

2. संकलनात्मक मूल्यांकन (Summative evaluation): इस प्रकार का मूल्यांकन कार्य पाठ या इकाई विशेष में शिक्षण/अनुदेशन के उपरांत किया जाता है। एक तरह से इसके द्वारा यह पता लगाने का प्रयत्न किया जाता है कि पाठ के शिक्षण-अधिगम के द्वारा विद्यार्थियों के व्यवहार में कैसे परिवर्तन आए, अधिगम की दृष्टि से उनको क्या कुछ उपलब्ध हुआ आदि। इस प्रकार के मूल्यांकन में भी औपचारिक (जैसे- अध्यापक निर्मित तथा मानकीकृत परीक्षणों, प्रश्नावली, साक्षात्कार, रेटिंग स्केल, अधिन्यास, प्रोजेक्ट कार्य आदि) और अनौपचारिक (जैसे-अवलोकन, समूह चर्चा, विद्यार्थियों द्वारा की गई टिप्पणी दिए गए उत्तर, दिए जाने वाले कार्य आदि) दोनों ही प्रकार की तकनीक एवं विधियों का प्रयोग किया जा सकता है। इस प्रकार के मूल्यांकन में सामान्य रूप से निम्न प्रकार की विशेषताएं देखने को मिलती हैं।

- पाठ या अधिगम इकाई के शिक्षण-अधिगम के परिणामस्वरूप विद्यार्थियों की होने वाली अंतिम प्रगति का चित्र इस प्रकार के मूल्यांकन द्वारा ही प्राप्त होता है।
- निर्माणात्मक या रचनात्मक मूल्यांकन की तरह यह बार-बार नहीं किया जाता, इसे अंतिम रूप में पाठ या इकाई शिक्षण के उपरांत ही किया जाता है।
- इस प्रकार के मूल्यांकन परिणामों का विद्यार्थियों की पारस्परिक तुलना करने, फेल पास करने, मेरिट सूची बनाने, डिवीजन या ग्रेड देने, डिग्री और डिप्लोमा प्रदान करने तथा उनके चयन, प्रमोशन आदि के बारे में निर्णय लेने आदि कार्यों में अच्छी तरह प्रयुक्त किया जा सकता है। इस प्रकार के मूल्यांकन परिणामों को ही विद्यालय के स्थायी कार्यालय के रिकार्ड में रखा जाता है और इसी से सम्बन्धित सूचनाएं प्रगति-पत्र (Progress Report) में दर्ज की जाती हैं।

2

सतत एवं समग्र मूल्यांकन
(Continuous and Comprehensive Evaluation—CCE)

सतत एवं समग्र मूल्यांकन क्या है?
(What is Continuous and Comprehensive Evaluation)

मूल्यांकन किसी भी शिक्षण प्रक्रिया का एक आवश्यक और अभिन्न अंग है क्योंकि यह किसी शिक्षण अधिगम परिस्थिति की सफलता या असफलता की सीमा के बारे में पृष्ठपोषण प्रदान करने के लिए आधार का काम करता है।

अभी कुछ ही समय से मूल्यांकन का एक नया स्वरूप सतत एवं समग्र मूल्यांकन पद विद्यालय शिक्षा के क्षेत्र में प्रयोग में लाया जाने लगा है। संक्षेप में हम जानने का प्रयास करते हैं कि यह सतत एवं समग्र मूल्यांकन पद से क्या अभिप्राय है, और यह किस प्रकार से परम्परागत मूल्यांकन और इसके अर्थ से भिन्न है। सतत एवं समग्र मूल्यांकन की अवधारणा ने मूल्यांकन को शिक्षण अधिगम प्रक्रिया का एक अभिन्न अंग बना दिया है। इसका लक्ष्य निदान और उपचार के द्वारा अधिगम में वृद्धि करना है। "हमारी राष्ट्रीय शिक्षा नीति 1986" में "मूल्यांकन प्रक्रिया और परीक्षा सुधार" शीर्षक के अन्तर्गत मूल्यांकन की इस प्रणाली पर बहुत जोर डाला गया है। इससें साफ साफ कहा गया है कि परीक्षा प्रणाली में पुनर्विचार और सतत एवं समग्र मूल्यांकन प्रणाली के लिए प्रावधान करने की जरूरत है जो कि स्कोलेस्टिक तथा नॉनस्कोलेस्टिक दोनों पक्षों के सम्पूर्ण अनुदेशनात्मक समय के विस्तार में फैला हुआ हो। इसी के अनुसार देश के सभी विद्यालय शिक्षा परिषदों के द्वारा सतत एवं समग्र मूल्यांकन को अपनाया गया है।

सतत एवं समग्र मूल्यांकन पद को सेन्ट्रल बोर्ड ऑफ सैकेंडरी एजूकेशन द्वारा जारी किए गए मैनुअल (2009) में निम्न प्रकार स्पष्ट किया गया है:

> *"सतत एवं समग्र मूल्यांकन से अभिप्राय विद्यालय आधारित एक ऐसी मूल्यांकन व्यवस्था से है जिसमें विद्यार्थियों के विकास सम्बन्धी सभी पक्षों के मूल्यांकन का ध्यान रखा जाता है। यह आकलन की विकासात्मक प्रक्रिया है जिसमें दो बातों का विशेष ध्यान रखा जाता है एक तो मूल्यांकन*

> *की सततता तथा दूसरे विस्तृत या सर्वांग अधिगम और व्यवहारगत परिणामों का आकलन।"*
>
> *(Continuous and Comprehensive Evaluation – CCE refers to a system of school—based evaluation of students that covers all aspects of students development. It is a developmental process of assessment which emphasizes on two fold objectives. These objectives are continuity in evaluation and assessment of broad-based learning and behaviour outcomes on the other.)*

यहाँ 'सतत' शब्द की व्याख्या करते हुए इस मैनुअल में बताया गया है कि विद्यार्थियों में वृद्धि एवं विकास सम्बन्धी पक्षों का मूल्यांकन एक बार में किया जाने वाला कार्य नहीं बल्कि सम्पूर्ण शिक्षण अधिगम प्रक्रिया से सम्बन्धित पूरे सत्र में चलने वाली एक सतत एवं अनवरत प्रक्रिया है। मूल्यांकन में इस प्रकार की सततता से अभिप्राय आकलन में नियमितता लाने, इकाई परीक्षणों की संख्या में वृद्धि करने, अधिगम कमियों का निदान करने, सुधारात्मक उपायों को अपनाने, पुनः परीक्षण तथा इन सबसे उपलब्ध परिणामों का विद्यार्थियों तथा अध्यापकों द्वारा स्व-मूल्यांकन हेतु उपयोग करने से है। इसी तरह 'समग्रता' से अभिप्राय मूल्यांकन को ऐसा समग्र एवं पूर्ण बनाना है कि उसके द्वारा विद्यार्थियों के वृद्धि एवं विकास से सम्बन्धित स्कोलेस्टिक (Scholastic) तथा नॉन-स्कोलेस्टिक (Non-Scholastic) दोनों ही पक्षों का उचित मूल्यांकन किया जा सके।

किसका और कैसे मूल्यांकन किया जाए?

(What should be Assessed and How ?)

1. सतत एवं समग्र मूल्यांकन की अवधारणा यह माँग करती है कि विद्यार्थियों के व्यवहार में होने वाले सभी प्रकार के परिवर्तनों-ज्ञानात्मक, क्रियात्मक तथा भावात्मक और व्यक्तित्व विकास के सभी आयामों-शारीरिक, बौद्धिक, सामाजिक, संवेगात्मक, नैतिक तथा आध्यात्मिक, कलात्मक एवं सौन्दर्यात्मक, रचनात्मक तथा सृजनात्मक आदि में होने वाली वृद्धि एवं विकास का सतत एवं समग्र आकलन एवं मूल्यांकन किया जाए।

2. व्यवहार परिवर्तन एवं व्यक्तित्व विकास सम्बन्धी उद्देश्यों की पूर्ति हेतु जो भी प्रयत्न कक्षा और कक्षा के बाहर स्कोलेस्टिक (Scholastic) तथा नॉन-स्कोलेस्टिक (Non-Scholastic) पाठ्य एवं सह-पाठ्य क्रियाओं के माध्यम से किया जाए उन सबका अपेक्षित आकलन एवं मूल्यांकन करना अब किसी भी विद्यालय की मूल्यांकन व्यवस्था का प्रमुख ध्येय बन जाना चाहिए। इसके लिए उसे निर्माणात्मक या रचनात्मक मूल्यांकन (Formative Evaluation) तथा संकलनात्मक मूल्यांकन (Summative Evaluation) दोनों का ही यथोचित उपयोग करना चाहिए।

3. समग्र मूल्यांकन की अवधारणा अब यह भी माँग करती है कि परिमाणात्मक मूल्यांकन (Quantitative Evaluation) के साथ-साथ गुणात्मक/वर्णनात्मक मूल्यांकन (Qualitative/Descriptive Evaluation) प्रक्रिया भी आवश्यकतानुसार अपनायी जाए।

संक्षेप में समग्र मूल्यांकन की अवधारणा में निम्न से सम्बन्धित अधिगम और विकास प्रयत्नों को शामिल किया जा सकता है:

1. विद्यालय में पढ़ाये जाने वाले विभिन्न विषय से सम्बन्धित शिक्षण अधिगम उपलब्धियों का आकलन।
2. इन विषयों से सम्बन्धित प्रयोगात्मक क्रियाओं तथा व्यवहार अनुप्रयोग सम्बन्धी अधिगम उपलब्धियों का आकलन।
3. विद्यालय में सम्पन्न सह-पाठ्य क्रियाओं में भागीदारी एवं उपलब्धियों का आकलन।
4. विद्यार्थियों द्वारा अर्जित एवं अन्तर्निहित विभिन्न प्रकार के कौशल जैसे चिन्तन एवं समायोजन सम्बन्धी कौशल, जीवन रक्षा एवं जीवनयापन करने सम्बन्धी कौशल, नागरिकता एवं जनतांत्रिक जीवन जीने सम्बन्धी कौशल आदि का आकलन।

सतत एवं समग्र मूल्यांकन की आवश्यकता एवं महत्व (The Need and Importance of CCE)

सतत एवं समग्र मूल्यांकन शब्दावली अपने शाब्दिक अर्थ में एक ऐसे मूल्यांकन की ओर संकेत करती है जो सतत एवं समग्र हो यानी जिसमें सततता (Continuity) और समग्रता (Comprehensive) दोनों प्रकार के गुणों का भलीभाँति समन्वय हो। यहाँ प्रश्न उठता है कि मूल्यांकन की सततता अथवा निरंतरता तथा उसकी समग्रता या व्यापकता से हमारा क्या आशय हो सकता है तथा इस प्रकार के मूल्यांकन की हमारे विद्यालय शिक्षा व्यवस्था को क्या जरूरत है? इन्हीं प्रश्नों के उत्तर हमें सतत एवं समग्र मूल्यांकन के वास्तविक अर्थ और अवधारणा से समुचित रूप में परिचित करा सकते हैं।

मूल्यांकन की सततता (Continuity of Evaluation)

यह सही है कि शिक्षण अधिगम प्रक्रिया के परिणामों से अवगत होने के लिए ही हम मूल्यांकन का सहारा लेते हैं। परिणामों की यह जानकारी हमें विद्यार्थियों के व्यवहार (संज्ञानात्मक, क्रियात्मक तथा भावात्मक) में आने वाले परिवर्तनों से परिचित कराती है। परन्तु यह भी सत्य है कि जैसे-जैसे शिक्षण अधिगम प्रक्रिया चलती है वैसे-वैसे ही विद्यार्थियों के व्यवहार में आने वाले परिवर्तनों की प्रक्रिया भी साथ-साथ शुरू हो जाती है। शिक्षण अधिगम प्रक्रिया के किन प्रयत्नों और किन परिस्थितियों के फलस्वरूप किस प्रकार के परिवर्तन बालकों के व्यवहार में आए इसकी नवीनतम जानकारी प्राप्त करना काफी महत्वपूर्ण होता है। अब चूँकि परिवर्तन सतत एवं निरन्तर चलते ही रहते हैं अत: यह आवश्यक हो जाता है कि इनकी जाँच का कार्य भी निरन्तर और सतत रूप में चलता रहे। परम्परागत मूल्यांकन प्रणाली में इन परिवर्तनों की जाँच इनके सतत एवं निरन्तर रूप में दिए जाने का अभाव रहता है। सत्र या वर्ष के अन्त में ली जाने वाली परीक्षाओं से यह पता चलता था कि अपेक्षित परिवर्तन किस रूप में आए हैं। अगर फिर उस आधार पर हम विद्यार्थी को उत्तीर्ण या अनुतीर्ण

घोषित करते थे परन्तु तब तक बहुत देर हो चुकी होती है। अगर यह पहले ही मालूम हो जाता है कि विद्यार्थी के व्यवहार में परिवर्तन अपेक्षित रूप में नहीं हो रहे हैं तो कमजोरियों एवं कठिनाइयों का निदान कर उपयुक्त समाधान तलाश किए जा सकते थे। सतत मूल्यांकन प्रणाली इस गलती को सुधारने की दिशा में एक सशक्त एवं व्यावहारिक कदम है। इस व्यवस्था में विद्यार्थी के व्यवहार में आने वाले परिवर्तनों की निरन्तर एवं सतत रूप से जाँच किए जाने का प्रावधान रहता है ताकि शीघ्र से शीघ्र और समय-समय पर हमें अपनी शिक्षण अधिगम प्रणाली में अपेक्षित सुधार लाते रहने के लिए आवश्यक चेतावनी मिलती रहे।

मूल्यांकन की सततता, क्यों (Continuity of Evaluation, Why ?)

मूल्यांकन की अपनी प्रक्रिया में बराबर निरन्तरता या सततता बनी रहना कई दृष्टियों से आवश्यक होता है जिन्हें निम्न प्रकार समझा जा सकता है –

(i) मूल्यांकन का सम्बन्ध और उसका प्रयोजन बालक के सम्पूर्ण व्यवहार में आने वाले सभी प्रकार के परिवर्तनों (ज्ञानात्मक, क्रियात्मक तथा भावात्मक व्यवहार परिवर्तनों) से होता है। शिक्षण अधिगम अनुभवों और शिक्षण अधिगम में होने वाले प्रयत्नों के आधार पर बालक में इस प्रकार के परिवर्तन हर समय घटित होते रहते हैं। किन प्रयत्नों और किन परिस्थितियों के फलस्वरूप किस प्रकार के परिवर्तन बालक के व्यवहार में आते रहते हैं इसकी नवीनतम जानकारी प्राप्त करना काफी महत्वपूर्ण होता है। अब चूँकि ये परिवर्तन सतत एवं निरन्तर चलते ही रहते हैं। अतः यह आवश्यक हो जाता है कि इनकी जाँच का कार्य भी निरन्तर और सतत रूप में चलता रहे।

(ii) निश्चित शिक्षण अधिगम उद्देश्यों की प्राप्ति किस सीमा तक और किस रूप में हो रही है, उनके लिये किए जाने वाले प्रयत्न कहाँ तक ठीक है, बालक के द्वारा जो कुछ प्राप्त हो रहा है वह कहाँ तक उचित है, इस बात की जितनी जल्दी और लगातार जानकारी प्राप्त होती रहे उतना ही शिक्षण अधिगम प्रक्रिया को सजीव तथा सार्थक बनाने की दृष्टि से अच्छा रहता है। बात भी ठीक है किसी प्रणाली या प्रक्रिया के गुण-दोषों की जानकारी में जितनी सततता एवं निरन्तरता बनी रहे उतना ही अच्छा रहता है क्योंकि इस प्रकार की जाँच सम्बन्धी निरन्तरता उस प्रणाली या प्रक्रिया में अपेक्षित सुधार लाने अथवा उससे सम्बन्धित व्यक्तियों को बराबर अभिप्रेरित रखने में पूरा सहयोग कर सकती है। छः माह या एक वर्ष के बाद अगर परीक्षा परिणाम बालक में या शिक्षा प्रक्रिया में दोष निकाले तो उसका क्या लाभ? बालक का इतना समय और साधनों का इतना अपव्यय हो जाने के बाद सुधार की बात हास्यास्पद ही है। बात तो तभी ठीक है जब उसकी प्रगति से समय-समय पर जल्दी ही या निरन्तर रूप से परिचित रहा जा सके। मूल्यांकन का नवीन संप्रत्यय इस प्रकार की निरन्तर एवं सतत जाँच का प्रभावपूर्ण तरीका प्रस्तुत करता है।

(iii) अधिगम अनुभवों का चुनाव और आयोजन, शिक्षण विधियाँ तथा तकनीक, अध्यापक द्वारा किये जाने वाले प्रयत्न और उसका व्यवहार, शिक्षण अधिगम परिस्थितियाँ तथा वातावरण शिक्षण साधन तथा उपकरण आदि सभी बातें एक प्रकार से शिक्षण अधिगम प्रणाली के लिये अदा (Input) और प्रक्रिया (process) का उसी रूप में कार्य करती हैं जैसे किसी कारखानों में निर्मित वस्तु के उत्पादन के लिये कच्चा माल (Raw materials) तथा उत्पादन प्रक्रिया की भूमिका रहती है। तैयार माल किस तरह का होगा इस कार्य में इन दोनों की भूमिका का ही सारा हाथ होता है परन्तु अगर किसी तरह से तैयार माल की गुणवत्ता तथा संख्या के संदर्भ में दोनों की भूमिकाओं के गुण-दोष का पता चलता रहे तो समय पर ही चेता जा सकता है। इस चेतना के संदर्भ में हम फिर कच्चे माल और उत्पादन प्रक्रिया में आवश्यक सुधार ला सकते हैं। ठीक यही बात शिक्षण अधिगम क्षेत्र में भी लागू होती है जितनी जल्दी और समय से हमें आवश्यक चेतावनी मिलती रहेगी हम अपने पढ़ाने के तरीकों, विद्यार्थियों के पढ़ने के तरीकों, पाठ्यक्रम, शिक्षण अधिगम वातावरण, शिक्षण साधन और उपकरण आदि में यथानुकूल परिवर्तन लाते रहेंगे। इस रूप में मूल्यांकन की प्रक्रिया और उसके परिणाम हमें बहुत सहायता करते हैं और यह तभी हो पाता है जब उनमें निरन्तरता और सततता के गुण का समावेश रहे।

मूल्यांकन में इस प्रकार की सततता को बनाये रखने सम्बन्धी आवश्यकता पर जोर देते हुये भारतीय शिक्षा आयोग ने निष्कर्ष रूप में निम्न शब्दों में टिप्पणी की है।

'यह अब तय है कि मूल्यांकन अपने आप में एक सतत या अनवरत प्रक्रिया है, सम्पूर्ण शिक्षा प्रणाली का एक अभिन्न अंग है और अन्ततः इसका सम्बन्ध शैक्षिक उद्देश्यों से है। विद्यार्थियों की अध्ययन सम्बन्धी आदतों और शिक्षकों के पढ़ाने के तरीकों पर यह काफी गहरे प्रभाव छोड़ता है और इस तरह यह न केवल शैक्षिक उपलब्धियों के मापन में सहायक सिद्ध होता है अपितु इस उपलब्धि स्तर को अच्छा बनाने में भी मदद कर सकता है।'

("It is now agreed that evaluation is a continuous process, forms an integral part of the total system of education and is ultimately related to educational objectives. It exercises a great influence on the pupil's study habits and the teacher's method of instruction and thus helps not only to measure educational achievements but also improve it.

—Indian Education Commission (1964-66)

मूल्यांकन की व्यापकता, क्यों (Comprehensiveness of Evaluation, Why?)

जैसा कि पहले कहा जा चुका है कि मूल्यांकन का उद्देश्य शिक्षण अधिगम प्रक्रिया के फलस्वरूप विद्यार्थियों के व्यवहार में आने वाले परिवर्तनों की जाँच करना होता है। इस दृष्टि से एक मूल्यांकन द्वारा तभी अपना प्रयोजन ठीक तरह सिद्ध हो सकता है जबकि वह व्यवहार में आने वाले इन सतत परिवर्तनों की सतत रूप में जाँच करते

रहने के साथ-साथ उनका उनके व्यापक रूप में जाँच करने का भी कार्य करें यानी वह ज्ञानात्मक, क्रियात्मक तथा भावात्मक सभी व्यवहार क्षेत्रों में होने वाले परिवर्तनों का उचित मूल्यांकन तकनीकों का प्रयोग करते हुए समग्र आकलन करें, परम्परागत परीक्षा प्रणाली की तरह आंशिक रूप से नहीं। अब तक हम परम्परागत रूप से विद्यार्थियों की उपलब्धियों का मूल्यांकन करने हेतु जिन परीक्षणों तथा निश्चित अवधि की समाप्ति पर ली जाने वाली छमाही या वार्षिक परीक्षाओं का उपयोग करते रहे हैं उनमें व्यापकता का अभाव रहा है। हम मात्र शैक्षिक उपलब्धि और उसमें भी आंशिक ज्ञान तथा कुशलताओं के अर्जन की जाँच प्रक्रिया अपनाते रहे हैं। इस प्रकार के मूल्यांकन द्वारा अपेक्षित उद्देश्यों की प्राप्ति (विद्यार्थियों के व्यवहार सम्बन्धी सभी ज्ञानात्मक, क्रियात्मक तथा भावात्मक क्षेत्रों में आने वाले परिवर्तनों तथा सर्वांगीण विकास होने) से सम्बन्धित जाँच और आकलन का कार्य सम्भव नहीं है। यह तभी सम्भव है जब मूल्यांकन के द्वारा विद्यार्थियों में होने वाले सभी प्रकार के परिवर्तनों तथा वृद्धि एवं विकास की जाँच और आकलन को अपना उद्देश्य बनाया जाए। ऐसी मूल्यांकन तकनीकों का उपयोग किया जाए जिनकी मदद से विद्यार्थियों के व्यवहार में होने वाले परिमाणात्मक परिवर्तनों जैसे ज्ञान एवं कौशल अर्जन सम्बन्धी उपलब्धियों की जाँच के साथ-साथ उनके व्यवहार में होने वाले गुणात्मक परिवर्तनों जैसे रुचि, अभिरुचि, अभिवृत्तियों, आदतों एवं व्यक्तित्व गुण सम्बन्धी परिवर्तनों के मापन एवं व्यवस्था का कार्य अच्छी तरह से सम्पन्न हो सके।

सतत एवं समग्र मूल्यांकन प्रणाली को उपयोग में कैसे लाया जाए?
(How to Carry on with the System of CCE)

मूल्यांकन में सततता एवं व्यापकता बनाए रखने सम्बन्धी इसी आवश्यकता ने विद्यालयी शिक्षा व्यवस्था में सतत एवं समग्र (व्यापक) मूल्यांकन प्रणाली को अपनाने का प्रचलन प्रारम्भ किया है। इस प्रणाली में शिक्षण अधिगम परिणामों की सतत एवं समग्र रूप से जाँच करने हेतु जिन दो प्रकार के मूल्यांकनों की समाविष्टि रहती है वे हैं -(i) निर्माणात्मक या रचनात्मक मूल्यांकन (Formative Evaluation) तथा (ii) संकलनात्मक मूल्यांकन (Summative Evaluation)

निर्माणात्मक या रचनात्मक मूल्यांकन की प्रकृति रचनात्मक और निर्माणात्मक होती है। इसे शिक्षण अधिगम प्रक्रिया के दौरान ही समय-समय पर निर्धारित शिक्षण अधिगम उद्देश्यों की पूर्ति की जाँच हेतु सम्पन्न किया जाता है। बालकों के व्यवहार में अपेक्षित परिवर्तन लाने सम्बन्धी कमियों को सामने लाकर उनमें अपेक्षित सुधार लाने का कार्य इसी प्रकार के मूल्यांकन द्वारा ही किया जा सकता है।

संकलानात्मक मूल्यांकन किसी एक शिक्षण अधिगम प्रक्रिया, इकाई या पाठ्यक्रम की समाप्ति के बाद किया जाता है, शिक्षण प्रक्रिया की अवधि के दौरान नहीं। इसका उद्देश्य निर्माणात्मक तथा उपचारात्मक न होकर परिमाणात्मक ही होता है ताकि यह मालूम पड़ जाए कि विद्यार्थी विशेष ने शिक्षण अधिगम के फलस्वरूप क्या कुछ

उपलब्ध किया और फिर इसे दूसरे बालकों की उपलब्धि से तुलना कर निश्चित डिवीजन, ग्रेड, मेरिट, पोजीशन आदि देने हेतु काम में लाया जाता है।

रचनात्मक तथा संकलनात्मक इन दोनों प्रकार के मूल्यांकनों के क्रियान्वयन हेतु एक सतत एवं समग्र मूल्यांकन प्रणाली निम्न प्रकार की परीक्षण तकनीकों का उपयोग करती हुई दिखाई दे सकती है–

- कक्षा में पढ़ाई जा रही बातों को आधार बनाकर प्रश्न पूछना तथा उनकी अनुक्रियाओं के आधार पर उनका मूल्यांकन करना।
- विद्यार्थियों के व्यवहार का कक्षा, प्रयोगशाला, कार्यशाला तथा सहपाठ्य क्रियाओं के संपादन स्थलों पर निरीक्षण करना तथा उसका विधिवत रिकार्ड रखना।
- कक्षा में किए जाने वाले अभ्यास कार्य में विद्यार्थियों के प्रदर्शन का रिकार्ड रखना।
- विद्यालय में दिए जाने वाले प्रयोगात्मक एवं प्रोजेक्ट कार्यों में विद्यार्थियों की उपलब्धि का रिकार्ड रखना।
- विद्यार्थियों को दिए जाने वाले गृहकार्य तथा प्रोजेक्टों में उनकी अभिक्षमता का रिकार्ड रखना।
- मौखिक परीक्षण, साक्षात्कार तथा प्रयोगात्मक परीक्षाओं में विद्यार्थियों की उपलब्धि का रिकार्ड रखना।
- निश्चित अवधि में आयोजित परीक्षणों/परीक्षाओं जैसे साप्ताहिक, मासिक, त्रैमासिक, अर्धवार्षिक, वार्षिक में विद्यार्थियों की उपलब्धियों का रिकार्ड रखना। परिसूची तथा व्यक्तित्व परिसूची आदि मूल्यांकन तकनीकों से प्राप्त परिणामों का रिकार्ड रखना।
- विद्यार्थियों तथा निर्मित उपकरण, वस्तुओं तथा सृजनात्मक कार्य के मूल्यांकन का रिकार्ड रखना।
- विभिन्न विद्यालय विषयों की इकाइयों तथा प्रकरणों पर आधारित प्रमाणीकृत निदानात्मक एवं उपलब्धि परीक्षणों से सम्बन्धित रिकार्ड रखना।

सतत एवं समग्र मूल्यांकन के क्रियान्वयन में शिक्षकों के सामने आने वाली समस्याएँ (Problems Faced by the Teachers in the Implementation of CCE)

इस बात में कोई सन्देह नहीं है कि सतत एवं समग्र मूल्यांकन (CCE) विद्यार्थियों की आवश्यक प्रगति और विकास के लिए काफी अच्छी तरह से सहायक सिद्ध होता है। और इसीलिए विद्यालयों को इसे पूरी निष्ठा और ईमानदारी के साथ में स्वीकार करना चाहिए और क्रियान्वित करना चाहिए। परन्तु विद्यालय अधिकारी और शिक्षक वर्ग इसे पूरे मन से स्वीकार न करें और ठीक ढंग से क्रियान्वित न करें, इस बात की पूरी पूरी संभावना भी बनी रहती है क्योकि इसके ठीक प्रकार क्रियान्वयन में उन्हें कई प्रकार की समस्याओं का सामना करना पड़ता है। उनके द्वारा जिस प्रकार की समस्याओं का सामना किया जा सकता है उन्हे संक्षेप में निम्न प्रकार से अभिव्यक्त किया जा सकता है:

1. सतत एवं समग्र मूल्यांकन के सन्दर्भ में अध्यापकों को ठीक प्रकार से अवगत कराने या प्रशिक्षण देने का अभाव होने के कारण उन्हें इसकी प्रकृति, अर्थ, अवधारणा, उद्देश्य तथा इसके क्रियान्वयन के सम्बन्ध में ठीक प्रकार से जानकारी नहीं होती है इस कारण के इसको सही ढंग से लागू नहीं कर पाते हैं।

2. सतत एवं समग्र मूल्यांकन के बारे में, विद्यालयों में वर्तमान में उपलब्ध वातावरण, माता-पिता, विद्यार्थी, विद्यालय अधिकारियों तथा सामान्य जनता का दृष्टिकोण भी ठीक नहीं है। शैक्षणिक क्षेत्रों को अत्यधिक महत्व देने की परम्परागत धारणा, विशेष योग्यता (Merit), पोजीशन प्राप्त करने के लिए स्पर्धा, सफलता के प्रतिशत में वृद्धि करने जैसी प्रवृत्तियों ने, विद्यालय में पाए जाने वाले शिक्षण अधिगम वातावरण तथा प्रयुक्त की जा रही क्रियाओं पर अपना अधिपत्य जमा रखा है। चूंकि विद्यार्थियों के व्यक्तित्व की सर्वागीण वृद्धि और विकास को तथा गैर शैक्षणिक क्षेत्रों की उपलब्धियों को कोई उचित महत्व नहीं दिया जाता है इसीलिए सतत एवं समग्र मूल्यांकन को ठीक प्रकार से क्रियान्वित करने की आवश्यकता को वे महसूस नहीं कर पाते है। विद्यालय शिक्षा से लाभ प्राप्त करने वाले सभी उपयोगकर्ताओं के द्वारा सतत एवं समग्र मूल्यांकन के क्रियान्वयन के प्रति प्रदर्शित इस प्रकार की भावना, शिक्षकों को अपने विद्यालय में सतत एवं समग्र मूल्यांकन क्रियान्वित करने में एक बड़ी कठिनाई प्रतीत होती है।

3. सतत एवं समग्र मूल्यांकन विद्यालय पाठ्यक्रम के सभी शैक्षणिक और गैर-शैक्षणिक क्षेत्रों में विद्यार्थियों की अधिगम निष्पति और प्रतिफलों का सतत और व्यापक मूल्यांकन करने के लिए काफी ज्यादा समय, संसाधन और शक्ति की मांग करता है। विद्यार्थियों के अधिगम प्रतिफलों और व्यवहार के सभी पक्षों- ज्ञानात्मक, भावात्मक और क्रियात्मक में आए हुए व्यवहारात्मक परिवर्तनों का आकलन करने के लिए विभिन्न प्रकार के ऐसे उपकरणों, विधियों और तकनीकों की जरूरत होती है, जो विद्यार्थियों की अधिगम और विकासात्मक जरूरतों के हिसाब से निर्मित किए गए हों। इस प्रकार के आकलन के अलग अलग प्रकार के साधनों और तकनीकों का उपयोग और अनुप्रयोग विद्यालय शिक्षकों के लिए एक टेढ़ा काम या गम्भीर समस्या और चुनौती बन जाता है। उन्हें इन उपकरणों और तकनीकों के प्रयोग और उपयोग का अच्छी तरह से ना तो ज्ञान होता है और न ही उनमें इसका कौशल होता है। जरूरी सुविधाओं और संसाधनो के सन्दर्भ में उन्हें विद्यालय अधिकारियों की तरफ से भी पूर्ण सहयोग प्राप्त नहीं हो पाता है। विद्यार्थी भी इस प्रकार के उपकरणों या तकनीकों के उपयोग के लिए तैयार नहीं होते है और ना ही इसके उपयोग के अभ्यस्त होते हैं। माता-पिता भी इस प्रकार के आकलन की जरूरत महसूस नहीं करते हैं। अध्यापक भी सतत समग्र मूल्यांकन स्कीम के अनुसार शैक्षणिक और सहशैक्षणिक गतिविधियों के ठीक प्रकार संगठन में और उनके मूल्यांकन में अपना समय और शक्ति लगाना नहीं चाहते हैं। इस प्रकार से उपरोक्त सभी बातें सतत और समग्र मूल्यांकन के ठीक प्रकार से क्रियान्वयन में अध्यापकों को पूरे मन से लगने के मार्ग में बाधक बनकर समाने आती रहती हैं।

3

मूल्यांकन के साधन एवं तकनीकें
(Tools and Techniques of Evaluation)

विषय प्रवेश (Introduction)

मूल्यांकन और आकलन की तकनीकें और साधन उन तरीकों या साधनों का प्रतिनिधित्व करते हैं जो विद्यार्थियों के शिक्षण अधिगम परिणामों का मापन एवं आकलन करने में सहायता करते हैं, जैसे-किस सीमा तक विद्यार्थियों के व्यवहार में वांछित परिवर्तन आए हैं, इस बात की जानकारी प्राप्त करना आदि। ये परिवर्तन परिमाणात्मक तथा गुणात्मक दोनों रूपों में बालकों के व्यवहार के तीनों पक्षों-ज्ञानात्मक, भावात्मक और क्रियात्मक में घटित होते हुए दिखाई देते हैं। अध्यापक शिक्षण अधिगम प्रतिफल का मापन एवं मूल्यांकन करने के लिए अनेक प्रकार की औपचारिक एवं अनौपचारिक तकनीकों का प्रयोग करते हुए पाए जाते हैं (चित्र 3.1):

(a) मौखिक परीक्षण एवं परीक्षा
(b) प्रयोगात्मक परीक्षण एवं परीक्षा
(c) लिखित परीक्षण एवं परीक्षा (निबन्धात्मक, लघुउत्तरात्मक एवं वस्तुनिष्ठ प्रश्न)
(d) तकनीकें एवं साधन जैसे-निरीक्षण, अन्तःदर्शन, समाजमिति तकनीकें, परिचर्चा, प्रश्नावली, परिसूची, साक्षात्कार, चैकलिस्ट, अभिवृत्ति मापनी, निर्धारण मापनी, केसस्टडी, प्रेक्षेपित तकनीकें आदि।

इस अध्याय में उपरोक्त मूल्यांकन तकनीकों या साधनों में से कुछ महत्वपूर्ण तकनीकों एवं साधनों की चर्चा हम आगे करना चाहेंगे। परंतु यह करने से पहले हम यह जानना चाहेंगे कि एक अच्छे मूल्यांकन या परीक्षण साधन की क्या विशेषताऐं होती हैं।

एक अच्छे मापन या मूल्यांकन साधन की विशेषतायें (Characteristics of a Good Measuring Instrument or Tool of Evaluation)

प्रश्न उठता है कि किसी भी विषय के शिक्षण में मूल्यांकन के लिए जिस तकनीक, परीक्षण अथवा जाँचपत्र का प्रयोग किया जाए, उसमें क्या विशेष गुण अथवा विशेषताएँ होनी चाहिए ताकि उसे विषय के उपयुक्त मूल्यांकन के लिए

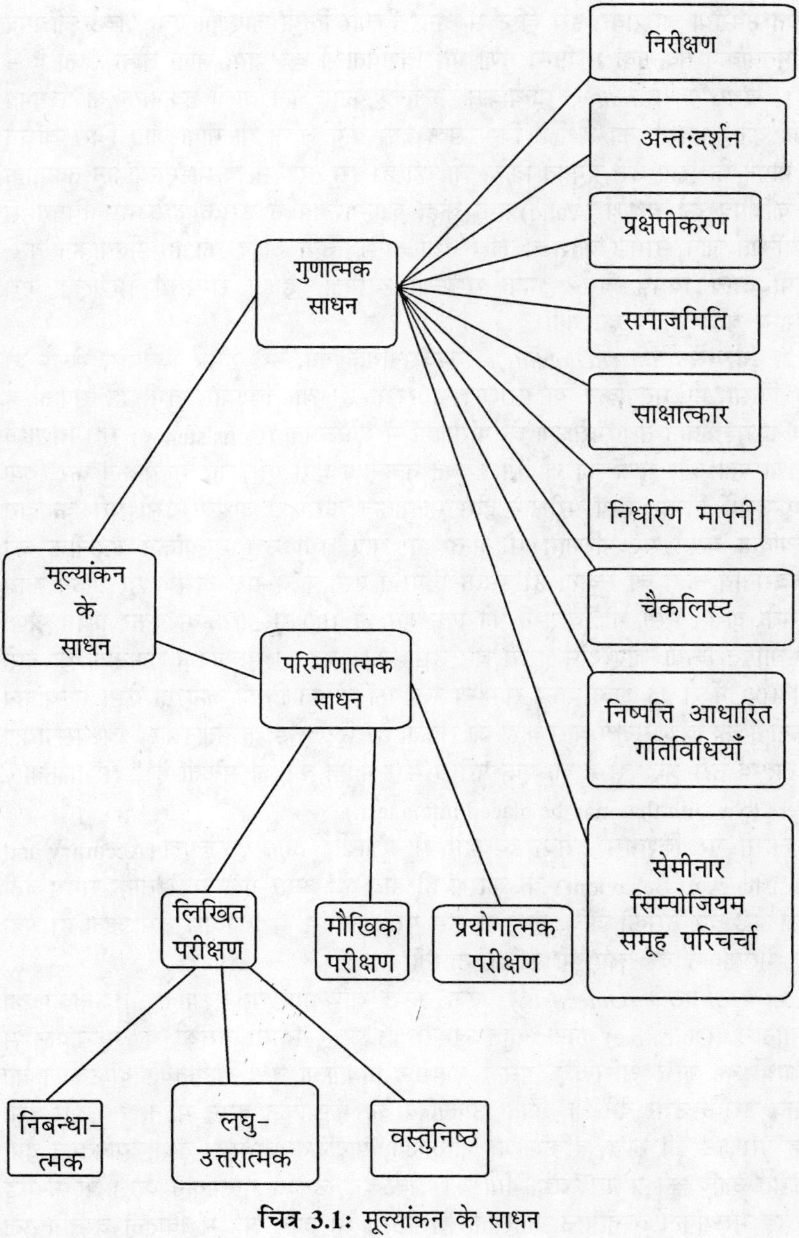

चित्र 3.1: मूल्यांकन के साधन

उचित ठहराया जा सके। इस दृष्टि से अगर विचार किया जाए तो एक अच्छे जाँचपत्र या मूल्यांकन तकनीक में निम्न गुणों एवं विशेषताओं का पाया जाना ठीक रहता है -

1. *यथार्थता (Validity):* मूल्यांकन के लिए काम आने वाली तकनीक या प्रश्नपत्र आदि की यथार्थता का अर्थ है कि उसके द्वारा वही जाँचा या मापा जाए जिसे जाँचने या मापने के लिए उसे प्रयुक्त किया जा रहा है। इस तरह से किसी मूल्यांकन तकनीक या जाँचपत्र को यथार्थ (Valid) तभी कहा जाएगा जबकि उसके द्वारा हम विषय से सम्बन्धित ज्ञान, समझ कौशल, रुचि तथा अभिवृत्तियों आदि का ही मूल्यांकन करें, किसी अन्य विषय जैसे- भाषा सम्बन्धी योग्यता, ड्राइंग सम्बन्धी कुशलता एवं सामान्य वृद्धि आदि का नहीं।

2. *विश्वसनीयता (Reliability):* विश्वसनीयता का अर्थ हमारे विश्वास से है जो हम किसी भी मूल्यांकन या परीक्षण में रखते हैं। यह विश्वास तभी हो सकता है जबकि मूल्यांकन तथा परीक्षण के परिणामों में एकरूपता (Consistency) रहे। विद्यार्थी की योग्यता और गुणों का जो भी प्रयुक्त तकनीक द्वारा एक बार मूल्यांकन कर दिया जाए उसमें किसी अन्य परीक्षक द्वारा मूल्यांकन करने से अथवा उसी परीक्षक द्वारा मूल्यांकन करने पर परिणाम में अन्तर न आए तभी उस मूल्यांकन तकनीक को विश्वसनीय कहा जा सकता है। इसके विपरीत ऐसा जाँच-पक्ष अथवा मूल्यांकन कार्य जिसके द्वारा किसी भी विद्यार्थी को एक बार तो 100 में 60 अंक देकर प्रथम श्रेणी का घोषित किया जाए और दूसरी बार उसी जाँच-पत्र या मूल्यांकन तकनीक के द्वारा उसे 100 में से 45 अंक देकर सामान्य स्तर का घोषित किया जाए तो ऐसी मूल्यांकन तकनीक को विश्वसनीय कैसे कहा जा सकता है? रिट्ज़लैंड के मतानुसार "विश्वसनीयता से तात्पर्य उस श्रद्धा से है जो एक परीक्षा में स्थापित की जा सकती है।" (Reliability refers to a faith that may be placed into a test.)

किसी पर विश्वास उसके व्यवहार में यथार्थता और एकरूपता (Accuracy and consistency of Behaviour) के कारण ही होता है। अगर एक घड़ी ठीक समय देती है तो कई बार उसकी जाँच करने पर उस पर अनायास ही विश्वास जम जाता है। यही बात मूल्यांकन के लिए भी उचित ठहरती है।

3. *वस्तुनिष्ठता (Objectivity):* एक अच्छे जाँच-पत्र या मूल्यांकन तकनीकी का वस्तुनिष्ठ (Objective) होना बहुत जरूरी है। अगर किसी परीक्षा या मूल्यांकन में विद्यार्थी की रुचि-अभिरुचि, पसन्द-नापसन्द,भावनाओं तथा व्यक्तिगत दृष्टिकोण का प्रभाव उसके उत्तर देने या अपनी उपलब्धि का मूल्यांकन करने में न पड़े और इसी तरह परीक्षक की रुचि, दृष्टिकोण, भावनाओं, मानसिक अवस्था तथा व्यक्तिगत द्वेष, पक्षपात आदि का प्रभाव विद्यार्थियों को अंक देने, उनका मूल्यांकन करने पर न पड़े तो वह मूल्यांकन वस्तुनिष्ठ कहलाता है। किसी भी जाँच-पत्र में कितनी वस्तुनिष्ठता है इसका अनुमान उसमें प्रयुक्त प्रश्नों को देखकर आसानी से लगाया जा सकता है। निबन्धात्मक (Essay Type) प्रश्नों में वस्तुनिष्ठता का अभाव होता है जबकि वस्तुगत शैली (Objective Type) के प्रश्नों में पर्याप्त वस्तुनिष्ठता पाई जाती है क्योंकि यहाँ

प्रश्नों का उत्तर संक्षिप्त होने के साथ-साथ प्रत्येक परिस्थिति में एक सा रहने और उस पर व्यक्तिगत दृष्टिकोण, भावनाओं तथा पसन्द-नापसन्द आदि का कोई प्रभाव न पड़ने की बात अच्छी तरह देखी जा सकती है।

4. *समुचितवरण (Comprehensiveness):* एक अच्छे प्रश्न-पत्र के मूल्यांकन में यह गुण होना चाहिए कि वह जिस विषय विशेष के उद्देश्यों की प्राप्ति की जाँच कर रहा है उन सभी प्रकार के उद्देश्यों की जाँच उसके द्वारा भलीभाँति हो सके। सामाजिक अध्ययन में जितने पाठ या प्रकरण पढ़ाए जा चुके हैं, जितने अधिगम अनुभव प्रदान किए जा चुके हैं तथा परिणामस्वरूप जिस-जिस प्रकार के ज्ञान, अवबोध, कौशल, रुचि तथा गुण आदि के विकास की विद्यार्थियों से आशा की जाती है उन सबके मूल्यांकन को ही प्रयुक्त मूल्यांकन तकनीक तथा जाँच प्रक्रिया में पूरा-पूरा स्थान मिलना चाहिए। इस तरह एक परीक्षा प्रश्न-पत्र जितना अधिक विस्तृत होगा, प्रश्नों की संख्या उसमें जितनी अधिक होगी और उससे जितने प्रकरण या विषय सामग्री के ज्ञान, समझ, कुशलताओं आदि की परीक्षा ली जा सकेगी उसे उतना ही श्रेष्ठ समझा जा सकेगा। इस कसौटी पर अगर प्रचलित निबन्धात्मक परीक्षाओं को कसा जाए तो हमें स्पष्ट मालूम हो जाएगा कि इस गुण का इनमें नितांत अभाव है और इसलिए इनसे उचित मूल्यांकन की आशा नहीं की जा सकती। यहाँ अधिकतर दिए गए 9-10 प्रश्नों में से विद्यार्थी को केवल 5 प्रश्न करने होते हैं। अब आप ही सोचिए कि इन 5 प्रश्नों के उत्तर के द्वारा सम्पूर्ण पाठ्यक्रम सम्बन्धी ज्ञान, अवबोध, कुशलताओं आदि का मूल्यांकन कैसे संभव है? ठीक जाँच तभी हो सकती है जबकि प्रत्येक पढ़ाए हुए अंश को ध्यान में रखकर अधिक प्रश्नों का निर्माण किया जाए और यह कार्य वस्तुगत शैली और लघु उत्तर वाले प्रश्नों के निर्माण द्वारा ही संभव है।

5. *निदानात्मकता (Diagnosticity):* एक अच्छे मूल्यांकन या जांच-पत्र में निदानात्मकता का गुण भी पाया जाता है। इसके परिणामों की सहायता से यह निदान करने में आसानी होती है कि विद्यार्थियों को सामाजिक अध्ययन की किस विषय-वस्तु या अधिगम अनुभवों को ग्रहण करने में क्या कठिनाई है, उनकी रुचियाँ क्या हैं तथा उनमें अपेक्षित व्यवहार परिवर्तन लाने की दिशा में क्या-क्या अड़चनें हैं? इस प्रकार का निदान उपचारात्मक शिक्षण (Remedial teaching) के उपायों की तलाश करने में काफी सहायक सिद्ध हो सकता है ताकि विद्यार्थियों के किसी भी विषय विशेष के शिक्षण में आने वाली कठिनाइयों का व्यक्तिगत तथा सामूहिक रूप से निराकरण कर उन्हें विषय शिक्षण के उद्देश्यों की प्राप्ति में सहायता की जा सके।

6. *व्यावहारिकता (Practicability):* एक अच्छा मूल्यांकन या जाँच-पत्र प्रयोग और उपयोग की दृष्टि से पूरी तरह व्यवहार में लाने योग्य और सुविधाजनक होता है। व्यावहारिकता के इस गुण में निम्न बातें आती हैं:

(*i*) *निर्माण में आसानी (Easy in Preparation):* प्रश्न-पत्र या मूल्यांकन तकनीक का निर्माण सुविधाजनक होना चाहिए। न तो इसके बनाने में खर्च ही ज्यादा पड़ना चाहिए और न समय तथा परिश्रम ही ज्यादा लगना चाहिए। साथ ही

इनके निर्माण के लिए कोई विशेष प्रशिक्षण आदि की भी आवश्यकता नहीं होनी चाहिए।

(*ii*) *प्रयोग करने में आसानी (Easy in Administration)* **:** प्रश्न-पत्र या मूल्यांकन सामग्री इस प्रकार की होनी चाहिए कि उसके प्रयोग द्वारा बिना किसी विशेष प्रशासनिक तथा अनुशासन सम्बन्धी समस्या के विद्यार्थियों की उपलब्धि की ठीक-ठीक जाँच की जा सके। दूसरे शब्दों में, इसके प्रयोग द्वारा विद्यार्थियों को नकल, पूछताछ तथा अन्य प्रकार की समस्याएँ खड़ी करने के अवसर कम-से-कम हों यह ध्यान रखा जाना चाहिए।

(*iii*) *अंक लगाने तथा परिणाम निकालने में आसानी (Easy in Scoring and Interpretation):* छात्रों के द्वारा दिए जाने वाले उत्तर या किए जाने वाले कार्य के आधार पर ही उन्हें अंक (Scores), श्रेणियाँ (Division) तथा ग्रेड आदि दिए जाते हैं। सभी विद्यार्थियों के लम्बे-लम्बे उत्तर को ठीक प्रकार से पढ़कर और समझकर तुलनात्मक समीक्षा करते हुए उन्हें उचित अंक देना अध्यापक के लिए काफी परेशानी खड़ी कर देता है। अतः प्रश्नपत्र या मूल्यांकन सामग्री इस प्रकार की होनी चाहिए जिसमें अध्यापक को उचित और न्यायपूर्ण अंक देने तथा उनकी योग्यता और उपलब्धि का सही अनुमान लगाते हुए उन्हें श्रेणियों या ग्रेडों में विभाजित करने में आसानी हो।

परीक्षण की विश्वसनीयता और वैधता स्थापित करना
(Establishing Reliability and Validity of the Test)

परीक्षण का मानकीकरण करने के लिए परीक्षण निर्माता को अपने परीक्षण की उचित मात्रा में विश्वसनीयता और वैधता स्थापित करने के सम्बन्ध में उपयुक्त पहल करनी होती है। इस प्रकार की विश्वसनीयता तथा वैधता के स्थापन से परीक्षण निर्माता और परीक्षण के प्रकाशक दोनों को ही इस परीक्षण को उपयोग में लाने वालों का विश्वास अर्जित करने में पूरी मदद मिलती है तथा साथ ही उपयोगकर्ता भी इस बात से आश्वस्त रहता है कि वह जिस कार्य के लिये इस उपकरण को प्रयोग में ला रहा है उसके परिणामों में वांछित शुद्धता और वास्तविकता आ सकेगी। क्योंकि उसके द्वारा प्रयुक्त उपकरण आवश्यक रूप से विश्वसनीय और वैध है। इस दृष्टि से उपकरण निर्माता को अपने उपकरण की वैधता तथा विश्वसनीयता स्थापित करने हेतु समुचित प्रयत्न करने चाहिऐं। इस कार्य को ठीक तरह सम्पन्न करने के लिये उसे सबसे पहले विश्वसनीयता तथा वैधता से सम्बन्धित अवधारणाओं का समुचित ज्ञान प्राप्त करना चाहिये और फिर उन विधियों तथा तकनीकों में दक्षता प्राप्त करने की कोशिश करनी चहिये जिनके प्रयोग से उपकरण विशेष की विश्वसनीयता तथा वैधता अच्छी तरह स्थापित की जा सकती है। एक परीक्षण/उपकरण की कई प्रकार की विश्वसनीयता हो सकती हैं, जैसे-(i) परीक्षण पुनःपरीक्षण विश्वसनीयता (ii) समतुल्य प्रारूप विश्वसनीयता (iii) आंतरिक एकरूपता जिसे खंडित अर्ध विधि (Split half method)

तथा KR20 और एल्फा गुणांक की गणना करके ज्ञात किया जाता है। इन सबकी आवश्यकतानुसार स्थापना करने के प्रयत्न निर्माणकर्ता द्वारा होने चाहिए। इसी प्रकार से निर्माणकर्ता को अपने उपकरण की वैधता भी कई रूपों में स्थापित करनी होती है जैसे-(i) प्रत्यक्षदर्शी वैधता (Face validity) (ii) विषयवस्तु वैधता (iii) रचना सम्बन्धी (Construct) वैधता तथा (iv) मानदंड संदर्भित वैधता आदि।

परीक्षण की विश्वसनीयता स्थापित करना
(Establishment of the Reliability of the Test)

परीक्षण की विश्वसनीयता से अभिप्राय उस विश्वास और आस्था से है जो उपयोगकर्ताओं द्वारा परीक्षण/मूल्यांकन करने के प्रयोजन से इस परीक्षण के उपयोग में प्रकट की जा रही है। किसी परीक्षण या आकलन उपकरण की विश्वसनीयता स्थापित करने के लिए अनेक प्रकार की विधियाँ और तकनीकें प्रयोग में लाई जा सकती हैं। यहाँ पर हम परीक्षण निर्माताओं द्वारा परीक्षण की विश्वसनीयता स्थापित करने के लिए दो काफी सामान्य विधियों की चर्चा करना चाहेगे। वे हैं (i) परीक्षण-पुन:परीक्षण विधि और (ii) अर्ध विच्छेद विधि।

एक एक करके इन्हीं के बारे में जानने का प्रयास करते हैं।

परीक्षण पुन: परीक्षण विधि ***(Test-Retest Method)***

एक आकलन उपकरण की विश्वसनीयता स्थापित करने की यह सामान्य रूप से उपयोग में लाई जाने वाली विधि है। जैसा कि इसके नाम से ही प्रतीत होता है। इसमें परीक्षण की विश्वसनीयता स्थापित करने के लिए परीक्षण और पुन:परीक्षण के रूप में परीक्षण को एक से अधिक बार प्रशासित किया जाता है। इस विधि में प्रयुक्त सोपानों की चर्चा निम्न रूप में की जा सकती है

सोपान 1. समष्टि के एक प्रतिनिधि प्रतिदर्श पर परीक्षण का प्रशासन करना।

सोपान 2. उसी परीक्षण को उसी प्रतिदर्श पर समान परिस्थितियों में एक उचित समयान्तराल पर (न बहुत देर न बहुत शीघ) प्रशासित करना।

सोपान 3. परीक्षण और पुन:परीक्षण से उपलब्ध प्राप्तांकों के बीच सहसम्बन्ध गुणांक की गणना करना।

सोपान 4. सोपान 3 में प्राप्त सहसम्बन्ध गुणांक मूल्य के सन्दर्भ में अपने विकसित परीक्षण की विश्वसनीयता की व्याख्या करना। यदि यह मूल्य सार्थक है तो आपके द्वारा निर्मित परीक्षण विश्वसनीय है।

अर्धविच्छेद विधि का प्रयोग करना ***(Use of Split half Method)***

अपने परीक्षण की विश्वसनीयता स्थापित करने के लिए अर्द्धविच्छेद विधि का प्रयोग करते हुए परीक्षण निर्माता अपने परीक्षण को दो समान अर्धभागों में विभक्त कर देता है। एक अर्ध भाग में विषम संख्या क्रम वाले पद तथा दूसरे में समसंख्या क्रम वाले पद रखने की विधि ही सामान्यत: प्रयोग में लाई जाती है। इस सम-विषम अर्ध भाग

को परीक्षण निर्माता एक ही बार में प्रतिदर्श विशेष पर प्रशासित करता है परन्तु प्राप्त उत्तरों के अंकन के समय विषम क्रम और सम क्रम वाले प्रश्नों के उत्तरों का अंकन अलग अलग करके दो अलग-अलग प्राप्तांक समूहों को उपलब्ध करने का प्रयत्न करता है ताकि इन दो समूहों के प्राप्तांकों के बीच सहसम्बन्ध की गणना करके अर्ध-विच्छेद विश्वसनीयता गुणांक ज्ञात किया जा सके। इन सभी प्रकार के कार्यों के सम्पादन में जिस प्रकार के सोपानों का अनुसरण किया जाता है वे निम्न हैं-

सोपान 1. समष्टि विशेष के प्रतिनिधि प्रतिदर्श पर परीक्षण को प्रशासित करें।

सोपान 2. परीक्षण पदों पर प्राप्त उत्तरों का अंकन करें तथा सभी प्रयोज्यों द्वारा उपलब्ध प्राप्तांकों को (एक बार में एक प्रयोज्य को लेकर) निम्न प्रकार सारिणीबद्ध करें।

प्रयोज्य नं. 1 के प्राप्तांकों का सांख्यिकरण

विषम पदों के प्राप्तांक	*विषम पदों के प्राप्तांक*	*सम पदों के प्राप्तांक*	*सम पदों के प्राप्तांक*
पद नं. 1	–	पद नं. 2	–
पद नं. 3	–	पद नं. 4	–
पद नं. 5	–	पद नं. 6	–
–	–	–	–
–	कुल प्राप्तांक X_1 =	–	कुल प्राप्तांक Y_1 =

सोपान 3. विषम तथा सम क्रम वाले पदों पर सभी प्रयोज्यों ने व्यक्तिगत रूप से जिन कुल प्राप्तांकों X's तथा Y's की उपलब्धि की है अब उन्हें निम्न प्रकार सारिणीबद्ध करे-

विषम क्रम वाले पदों पर कुल प्राप्तांक	*सम क्रम वाले पदों पर कुल प्राप्तांक*
X_1	Y_1
X_2	Y_2
X_3	Y_3
X_4	Y_4
–	–
–	–
–	–

नोट-यहाँ X तथा Y से तात्पर्य प्रयोज्य नं. 1 द्वारा विषम क्रम तथा सम क्रम वाले पदों पर अर्जित कुल प्राप्तांकों से है।

सोपान 4. अब उपरोक्त तालिका में दिये गये X's तथा Y's प्राप्तांक समूहों के बीच सहसम्बन्ध गुणांक की गणना करो। इसे ही खंडित अर्ध विश्वसनीयता गुणांक (Split half reliability co-efficient) कहा जाता है। माना यह r_1 है।

सोपान 5. गणना किया गया उपरोक्त सह सम्बन्ध गुणांक γ_1 दोनों अर्ध भागों के बीच सहसम्बन्ध दिखाता है। पूरे परीक्षण की विश्वसनीयता का अनुमान लगाने हेतु अब यहाँ निम्न सूत्र, जिसे ब्राउन का अग्रिम बात बताने वाला सूत्र (Brown prophecy formula) कहा जाता है प्रयोग किया जाता है।

$$r = 2\gamma_1 (1 + \gamma_1)$$

यहाँ r = पूरे परीक्षण का विश्वसनीयता सहसम्बन्ध गुणांक

γ_1 = खंडित अर्ध विश्वसनीयता गुणांक (दोनों अर्ध खंडों के बीच सहसम्बन्ध का मापन)

परीक्षण की वैधता स्थापित करना
(Establishing Validity of the Test)

एक परीक्षण को वैध तभी माना जा सकता है जब वह उसी बात को मापे जिसे मापा जाना है। इसलिए एक परीक्षण-की वैधता स्थापित करने का कार्य कुछ और नहीं बल्कि इस बात का आश्वासन प्राप्त करने का ढंग है कि विकसित परीक्षण उन सभी बातों का मापन कर रहा है जिनका मापन करने के लिए परीक्षण निर्माता द्वारा यह निर्मित किया गया और प्रयोगकर्ताओं द्वारा इसका प्रयोग किया गया।

उपलब्धि परीक्षणों की वैधता स्थापित करते हुए परीक्षण निर्माता सामान्यतः निम्न तीन प्रकार की वैधता स्थापित करने की कोशिश किया करते हैं:

1. ऊपर से दिखाई देने वाली या स्वरूप वैधता (Face validity)
2. विषयवस्तु वैधता (Content validity)
3. मानदण्ड संदर्भित वैधता (Criterion related validity)

आइए इनके बारे में संक्षेप में जानते हैं–

A. स्वरूप वैधता (Face Validity)

जैसा कि इसके नाम से संकेत मिलता है, यह एक परीक्षण की एक ऐसे प्रकार की वैधता है जिसमें इसके स्वरूप मूल्य (ऊपरी अवलोकन) के आधार पर ही निर्णय लिया जाता है। हम जानते हैं कि एक परीक्षण को वैध कहे जाने के लिए इसके पदों या प्रश्नों को परीक्षण के उद्देश्यों के साथ उचित रूप से सम्बन्धित होना चाहिए। यदि वैधता की जाँच के लिए नियुक्त जजों के पैनल (जिसमें परीक्षण निर्माता भी शामिल है) के द्वारा ऊपर से अवलोकन करने से यह पता चलता है कि प्रयुक्त परीक्षण में शामिल कथनों/पदों/प्रश्नों द्वारा परीक्षण के उद्देश्यों को पूरा होने में सहायता मिल रही है तो हम उस परीक्षण को वैध कह सकते हैं।

इस प्रकार से ऊपर से अवलोकित या स्वरूप वैधता और कुछ नहीं बल्कि यह निर्णय लेना है कि ऊपरी तौर पर अवलोकन करने से परीक्षण में शामिल कथन/परीक्षण जिस प्रयोजन हेतु परीक्षण का निर्माण किया गया है उसे पूरा करने लायक दिखाई देते है या नहीं। इस प्रकार की वैधता को स्थापित करने हेतु वैधता के बारे में जो भी निर्णय लिया जाता है, उसे प्रयोज्यों/उत्तरदाताओं के दृष्टिकोण, सोच को ध्यान में रखकर लिया जाता है।

ऊपर से दिखाई देने वाली या स्वरूप वैधता की स्थापन प्रक्रिया
(The Procedure Adopted for Establishing Face Validity)

एक परीक्षण निर्माता अपने परीक्षण को इस प्रकार की वैधता स्थापित करने हेतु निम्न प्रकार आगे बढ़ सकता है–

(i) उसे पहले तो स्वयं ही एक मूल्यांकनकर्ता की भूमिका निभाते हुये अपने परीक्षण में शामिल प्रश्नों/कथनों का परीक्षण उद्देश्यों के सन्दर्भ में अच्छी तरह अवलोकन कर उनकी वैधता की परख करने का प्रयत्न करना चाहिये फिर इसके बाद एक जजों के पैनल की इस कार्य में सहायता लेनी चाहिए। इस पैनल में शामिल करने के लिए उसे ऐसे व्यक्तियों से सम्पर्क करना चाहिये जो परीक्षण सम्बन्धी सम्प्रत्यय के विशेषज्ञ, शोधकर्ता तथा अनुभवी व्यक्ति हों।

(ii) जजों के पैनल की नियुक्ति के बाद उसे उनसे अनुरोध करना चाहिये कि वह उनकी अपने परीक्षण की ऊपर से अवलोकित या स्वरूप वैधता की स्थापना में मदद चाहता है। इसलिये उनसे प्रार्थना है कि वे निम्न आधारभूत बातों को ध्यान में रखकर अपेक्षित सहायता प्रदान करें।

क्या मेरे द्वारा निर्मित इस उपकरण/परीक्षण से आपको यह लगता है कि जिस चीज के मापन हेतु इसका निर्माण किया गया है उसे मापने में यह अच्छी तरह समर्थ हैं?

क्या परीक्षण में शामिल प्रत्येक पद/प्रश्न परीक्षण के उद्देश्यों की पूर्ति करता हुआ प्रतीत होता है?

क्या आपको लगता है कि प्रस्तुत परीक्षण/उपकरण सम्बन्धित विषयवस्तु (जैसे त्रिभुजों की सर्वागसमता) या संप्रत्यय (जैसे परिवार नियोजन के प्रति अभिवृति) के मापन में समर्थ है?

B. विषयवस्तु वैधता (Content Validity)

बाह्य अवलोकित वैधता (Face Validity) की तरह ही किसी परीक्षण की विषयवस्तु वैधता की स्थापना में भी आत्मनिष्ठा हावी रहती है। परन्तु इस प्रकार की वैधता स्थापित करने की अवधारणा और प्रक्रिया का क्षेत्र अपेक्षाकृत कुछ अधिक विस्तृत होता है। मात्र ऊपरी अवलोकन से वैधता की स्थापना यहाँ नहीं की जा सकती।

यहाँ पर परीक्षण के उद्देश्यों के सन्दर्भ में परीक्षण की विषय वस्तु की पूर्ण समीक्षा और मूल्यांकन किया जाता है जो कि वांछित वैधता की स्थापना का आधार बनता है। परिणामस्वरूप परीक्षण निर्माता अपने विकसित किए हुए परीक्षण की विषय वस्तु

वैधता स्थापित करते समय अपनी विषयवस्तु के औचित्य के बारे में समीक्षात्मक निर्णय प्रदान करता है। इस प्रयोजन के लिए परीक्षण के पदों या प्रश्नों को, परीक्षण उद्देश्यों की प्राप्ति के सन्दर्भ में, वे कितने ठीक हैं, इसके सम्बन्ध में उचित रूप से जांचा और परखा जाता है।

विषयवस्तु वैधता को कैसे स्थापित किया जाये?
(Procedure for Establishment of the Content Validity)

यहां परीक्षण निर्माता द्वारा वैसे ही सोपानों का अनुसरण किया जा सकता है जो उसके द्वारा बाह्य अवलोकित वैधता (Face validity) की स्थापना हेतु किये गये थे। इस संबंध में अपने परीक्षण पदों को जजों के एक पैनल के समक्ष प्रस्तुत करते हुए उनसे निम्न बातों को ध्यान में रखकर अपना निर्णय व्यक्त करने के लिये कहा जा सकता है-

- क्या परीक्षण में शामिल पद/प्रश्न परीक्षण के सभी उद्देश्यों की पूर्ति हेतु पर्याप्त रूप से सक्षम हैं? (जैसे सम्बन्धित संप्रत्यय का ठीक तरह से मापन, मूल्यांकन किये जाने वाले व्यवहार या उपलब्धियों का भलीभांति मूल्यांकन आदि)
- परीक्षण पदों द्वारा किस सीमा तक उस सम्प्रत्यय या व्यवहार विशेषता का मापन किया जा रहा है जिसे मापने के लिये परीक्षण का निर्माण किया गया है (परीक्षण की विषयवस्तु की औचित्यता)
- क्या परीक्षण उपकरण में शामिल पदों तथा प्रयुक्त उप-परीक्षणों (Scales) द्वारा सम्प्रत्यय या व्यवहार विशेष के प्रमुख आयामों का मापन किया जा रहा है?
- परीक्षण पदों को लिखने में प्रयुक्त भाषा किसी भी प्रकार की अस्पष्टता या क्लिष्टता से ग्रस्त तो नहीं है? क्या यह वह सम्प्रेषण करने में समर्थ है जिसकी प्रयोज्यों से उत्तर पाने हेतु आवश्यकता है?

C. मानदंड संदर्भित वैधता (Criterion Related Validity)

स्वरूप या अवलोकन वैधता (Face validity) तथा विषय वस्तु वैधता जो आत्मनिष्ठा से सरोबार रहती है। उनकी तुलना में मानदंड संदर्भित वैधता में आनुभाविकता (Empirical) तथा वस्तुनिष्ठा (Objectivity) का समावेश रहता है। जैसा कि पैटर्न (Pattern, 2007: 65) ने स्पष्ट किया है- इसकी स्थापना में ऐसा सुनियोजित कार्य किया जाता है जिससे यह पता चले कि विकसित उपकरण से उपलब्ध प्राप्तांक मानदंड (Criterion) पर उपलब्ध प्राप्तांकों से मेल खाते हों।

मानदण्ड क्या है? (What is a Criterion?)

एक परीक्षण की वैधता स्थापित करने के लिए प्रयोग में लाए जाने वाले मानदंड से हमारा अभिप्राय उस कसौटी या मानक से है जिसके सन्दर्भ में परीक्षण या परीक्षण प्राप्तांकों का मूल्यांकन किया जाता है। यह मानदंड पहले से ही उपलब्ध एक ऐसा

उपलब्धि परीक्षण हो सकता है जिसके द्वारा उसी सम्प्रत्यय या किसी विषय की उसी विषयवस्तु का आकलन किया जा रहा हो जिसे इस समय बनाए जा रहे परीक्षण के द्वारा मापित या आकलित किया जा रहा है।

क्योंकि यहाँ अब परीक्षण निर्माता अपने परीक्षण की वैधता स्थापित करने हेतु एक ऐसे विश्वसनीय वर्तमान में उपलब्ध बाह्य मानदंड की सहायता ले रहा है, इसलिए इस प्रकार की वैधता को समवर्ती वैधता (Concurrent validity) का नाम भी दिया जाता है।

किसी परीक्षण की ऐसी वैधता को स्थापित करने हेतु हम इस समय निर्मित किए जाने वाले परीक्षण पर उपलब्ध प्राप्तांकों की तुलना किसी समवर्ती रूप में उपलब्ध विश्वसनीय तथा वैध उपकरण/परीक्षण (जिसके द्वारा विषय विशेष की उसी विषयवस्तु या सम्प्रत्ययों का मापन किया जा रहा है) से करने का प्रयत्न करते हैं। इस प्रक्रिया को ठीक ढंग से स्पष्ट करते हुए कोहेन एवं स्वेरडिक ने लिखा है–

> *"किसी परीक्षण को उस सीमा तक समवर्ती रूप में वैध कहा जा सकता है, जिस सीमा तक निर्मित परीक्षण में उपलब्ध प्राप्तांक उसी समय विशेष (समवर्ती काल) में उपलब्ध मानदंड मापन से मेल खाते हों।"*
>
> (Cohen and Swerdlik, 2005: 163)

मानदंड संदर्भित या समवर्ती वैधता स्थापित करने की प्रक्रिया
(Procedure for Establishing Criterion Related or Concurrent Validity)

1. विकसित परीक्षण को उस समष्टि के प्रतिनिधि प्रतिदर्श पर प्रशासित करें जिसके लिए परीक्षण का निर्माण किया जा रहा है और प्राप्तांकों को सारिणीबद्ध करें। (इस प्राप्तांक को X नाम दो)।
2. पहले से ही मानकीकृत किए गए और वर्तमान में उपलब्ध उपलब्धि परीक्षण (एक कक्षा विशेष या ग्रेड विशेष से सम्बन्धित उसी सम्प्रत्यय, विषयवस्तु और विषय सामग्री का मापन करते हुए) को विद्यार्थियों के उसी प्रतिदर्श पर प्रशासित करो और उपलब्ध प्राप्तांकों को सारणीबद्ध करो (इस प्राप्तांक को Y नाम दो)।
3. अब प्राप्तांकों के इन दोनों सैट X और Y के मध्य पियरसन प्रोडक्ट मोमेन्ट सहसम्बन्ध की गणना करो।
4. यदि गणना किया गया सहसम्बन्ध गुणांक सार्थक (Significant) है तो फिर यह अच्छी तरह आश्वस्त हुआ जा सकता है कि निर्मित परीक्षण उचित रूप से वैध है।

मूल्यांकन साधन–परिमाणात्मक तथा गुणात्मक
(Tools of Evaluation —Quantitative and Qualitative)

परिमाणात्मक और गुणात्मक मूल्यांकन साधन क्या है?
(What are Quantitive and Qualitative Evaluation Tools)

विद्यार्थियों के अधिगम प्रतिफलों का आकलन करने के लिए एक अध्यापक

भिन्न-भिन्न प्रकृति के परिमाणात्मक एवं गुणात्मक प्रदतों तथा सूचनाओं को एकत्रित करने में सहायक अनेक प्रकार के साधनों और तकनीकों का उपयोग करता है। आकलन साधन (जैमे-परिमाणात्मक या गुणात्मक) से मापन के द्वारा जो प्रदत्त एवं सूचनाएं प्राप्त होती हैं उनकी प्रकृति के आधार पर इन साधनों और तकनीकों को परिमाणात्मक साधन या गुणात्मक साधन नाम भी दिया जाता है। इस प्रकार से परिमाणात्मक या गुणात्मक साधन वे आकलन प्रविधियाँ, तकनीकें या उपकरण हैं जिनकी मदद से हमें इस प्रकार के उपयुक्त संख्यात्मक या गुणात्मक प्रदत्तों के संग्रह में सहायता मिलती है जिनके माध्यम से किसी एक या अन्य अधिगम परिस्थिति में किन्हीं विशेष प्रकार के अधिगम अनुभवों के द्वारा विद्यार्थियों के व्यवहार में होने वाले संख्यात्मक या गुणात्मक परिवर्तनों को स्पष्ट किया जा सके। दूसरे शब्दों में, जहाँ तक संख्यात्मक आकलन साधनों का प्रश्न है वे विद्यार्थियों के अधिगम परिणामों के संख्यात्मक मापन और विवरण देने में सहायक सिद्ध होते हैं। उपलब्धि परीक्षणों के द्वारा हमें अंकों के रूप में जो मापन परिणाम प्राप्त होते हैं, उनकी उपलब्धि संख्यात्मक प्रदत्तों के रुप में ही होती है। हम इनसे प्राप्त प्राप्तांकों को ग्रेड, प्रतिशत, डिवीजन इत्यादि के रूप में बदलकर अन्तः वैयक्तिक तुलना करने में सफलता अर्जित करते हैं।

इस प्रकार की तुलना से हमें यह विदित होता है कि कोई विद्यार्थी अपने प्राप्तांकों के आधार पर अपनी कक्षा या विद्यालय के साथियों (सहपाठियों) की तुलना में अपनी क्या स्थिति रखता है।

आकलन के संख्यात्मक या परिमाणात्मक साधनों (जैसे-उपलब्धि परीक्षण) की सबसे बड़ी कमी या सीमा उनकी इस बात में है कि वे विद्यार्थियों के अधिगम प्रतिफलों के बारे में गुणात्मक प्रदत्त या सूचनाएँ प्रदान करने में असमर्थ या अक्षम होते हैं। इनकी इसी कमी और सीमा को किसी एक या दूसरे गुणात्मक साधन के उपयोग से दूर किया जा सकता है। इन गुणात्मक साधनों के द्वारा मापन करने से विद्यार्थियों द्वारा विभिन्न प्रयोगात्मक कार्यों और गतिविधियों, सृजनात्मक एवं रचनात्मक प्रतिफलों आदि में प्रदर्शित, उनके निष्पत्ति स्तर के जरूरी गुणात्मक विवरण को प्राप्त किया जा सकता है। यही बात विद्यार्थियों के व्यवहारात्मक आकलन के सम्बन्ध में भी है।

बालक के व्यवहार में, "क्या बात प्रशंसनीय है या उत्साहवर्धक है या उदाहरणीय है और कौन-सी बात की कमी है, उसे अपने व्यवहार में किस प्रकार के परिवर्तन लाने की जरुरत है।" इस प्रकार से गुणात्मक साधनों द्वारा किया गया गुणात्मक विवरण ही आकलन के पश्चात् उनके व्यवहार को उचित पृष्ठपोषण प्रदान कर सकता है।

एक विद्यार्थी अपने किसी एक या दूसरे ज्ञान एवं अनुप्रयोग क्षेत्र, सामाजिक और संवेगात्मक व्यवहार आदि से सम्बन्धित कौशलों में किस प्रकार सुधार ला सकता है, अपनी लिखाई कैसे सुधार सकता है, सम्प्रेषण कौशल को कैसे उन्नत बना सकता है, अपनी आदतों, अभिवृत्तियों, सोचने के ढंग तथा अपने कार्य करने के ढंग में क्या और कैसे सुधार ला सकता है इन सबके बारे में बालक के व्यवहार, उसके द्वारा सृजित

या बनाई गई वस्तुएँ, एक विषय के बारे में अभिव्यक्त किए गए विचार (मौखिक या लिखित) आदि का मूल्यांकन या आकलन कर जो गुणात्मक विवरण प्राप्त होता है उसी के आधार पर विद्यार्थी को आवश्यक प्रतिपुष्टि प्रदान करने का कार्य अच्छी तरह किया जा सकता है। इस तरह गुणात्मक साधनों के प्रयोग से किए गए मापन के द्वारा (अंकों या ग्रेड से नहीं) ही बालकों को विस्तृत और विश्लेषणात्मक पृष्ठपोषण प्रदान कर सुधार लाने में सफलता प्राप्त की जा सकती है।

परिमाणात्मक मूल्यांकन साधन–प्रकार और विवरण (Quantitative Evaluation Tools—Types and Description)

विद्यालय पाठ्यक्रम के किसी एक या अन्य विषय में विद्यार्थियों के अधिगम प्रतिफलों का आलकन करने के किए सामान्यतः जिन परिमाणात्मक साधनों का उपयोग ज्यादा किया जाता है, वे विभिन्न प्रकार के उपलब्धि परीक्षणों–अध्यापककृत या मानकीकृत परीक्षणों से ही सम्बन्धित होते हैं। एक अध्यापक अपने विद्यार्थियों को दिन–प्रतिदिन की अधिगम प्रगति का आकलन करने के लिए उनका प्रयोग कर सकता है या फिर साप्ताहिक, पाक्षिक, मासिक, त्रैमासिक, अर्द्धवार्षिक या वार्षिक परीक्षण या परीक्षा के रूप में उनको उपयोग में ला सकता है। मौखिक परीक्षा, लिखित परीक्षा और प्रयोगात्मक परीक्षा के नाम से इन आकलन साधनों को मौखिक, लिखित या प्रयोगात्मक प्रारूप में भी संचालित किया जा सकता है।

इन परीक्षणों/परीक्षाओं से संख्यात्मक प्राप्तांकों के रूप में प्राप्त प्रदत्तों/सूचनाओं के आधार पर प्रतिशत, औसत, शतांशमान आदि की गणना करके विद्यार्थियों को ग्रेड और डिवीजन प्रदान करने का कार्य किया जाता है। विद्यार्थियों के अधिगम परिणामों का मूल्यांकन करने में प्रयुक्त परिमाणात्मक मूल्यांकन साधनों को इस तरह सामान्य रूप से निम्न प्रकार वर्गीकृत किया जा सकता है–

A. मौखिक परीक्षण तथा परीक्षायें
B. प्रयोगात्मक परीक्षण तथा परीक्षायें।
C. लिखित परीक्षण तथा परीक्षायें (जिनमें निबन्धात्मक, लघु उत्तरात्मक, अतिलघुत्तरात्मक तथा वस्तुनिष्ट प्रश्नों का सामवेश रहता है।)

आइये परीमाणात्मक मूल्यांकन में प्रयुक्त इन तीनों प्रकार की परीक्षाओं तथा परीक्षणों के बारे में आवश्यक जानकारी प्राप्त की जाये।

A. मौखिक परीक्षण तथा परीक्षायें (Oral Tests or Examination)

इस प्रकार की परीक्षा या परीक्षणों का स्वरूप लिखित न होकर मौखिक होता है। मौखिक रूप से प्रश्न पूछना, मौखिक रूप में उत्तर प्राप्त करना, विचार विमर्श करना तथा किसी एक प्रसंग या प्रकरण पर परीक्षार्थियों के मध्य वार्तालाप, वाद–विवाद या पैनल वार्ता आदि का आयोजन कराना इस प्रकार के मौखिक परीक्षणों के ही विभिन्न रूप कहे जा सकते हैं। इस प्रकार के मौखिक परीक्षणों द्वारा विद्यार्थियों की योग्यता,

बुद्धि और शैक्षिक उपलब्धियों से सम्बन्धित बहुत-सी बातों की आवश्यक जानकारी प्राप्त हो सकती है, यथा-

(i) प्रयोगात्मक तथा व्यवहारात्मक कौशलों की उपलब्धि के अर्जन की जाँच हेतु जो प्रयोगात्मक परीक्षाएँ ली जाती है या क्रियात्मक एवं व्यवहारात्मक कार्य कराए जाते हैं उनकी प्रक्रिया तथा व्यावहारात्मक प्रयोगों के बारे में उनको कितनी जानकारी है, इसका पता लगाने में मौखिक परीक्षण उचित रूप से उपयोगी सिद्ध हो सकते हैं।

(ii) मौखिक परीक्षण ज्ञानात्मक एवं प्रयोगात्मक क्षेत्रों से सम्बन्धित उपलब्धियों के मापने के अतिरिक्त भावात्मक व्यवहार क्षेत्र से सम्बन्धित बहुत-सी बातों जैसे - अध्ययन के प्रति रुचि, अभिरुचि, अभिवृत्तियों, आदतों तथा व्यक्तित्व और व्यवहार में आने वाले अन्य व्यवहारगत परिवर्तनों की थाह लेने में भी उपयोगी सिद्ध हो सकते हैं।

(B) प्रयोगात्मक परीक्षण (Practical Tests)

इन परीक्षणों में बालकों के द्वारा किए जाने वाले क्रियात्मक एवं प्रयोगात्मक कार्य के आधार पर उनकी इस क्षेत्र से सम्बन्धित उपलब्धियों तथा व्यवहारगत गुणों की जाँच की जाती है। विभिन्न कुशलताओं के अर्जन का मूल्यांकन करने का एकमात्र सही साधन प्रयोगात्मक परीक्षण और परीक्षाएँ ही हैं। इसी तरह बालक की सृजनात्मक क्षमताओं, रुचियों तथा अभिवृत्तियों का मूल्यांकन भी उनके द्वारा निर्मित वस्तुओं तथा किए जाने वाले कार्य के आधार पर ही अच्छी तरह से हो सकता है। यही कारण है कि प्रयोगात्मक परीक्षण और परीक्षाओं का उपयोग मूल्यांकन की एक विशिष्ट तकनीक के रूप में विद्यालय पाठ्यक्रम के लगभग सभी विषयों में किया जा सकता है। शिक्षण में भी यह काफी आवश्यक हो जाता है कि विद्यार्थियों द्वारा जो भी प्रायोगिक, क्रियात्मक तथा व्यवहारात्मक कार्य किए जाएँ और उनमें विषय के शिक्षण-अधिगम सम्बन्धी जिस प्रकार की कुशलताओं या दक्षताओं के अर्जन की बात सोची जाए उन सबका मूल्यांकन प्रयोगात्मक परीक्षणों द्वारा भलीभाँति किया जाना चाहिए।

(C) लिखित परीक्षण (Written Test)

शिक्षण में आंतरिक तथा बाह्य परीक्षाओं से सम्बन्धित अधिकांश कार्य लिखित परीक्षणों के माध्यम से ही सम्पन्न होता है। इस प्रकार के परीक्षणों में लिखित सामग्री पेपर, पेंसिल, पेन, इंक आदि का प्रयोग किया जाता है। विद्यार्थियों से पूछे जाने वाले प्रश्न लिखित रूप में एक परीक्षा प्रश्न-पत्र (Question Paper) के माध्यम से पूछे जाते हैं तथा विद्यार्थियों से अपेक्षा की जाती है कि वे एक निश्चित अवधि में पूछे जाने वाले प्रश्नों के उत्तर लिखित रूप में दें। यह परीक्षा व्यक्तिगत तथा सामूहिक दोनों रूपों में ली जा सकती है। विद्यार्थियों के द्वारा जो उत्तर अपनी उत्तर पुस्तिका या उत्तर-पत्र पर ही दिए जाते हैं उनके सही या गलत होने की जाँच अध्यापक द्वारा की जाती है।

विद्यार्थी किसी प्रकार की अनुशासनहीनता में लिप्त न हों तथा उन्हें परीक्षा सम्बन्धी सभी निर्देश ठीक प्रकार प्राप्त होते रहे इसके लिये परीक्षा प्रबन्धकों तथा निरीक्षकों का भी उचित प्रबन्ध किया जाता है। निश्चित अवधि के पश्चात् उत्तर पुस्तिकायें

विद्यार्थियों से एकत्रित कर ली जाती हैं और फिर इनका विभिन्न परीक्षकों द्वारा मूल्यांकन कराया जाता है। परीक्षकों द्वारा जो भी अंक या ग्रेड प्रदान किये जाते हैं उन्हीं को फिर इन बालकों की उन्नति (Promotion) या चयन (Selection) आदि का आधार बनाया जाता है।

उपरोक्त लिखित परीक्षाओं में जिन प्रश्नों की प्रश्न-पत्रों में रचना की जाती है उनके चार रूप देखने को मिलते हैं और इसी आधार पर लिखित परीक्षाओं के चार प्रकार माने जाते हैं।

1. निबन्धात्मक परीक्षायें (Essay Type Examinations)
2. लघु उत्तरात्मक परीक्षायें (Short Answer Type Examinations)
3. अति लघु उत्तरात्मक परीक्षायें (Very Short Answer types Examination)
4. वस्तुनिष्ठ या वस्तुगत परीक्षायें (Objective Type Examination)

आइये अब इस प्रकार की परीक्षाओं या प्रश्न शैलियों का एक-एक करके विस्तृत परिचय प्राप्त किया जाये।

निबन्धात्मक परीक्षायें (Essay Type Examinations)

इस प्रकार की परीक्षाएं लिखित परीक्षाओं के पुराने और परम्परागत रूप को प्रदर्शित करती है। इस प्रकार की परीक्षाओं के प्रश्न-पत्रों में प्रश्नों की रचना इस प्रकार से की जाती है कि छात्र उनके उत्तर विस्तृत रूप से इस प्रकार लिख सकें जैसे कि वे कोई निबन्ध लिख रहे हो। निबन्ध में किसी एक विषय या प्रकरण से सम्बन्धित काफी अनियन्त्रित तथा स्वतन्त्र सामग्री रह सकती है जो जैसा चाहे अपना उत्तर दे सकता है, इसी आधार पर इन्हें निबन्धात्मक शैली की परीक्षायें कहा जाता है। इस प्रकार के प्रश्नों के नमूने के रूप में हम निम्न प्रश्नों का उल्लेख कर सकते है

(i) न्यूटन के गति के नियम क्या हैं? उचित उदाहरणों की सहायता से इन पर विस्तार से प्रकाश डालिए।

(ii) इलैक्ट्रॉन क्या होते हैं? विभिन्न कक्षाओं (Shells) में इनका वितरण कैसे होता है? उदाहरण सहित स्पष्ट कीजिए।

(iii) सन् 1857 के प्रथम स्वतन्त्रता संग्राम के प्रमुख कारणों, घटनाओं तथा असफलताओं पर प्रकाश डालिए।

(iv) प्राकृतिक संसाधनों या स्त्रेतों से आप क्या समझते हैं? भारत में उपलब्ध प्राकृतिक साधनों का विस्तार से उल्लेख कीजिए।

लघु उत्तरात्मक प्रश्न (Short Answer Type Questions)

इस प्रकार की परीक्षाओं में ऐसे प्रश्न पूछे जाते हैं जिनके उत्तर निबन्धात्मक परीक्षाओं की तुलना में काफी लघु यानी छोटे होते हैं। उत्तर कितने छोटे लिखे जायें इसके लिये प्रश्न में ही निर्देश दे दिये जाते हैं (जैसे ध्यान रहे आपका उत्तर 100-150 शब्दों में या 15-20 पंक्तियों से अधिक न हो।) सकारात्मक शब्दावली में जैसे: "निम्न प्रश्नों के संक्षिप्त में उत्तर दीजिये।"

इस प्रकार का निर्देश दिया जाना अधिक उचित रहता है। इस प्रकार के प्रश्न सभी विषयों से सम्बन्धित उपलब्धि की जांच हेतु प्रयोग में लाये जा सकते हैं। नमूने के तौर पर निम्न प्रश्नों को देखिये जिनके उत्तर 100–150 शब्दों में देने का निर्देश दिया गया है।

(i) मैथिली शरण गुप्त की रचना-शैली के बारे में अपने विचार प्रकट कीजिये।
(ii) अकबर द्वारा चलाये गये दीन इलाही मत पर अपने विचार प्रकट कीजिये।
(iii) सूर्य ग्रहण कैसे और क्यों होता है?
(iv) बुद्धि को परिभाषित कीजिये।
(v) अनुशासन में पुरस्कार एवं दंड की भूमिका का उल्लेख कीजिये।
(vi) सूक्ष्म शिक्षण (Micro teaching) का अर्थ स्पष्ट कीजिये।

अति लघु उत्तरात्मक प्रश्न (Very Short Answer Type Questions)

इस प्रकार के प्रश्नों के लिए जैसे उत्तरों की जरूरत होती है उनकी प्रकृति संक्षेप में उत्तर देने की होती है। वे इतने छोटे हो सकते हैं जैसे- एक शब्द, दो शब्द या फिर एक या दो वाक्यों में। या जैसे कोई परिभाषा देना। उदाहरण स्वरूप यहाँ हम ऐसे कुछ प्रश्न नीचे प्रस्तुत कर रहे हैं–

1. अपने राज्य की राजधानी और मुख्यमंत्री का नाम बताओ?
2. गंगा नदी का उद्गम कहाँ से है और उसकी यात्रा कहाँ समाप्त होती है?
3. भौतिक और रसायनिक परिवर्तन का एक-एक उदाहरण दो?
4. ओहम् (Ohm's Law) का नियम क्या है?
5. चक्रवर्ती व्याज की गणना करने का सूत्र बताइए?
6. अपने प्रान्त की सर्दियों की तीन प्रमुख फसलों के नाम बताइए?
7. कठोर और मृदु जल की प्रमुख विशेषताएँ या पहचान बताइए?
8. हमारे राष्ट्रीय ध्वज में प्रयुक्त रंगों के नाम बताइए।

वस्तुनिष्ठ प्रश्न (Objective Type Questions)

इस प्रकार की परीक्षाओं में जो प्रश्न-पत्र बनाया जाता है उसका आकार तथा लम्बाई निबन्धात्मक परीक्षा या लघु-उत्तरात्मक परीक्षाओं के लिये बनाये गए प्रश्न-पत्रों से काफी अधिक होती है। प्रश्नों की रचना इस प्रकार की जाती है कि उनके द्वारा बहुत ही सीमित शब्दों जैसे हां या ना, रिक्त स्थान पूर्ति या एक दो शब्दों, अक्षरों या क्रम संख्या आदि के लिखने से ही अपेक्षित उत्तर दिया जा सके। अब इनकी अधिक वस्तुनिष्ठता होने के कारण ही इन्हें वस्तुनिष्ठ परीक्षाओं के नाम से सम्बोधित किया जाता है और सब प्रकार से ये अपने नाम को सही चरितार्थ करने का प्रयत्न करती हैं। जिस बालक ने 100 प्रश्न सही किये हैं उसे 100 अंकों की उपलब्धि उनके द्वारा अवश्य ही होगी चाहे उसकी उत्तर पत्रिका को कितने ही परीक्षकों द्वारा किसी भी तरह क्यों न जंचवा लिया जाये। इस प्रकार की वस्तुनिष्ठता की आशा वस्तुनिष्ठ परीक्षाओं में ही सम्भव है, निबन्धात्मक तथा लघु उत्तरात्मकों में नहीं। कुछ निम्न प्रकार की प्रश्न शैलियों का प्रमुख रूप से उपयोग इन परीक्षाओं में देखने को मिल सकता है।

1. सत्य-असत्य का निर्णय (True-False Type): जैसे-

प्रश्न-नीचे लिखे वाक्यों में जो ठीक हों उनके आगे 'हाँ' और जो गलत हों उनके आगे 'नहीं' लिख कर उत्तर दीजिये।

(i) सूर्य पश्चिम में उदय होता है।

(ii) दिन-रात पृथ्वी की वार्षिक गति के कारण होते हैं।

(iii) पानी को छानने से उसकी सारी अशुद्धियां दूर हो जाती है।

2. रिक्त स्थान पूर्ति (Completion Type): जैसे

(i) त्रिभुज के तीनों कोणों का योग .... के बराबर होता है।

(ii) वृत्त की परिधि अपने व्यास से .... गुणा बड़ी होती है।

(iii) वायुमण्डल का दबाव मापने वाले यन्त्र को .... कहते हैं।

3. बहु विकल्प जांच (Multiple Choice Type): जैसे-

प्रश्न-निम्न प्रश्नों में प्रत्येक प्रश्न के आगे दिये गये कई उत्तरों में से सही उत्तर का चुनाव करके दाहिनी ओर खाली स्थान में उस उत्तर का क्रमांक भर दो-

(i) रामायण के रचियता थे:

(a) सूरदास (b) कबीर (c) तुलसीदास

(d) बाल्मीकि (e) इनमें सो कोई नहीं।

(ii) तापक्रम नापने के लिये प्रयोग में लाये जाने वाले यन्त्र का नाम है:

(a) बैरोमीटर (b) थर्मामीटर (c) लेंक्टोमीटर

(d) हाइड्रोमीटर

4. युगलीकरण जांच (Matching Type): जैसे-

नीचे प्रथम भाग में कुछ साहित्कारों के नाम हैं और दूसरे भाग में कुछ रचनाओं के। जिस साहित्यकार की जो रचना ही उसके क्रम को उनके सामने कोष्ठक में लिख दीजिये।

साहित्यकार	रचना	
जायसी	(a) राम की शक्ति पूजा	( )
जयशंकर प्रसाद	(b) साकेत	( )
मैथिलीशरण गुप्त	(c) कामायनी	( )
निराला	(d) पदमावत	( )
	(e) यामा	( )

5. साधारण प्रत्यास्मरण रूप (Simple Recall Type): जैसे-

(i) वृत्त का क्षेत्रफल निकालने का क्या सूत्र है?

(ii) $(a + b) (a - b)$ किसके बराबर होता है?

(iii) पौधे रात्रि के समय कौन-सी गैस बाहर निकालते हैं?

(iv) संज्ञा या सर्वनाम की विशेषता बताने वाले शब्दों को क्या कहते है?

6. वर्गीकरण जांच (Classification Test Type): जैसे-

नीचे दिये गये प्रत्येक समूह में उस शब्द को रेखांकित कीजिये जो उस समूह से सम्बन्धित नहीं है-

(a) प्रेम, प्यार, स्नेह, ममता, दया

(b) सूर, तुलसी, मीरा, प्रसाद, कबीर

(c) रामचरित मानस, तुलसी, सूर सागर, साकेत, पंचवटी

(d) त्रिभुज, चतुर्भुज, आयत, वृत, कोण

7. अनुपात पूरक प्रश्न (Analogy Type): जैसे-

प्रश्न-नीचे दिये हुए पहले शब्द, संख्या का चित्र का दूसरे से वही सम्बन्ध जो तीसरे का चौथे से। प्रश्न चिन्ह (?) के स्थान के लिये संख्या के सामने लिख दो। शुद्ध उत्तर को दाहिनी ओर प्रश्न संख्या के सामने लिख दो।

(a) कोण : $\angle$ :: त्रिभुज : ? (a) ....

(b) वह : सर्वनाम :: रामः ? (b) ....

(c) आयतः ल × चो:: वर्गः? (c) ....

(d) सूरदास : ? :: तुलसीदास : राम चरित मानस (d) ....

एक उपलब्धि परीक्षण की योजना एवं निर्माण (ब्लू प्रिंट सहित)

(Planning and Preparations of an Achievement Text including Blue Print)

अध्यापक, विद्यालय के कक्षाकक्ष में किसी एक या अन्य शिक्षण विषय में अपने विद्यार्थियों के अधिगम प्रतिफलों का आकलन करने के लिए अध्यापक कृत परीक्षण का निर्माण या विकास करने की आवश्यकता का सामना करते ही हैं। अपने इस उद्देश्य की पूर्ति के लिए उन्हें एक उचित उपलब्धि परीक्षण के निर्माण की प्रक्रिया तथा आवश्यक बातों से अच्छी तरह परिचित होना चाहिए, जैसे-परीक्षण के पदों या प्रश्नों की प्रकृति, उनका चयन, उनका संगठन तथा इसके प्रशासन के लिए अन्तिम स्वरूप प्रदान करना तथा उत्तरों की व्याख्या करना आदि। आगे हम एक उपलब्धि परीक्षण के निर्माण और विकास से सम्बन्धित इन्हीं सब आवश्यक बातों की चर्चा करना चाहेंगे।

A. परीक्षण पदों या प्रश्नों का निर्माण/चयन

(Construction/Selection of the Test Items)

एक उपलब्धि परीक्षण में किस प्रकार के परीक्षण पदों या प्रश्नों को स्थान दिया जाए, इस बात का निर्धारण उपलब्धि परीक्षण के निर्माण और विकास में बहुत महत्वपूर्ण स्थान रखता है। परीक्षण पदों के निर्माण और चयन में निम्न मार्गदर्शक बातें काफी सहायक सिद्ध हो सकती हैं।

1. आकलन के उददेश्यों को ध्यान में रखना (Keeping in view the Objectives of Assessment)—एक परीक्षण का निर्माण और विकास किसी एक या अन्य अधिगम या विषय क्षेत्र में विद्यार्थियों के अधिगम प्रतिफलों का आकलन करने के लिए किया जाता है। किस प्रकार के अधिगम प्रतिफलों या निष्पत्ति का आकलन किया जाना है, यह बात परीक्षण निर्माता को पूरी तरह से स्पष्ट होनी चाहिए। इस उद्देश्य के लिए उसे सर्वप्रथम अपने परीक्षण के उद्देश्यों का निर्धारण करना चाहिए और उन विशेष व्यवहार परिवर्तनों के रूप में परिभाषित कर लेना चाहिए, जिनकी एक इकाई विशेष या अध्ययन के कोर्स विशेष के अध्ययन के परिणामस्वरूप विद्यार्थी के व्यवहार में होने की आशा की जाती है और जिसके आकलन के लिए परीक्षण का निर्माण या विकास किया जा रहा है।

2. पाठ्यक्रम या विषय वस्तु सम्बन्धी शिक्षण कार्य को ध्यान में रखना (Keeping in View the Coverage of the Syllabus or Contents)—परीक्षण में निर्धारित की जाने वाली सामग्री प्रत्यक्ष रूप से उस विषय-वस्तु पर आधारित की जानी चाहिए जिसे अध्यापक द्वारा पढ़ाया जा चुका है। अध्यापक को चाहिए कि वह विद्यार्थियों को दिए गए अनुभव की रूपरेखा तैयार कर ले। यद्यपि मुख्य विषय एवं प्रकरणों को छोड़ना तो नहीं चाहिए, परन्तु यह भी आवश्यक नहीं कि परीक्षा-पत्र में सब कुछ रख दिया जाए जिसे अध्यापक द्वारा कक्षा में पढ़ाया गया है। दूसरे शब्दों में हम यों कह सकते हैं कि विद्यार्थियों को दिए गए शिक्षण-अनुभव के विभिन्न तत्वों को उचित रूप से ध्यान में रखकर ही परीक्षा-पत्र का निर्माण करना चाहिए।

3. प्रश्नों के प्रकार का निर्णय (Decision About the Types of Questions)-प्रश्नों के प्रकार का निर्णय कर लेना भी परीक्षा-पत्र के निर्माण का महत्वपूर्ण तत्व है। उपलब्धि परीक्षा में जैसा कि पहले बताया जा चुका है, तीनों प्रकार के प्रश्न-निबन्धात्मक, लघु उत्तरात्मक तथा वस्तुनिष्ठ सभी को यथा स्थान महत्व दिया जाता है।

4. समय का निर्णय (Decision About the Time)-विद्यार्थियों को प्रश्नों के उत्तर देने के लिए कितना समय दिया जाएगा। इसका भी पहले से निर्णय कर लेना चाहिए। उपलब्ध समयानुसार परीक्षण लम्बा या छोटा होना चाहिए। यदि आकलन में जरूरत हो तो समय को ज्यादा या कम कर लेना चाहिए।

B. ब्लू-प्रिंट तैयार करना
(Preparation of the Blue-Print)

परीक्षण योजना का यह सबसे कठिन चरण है। ब्लू-प्रिंट एक प्रकार का डिजाइन होता है जिसमें विशिष्ट लक्ष्यों, प्रकरणों तथा प्रश्नों के लिए अंक निर्धारित किए जाते हैं। अन्तः ब्लू-प्रिंट तैयार करते समय उपर्युक्त चारों बातों की ओर ध्यान देना चाहिए।

किसी एक इकाई विशेष के लिए उपलब्धि परीक्षण के निर्माण हेतु ब्लू-प्रिंट कैसे तैयार किया जाए, यह निम्नलिखित दृष्टांत से समझा जा सकता हैं।

कक्षा–सातवीं

समय: 40 मिनट

कुल अंक: 25

विषय– हमारे शरीर के संस्थान (पाचन, रक्त परिसंचरण, तथा श्वसन)
(Our Body System-Digestive, Circulatory and Respiratory)

रूपरेखा (Blueprint)

	उद्देश्य *(Objectives)*	ज्ञान *(Knowledge)*			समझ *(Understanding)*			प्रयोग *(Application)*			कुल *(Total)*
	प्रश्न का रूप → उप इकाई ↓	E	S	O	E	S	O	E	S	O	
1.	पाचन संस्थान	1 (2)	2 (2)	1 (1)	–	1 (1)	2 (2)	–	1 (1)	1 (1)	10
2.	रक्त परिसंचरण संस्थान	1 (2)	2 (2)	1 (1)	–	1 (1)	2 (2)	–	1 (1)	1 (1)	10
3.	श्वसन संस्थान	–	1 (1)	1 (1)	–	1 (1)	1 (1)	–	– (1)	1	5
	उप–योगफल (Sub total)	2 (4)	5 (5)	6 (3)	–	3 (3)	5 (5)	–	2 (2)	3 (3)	
	कुल योगफल (Total)		12			8			5		25

टिप्पणी–कोष्ठक में दी गई संख्या प्रश्नों के अंक बताती है और कोष्ठक के बाहर प्रश्नों की संख्या दर्शाती है।

सार (Summary)

प्रकार *(Types)*	प्रश्नों की संख्या *(No. of Questions)*	अंक *(Marks)*	अन्य विवरण
निबन्धात्मक (E)	2	4	(i) चयन योजना (Scheme of Option)
लघु–उत्तर (S)	10	10	— कोई नहीं
वस्तुपरक (O)	11	11	(ii) विभागीय योजना (Scheme of Sections)
योगफल	23	25	– भाग (A) निबन्धात्मक (Essay Type)
			– भाग (B) लघु–उत्तरात्मक (Short Answer Type)
			– भाग (C) वस्तुनिष्ठ (Objective Type)

C. प्रश्नों को गठित एवं व्यवस्थित करना
(Organising and Arranging the Questions)

परीक्षण प्रश्न-पत्र में दिए जाने वाले प्रश्नों को उचित रूप से गठित एवं व्यवस्थित करने की आवश्यकता होती है। इसमें निम्नलिखित बातों से सहायता मिल सकती है-

(i) निबन्धात्मक एवं वस्तुपरक प्रश्न अलग-अलग भागों में रखे जाने चाहिए और उनके लिए अलग-अलग समय निर्धारित होना चाहिए।

(ii) प्रत्येक भाग के लिए अलग-अलग निर्देश होने चाहिए।

(iii) प्रश्न सरल से उत्तरोत्तर कठिन होते जाने चाहिए।

(iv) लघु उत्तर प्रश्नों को आवश्यकतानुसार स्थान देना चाहिए।

(v) वस्तु-परक प्रश्नों में सभी प्रकार के प्रश्न देना ठीक नहीं होगा, क्योंक इस प्रकार निर्देश पढ़ने में ही विद्यार्थियों का बहुत-सा समय नष्ट हो जाता है। जहाँ तक सम्भव हो बहुविकल्प वस्तुनिष्ठ प्रश्नों को प्राथमिकता देनी चाहिए।

(vi) यह अच्छा होगा यदि परीक्षण के लिए 20% से 30% तक ज्यादा पदों/प्रश्नों का निर्माण किया जाए जिससे अन्तिम परीक्षण के समय जो प्रश्न त्रुटिपूर्ण हो या फालतू से प्रतीत हों उन्हें हटाया जा सके।

D. परीक्षण करना और पद विश्लेषण (Try Out and Item Analysis)

उपर्युक्त ढंग से तैयार किए गए परीक्षण का कठिनाई स्तर जाँचने तथा पद विश्लेषण करने के उद्देश्य से एक समुचित संख्या में विद्यार्थियों के न्यादर्श पर इसका प्रशासन करना चाहिए। प्रत्येक प्रश्न में उत्तीर्ण होने वाले विद्यार्थियों के प्रतिशत के आधार पर उस परीक्षण के परिणाम का विश्लेषण करना चाहिए। यदि उत्तीर्ण होने वाले विद्यार्थियों की प्रतिशत संख्या अधिक हो तो समझ लेना चाहिए कि प्रश्न आसान हैं। इसी विश्लेषण के आधार पर प्रश्नों का कठिनाई स्तर निश्चित करना चाहिए। पद विश्लेषण विशेषकर निम्नलिखित उपयोगी कार्यों में सहायता करता है।

- पदों की अस्पष्टता, त्रुटियों तथा क्लिष्टता का पता लगाने में,
- प्रत्येक पद का कठिनाई स्तर ज्ञात करने में
- प्रत्येक पद का विभेदीकरण मूल्य निर्धारण करने में

इस प्रकार के पद विश्लेषण के पश्चात् दोषयुक्त पदों को निकाल देना चाहिए और परीक्षण में सुधार कर लेना चाहिए। प्रश्न न ज्यादा कठिन हो न ज्यादा आसान।

पद विश्लेषण कैसे किया जाए? (How to Carry out Item Analysis?)

अस्पष्ट निरर्थक, पक्षपातपूर्ण, व्याकरण या वर्तनी सम्बन्धी त्रुटि युक्त पदों से छुटकारा पाने के लिए गुणात्मक तथा परिमाणात्मक दोनों प्रकार से पद विश्लेषण करना जरूरी होता है। आइए देखते हैं कि इस प्रकार का पद विश्लेषण कैसे किया जाता है-

गुणात्मक पद विश्लेषण (Qualitative Item Analysis)-यहाँ अब एक परीक्षण

निर्माता अपने परीक्षण के पदों का गहराई से सूक्ष्म अवलोकन और मंथन करता है। इसके अतिरिक्त वह कुछ अनुभवी अधयापकों और विशेषज्ञों से भी इन पदों को ध्यान से देखने का अनुग्रह करता है ताकि यह निष्कर्ष निकाला जा सके–

- कौन से ऐसे पद हैं जो बोधगम्य नहीं हैं और जिनमें अस्पष्टता और दुरुहता है? तथा यह कैसी और क्यों है?
- क्या परीक्षण में दिए हुए निर्देश पदों का उत्तर प्राप्त करने के लिए स्पष्ट और उचित हैं, और अगर नहीं तो इस सम्बन्ध में क्या आवश्यक सुधार किया जा सकता है?
- क्या पदों के द्वारा उन सबका अच्छी तरह आकलन हो रहा है जिसके लिए इन पदों की रचना की गई, यदि नहीं तो उन पदों के बारे में जानना जो इस कार्य को करने में असफल सिद्ध हो रहे हैं।
- परीक्षण पदों में प्रयुक्त भाषा और संख्यात्मक कार्यों में कोई अशुद्धि तो नहीं है, अगर है तो इस सम्बन्ध में सुधार लाइए।

उपर्युक्त बातों के आधार पर प्राप्त पृष्ठपोषण के द्वारा परीक्षण के पदों (प्रश्नों) में आवश्यक संशोधन किया जाता है या पदों को परिवर्तित कर दिया जाता है।

परिमाणात्मक पद विश्लेषण (Quantitative item Analysis)–परिमाणात्मक पद विश्लेषण के कार्य में परीक्षण के प्रत्येक पद के विभेदीकरण तथा कठिनाई मूल्य की गणना की जाती है।

(i) विभेदीकरण मूल्य या सूचकांक की गणना (Computation of Discriminative Value of Index)–इस योग्यता के मापन से हमें यह जानने में मदद मिलती है कि एक परीक्षण में शामिल एक विशेष पद या प्रश्न परीक्षण में बहुत अच्छे प्राप्तांक पाने वाले या खराब प्राप्तांक प्राप्त करने वाले प्रयोज्यों के बीच में निहित अंतर या भेद को कितनी अच्छी तरह से स्पष्ट करने में समर्थ हो सकता है। किसी भी पद की विभेदीकरण शक्ति से सम्बन्धित इस प्रकार की क्षमता का निर्धारण करने के लिए परीक्षण निर्माणकर्ता से यह अपेक्षा की जाती है कि वह एक विशेष सांख्यिकीय मान, जिसे पद विभेदीकरण सूचकांक (Item Discriminating index) कहा जाता है, की गणना करे। प्रत्येक पद विभेदीकरण सूचकांक की गणना करने के लिए निम्न सूत्र प्रयोग में लाया जाता है–

$$\text{पद विभेदीकरण सूचकांक} = \frac{(A-B)}{N/2}$$ इसमें:

A = पद विशेष पर उच्च प्राप्तांक अर्जित करने वाले समूह (यानी शीर्ष 25 या 33% विद्यार्थियों) के कुल प्राप्तांक

B = पद विशेष पर निम्न प्राप्तांक अर्जित करने वाले समूह (यानी निम्नतम 25 या 33% विद्यार्थियों) के कुल प्राप्तांक

N = दोनों समूहों के विद्यार्थियों की कुल संख्या।

आइए, एक उदाहरण के द्वारा इस सूत्र को स्पष्ट करते हैं

एक परीक्षण विकासकर्ता ने अपने उपलब्धि परीक्षण के प्रथम ड्राफ्ट को 60 विद्यार्थियों के प्रतिनिधि प्रतिदर्श पर परीक्षित करने का प्रयास किया। यह एक बहुविकल्प परीक्षण था। प्रत्येक शुद्ध उत्तर के लिए 1 अंक निर्धारित था। पूरे परीक्षण में इन विद्यार्थियों द्वारा जो अंक प्राप्त किए गए उनके आधार पर उसने उन विद्यार्थियों को तीन समूहों में विभाजित किया-उच्च अंक प्राप्त करने वाला समूह, औसत प्राप्तांक समूह और निम्न प्राप्तांक समूह (प्रत्येक उपसमूह में 20-20 विद्यार्थी थे)। अब उसमें A तथा B के मान की गणना की।

परीक्षण के पहले पद या प्रश्न के लिए उसने पाया कि:

20 विद्यार्थियों के उच्च प्राप्तांक वाले समूह के 16 विद्यार्थियों ने प्रथम पद का सही उत्तर दिया।

20 विद्यार्थियों के निम्न प्राप्तांक वाले समूह के केवल एक विद्यार्थी ने प्रथम पद का सही उत्तर दिया।

इस प्रकार से A का मान 16 और B का मान 1 प्राप्त कर उसने इन मानों को परीक्षण के प्रथम पद का पद विभेदीकरण सूचकांक प्राप्त करने के लिए, निम्न प्रकार से सूत्र का प्रयोग किया।

$$\text{पद विभेदीकरण सूचकांक} = \frac{(16-1)}{(20+20)/2} = \frac{15}{20} = 0.75$$

हम जानते हैं कि परीक्षण के एक पद का विभेदीकरण सूचकांक मान अधिक से अधिक 1 हो सकता है। हम यह भी जानते हैं कि किसी भी पद को परीक्षण में बनाए रखने या उसका परित्याग करने हेतु विभेदीकरण सूचकांक के जिस मान को इस कार्य हेतु क्रान्तिक मान (Critical value) स्वीकार किया जाता है उसका मूल्य या मान 0.67 होता है। हमारे उपरोक्त उदाहरण में परीक्षण के प्रथम पद का मान 0.75 आया है जो कि क्रान्तिक मान 0.67 से काफी ज्यादा है। इसलिए यह अच्छी तरह से जाना जा सकता है कि परीक्षण का प्रथम पद परीक्षण के उच्च एवं निम्न प्राप्तांकों को अर्जित करने वाले प्रयोज्यों में अच्छी तरह विभेदीकरण करने में समर्थ है, फलस्वरूप इसे परीक्षण में रखा जाना चाहिए। -

(ii) कठिनाई मूल्य या सूचकांक की गणना करना (Computation of Difficulty value of Index)-पद की कठिनाई परीक्षण के किसी पद के कठिनाई स्तर को बताती है, जैसे-एक परीक्षण में भाग लेने वाले विद्यार्थियों के समूह को उस पद का उत्तर देने में वह कितना कठिन लगा या कितना सरल। किसी पद का कठिनाई स्तर जानने के लिए एक विशेष सांख्यिकीय मान, जिसे पद काठिन्य सूचकांक कहा जाता है, की गणना करनी होती है। प्रत्येक पद के इस कठिनाई सूचकांक की गणना करने के लिए निम्न सूत्र का प्रयोग किया जाता है

पद काठिन्य सूचकांक = $A/N \times 100$, यहाँ पर

A = जिन विद्यार्थियों ने पद का सही उत्तर दिया है उनकी संख्या

N = उन विद्यार्थियों की कुल संख्या जिन्होने पद का उत्तर दिया (सही या गलत)

पद कठिनाई सूचकांक का अधिक से अधिक मान पद विभेदीकरण सूचकांक मान की तरह 1.00 होता है। किसी पद को कठिन मानने के लिए क्रान्तिक सूचकांक मान 0.67 और सरल मानने के लिए क्रान्तिक सूचकांक मान 0.33 होता है इसलिए जो पद 33 प्रतिशत से नीचे आते हैं और जो 67 प्रतिशत से ऊपर क्रान्तिक मान प्राप्त करते हैं उन्हें क्रमशः ज्यादा कठिन और ज्यादा सरल माना जाता है। यहाँ एक बात और भी ध्यान देने की है कि परीक्षण विकासकर्ता के लिय यह जरूरी नहीं है कि वह निर्धारित कठिनाई सूचकांक मूल्य या मान से ऊपर या नीचे आने वाले पदों को अपने परीक्षण से निकाल दे। यदि वह यह महसूस करता है कि बहुत अधिक कठिन या सरल स्तर का होने पर भी उस पद को परीक्षण में रखने की जरूरत है तो वह उसे रख सकता है। फिर जैसा कि फ्रिसबी (Frisbie, 1981) का विचार है कि एक क्रान्तिक सूचकांक मान या विभाजन बिन्दु (Cut off point) के रूप में एक विशेष सूचकांक मान का उपयोग करने के सम्बन्ध में निर्णय परिस्थिति अनुसार बदलता रहता है। उदाहरण के लिए एक मानक सन्दर्भित परीक्षण में पद कठिनाई मान 50 प्रतिशत तक हो सकता है।

E. परीक्षण के अन्तिम प्रारूप की तैयारी करना
(Designing and Preparing the Final form of the Test)

पदों का विश्लेषण करने और कठिनाई स्तर निर्धारित करने के उपरान्त परीक्षण से अनुचित पदों को निकाल देना चाहिए। जिन पदों में कुछ सुधार की जरूरत हो उन्हें ठीक कर देना चाहिए और फिर इस अन्तिम प्रारूप को फोटोस्टेट करा के या छपवा कर या साइक्लोस्टाइल कराके जैसी भी जरूरत हो विद्यार्थियों की उपलब्धियों का मूल्यांकन करने के लिए तैयार करा लेना चाहिए।

F. प्रशासन एवं अंकन कार्य के लिए मार्गदर्शक बिन्दु
(Guidelines for Administration and Scoring)

एक परीक्षण निर्माता को परीक्षण का प्रशासन करने तथा अंकन कार्य करने के बारे में मार्गदर्शक बिन्दु तैयार और निश्चित करके प्रदान करने का प्रयत्न करना चाहिए। परीक्षण के प्रशासन के लिए जरूरी स्थितियों या दशाओं, परीक्षण के प्रशासन के लिए जो साधन और सामग्री आवश्यक रूप से चाहिए तथा परीक्षण के प्रशासन में जो आवश्यक सावधानियाँ रखी जानी चाहिए, उन सबका उल्लेख करते हुए परीक्षण के प्रशासन के लिए सभी विशेष प्रकार के आदेश या अनुदेशन प्रदान करने चाहिए। परीक्षण का अंकन कार्य किए जाने के सम्बन्ध में भी एक परीक्षण निर्माता को सदैव पहले से ही अंकनकुंजी (Scoring key) भी प्रदान करना अच्छा रहता है।

अंकन में वस्तुपरकता लाने के लिए अंकन-विधि को पहले से निश्चित किया

जाना चाहिए। केवल वस्तुपरक प्रश्नों के लिए ही नहीं बल्कि निबन्धात्मक प्रश्नों तथा लघु-उत्तर सम्बन्धी प्रश्नों के लिए भी अंकन-विधि पहले से निर्धारित होनी चाहिए। इसके लिए निम्न बातों को परीक्षण में प्रस्तुत करना चाहिए–

(i) निबन्धात्मक प्रश्न के भागों और उपभागों के लिए अलग-अलग अंकों का विभाजन प्रस्तुत करना चाहिए।

(ii) किसी प्रश्न के उत्तर में क्या-क्या सोपान और पॉइन्ट होने चाहिए।

(iii) लघु उत्तर प्रश्नों ओर अति लघु उत्तर प्रश्नों का उत्तर देने के लिए शब्दों या वाक्यों की संख्या निर्धारित करना।

(iv) विद्यार्थियों के उत्तर में किस सोपान या किस पॉइन्ट को कितना महत्व देना है, इसका उल्लेख करना।

(v) आरेखों, चित्रों, तालिकाओं एवं दृष्टांतों आदि को कितना महत्व दिया जाएगा यह निर्धारित करना आदि।

इस प्रकार ऊपर बताए गए सोपानों का अनुकरण करते हुए एक अध्यापक अपने पाठ का कक्षा में शिक्षण करने के उपरान्त या कोई विशेष इकाई या कोर्स पूरा करने के उपरान्त विद्यार्थियों के अधिगम और प्रगति का आकलन या मूल्यांकन करने के लिए एक उपलब्धि परीक्षण का निर्माण करने में सफलता प्राप्त कर सकता है।

गुणात्मक साधन-प्रकार और विवरण
(Qualitative Tools—Types and Description)

विद्यार्थियों के अधिगम एवं व्यवहारात्मक प्रतिफलों का आकलन करने में ऐसे बहुत से अवसर आते हैं जहाँ हमें परिमाणात्मक विवरण जैसे-संख्यात्मक प्राप्तांक, अंक या ग्रेड की जगह गुणात्मक विवरण के प्रदत्तों और सूचनाओं की अत्यन्त आवश्यकता होती है। आकलन में ऐसी बहुत सी परिस्थितियाँ आती हैं जब हमें विद्यार्थियों के द्वारा प्रदर्शित व्यवहारात्मक निष्पतियों, सृजनात्मक और निर्मित उत्पादों से सम्बन्धित अच्छाइयों और कमियों आदि के बारे में गुणात्मक विवरण के रूप में उन्हें पृष्ठपोषण प्रदान करना चाहिए ताकि उनमें व्यवहारात्मक सुधार लाने के लिए परिमार्जन कार्यक्रम बनाया जा सके। इस प्रकार की परिस्थिति में हमें किसी एक या अन्य गुणात्मक आकलन साधनों एवं प्रविधियों की सहायता लेनी पड़ती है। इस सम्बन्ध में प्रायः जिन गुणात्मक आकलन साधनों का प्रयोग सामान्यतः किया जाता है, उनमें निम्न साधनों का नाम लिया जा सकता है–

(1) प्रेक्षण या निरीक्षण (Observation)

(2) अन्तःदर्शन (Introspection)

(3) प्रक्षेपी तकनीकें (Projective techniques)

(4) समाजमिति तकनीकें (Sociometics techniques)

(5) साक्षात्कार (Interview)

(6) निर्धारण मापनी (Rating Scale)

(7) जांच सूची (Checklist)
(8) निष्पत्ति आधारित गतिविधियों का उपयोग (Use of Performance based Activities)
(9) सेमीनार का उपयोग (Use of Seminar)
(10) सिम्पोजियम तथा पैनल चर्चा (Symposium and Panel discussion)

अभी इस अध्याय में यहाँ इनमें से हम प्रथम चार के बारे में विस्तार से जानकारी लेना चाहेंगे।

1. गुणात्मक आकलन के एक साधन के रूप में प्रेक्षण या निरीक्षण (Observation as a Tool for Qualitative Assessment)

विद्यार्थियों की अधिगम निष्पत्ति की गुणात्मकता तथा भावात्मक व्यवहार पक्ष में आए हुए परिवर्तनों के बारे में गुणात्मक विवरण प्रारूप में प्रदतों और सूचनाओं का संग्रह करने के लिए प्रेक्षण को एक प्रभावशाली आकलन प्रविधि या साधन के रूप में प्रयोग में लाया जा सकता है। आइए देखते हैं कि एक आकलन साधन के रूप में प्रेक्षण से हमारा क्या अभिप्राय है और गुणात्मक जानकारी का संग्रह करने के लिए इसे कैसे उपयोग में लाया जा सकता है?

निरीक्षण क्या है? (What is Observation)

निरीक्षण से अभिप्राय किसी व्यक्ति द्वारा अपने ऐन्द्रिक अवयवों (Sensory organs) की सहायता से किसी वस्तु, व्यक्ति, घटना या धारणा के निरीक्षण करने से है जिससे उस वस्तु, व्यक्ति, घटना या धारणा की प्रकृति, घटनाओं के घटित होने के क्रम तथा स्तर एवं व्यवहार करने के तरीके से सम्बन्धित बातों की जानकारी प्राप्त हो सके। हम निरीक्षण के कार्य को अच्छी तरह से सम्पन्न करने के लिए अपनी सभी पांचों इन्द्रियों-दृश्य, श्रव्य, स्पर्श, प्राण व स्वाद का प्रयोग कर सकते है। वैसे तो सामान्य रूप से औपचारिक या अनौपचारिक शिक्षा प्रदान करने के सभी तरीकों और साधनों के द्वारा विद्यार्थियों के क्रियात्मक और भावात्मक व्यवहार में लाए गए परिवर्तनों के परिणामों का मूल्यांकन करने में ज्यादातर दो इन्द्रियों-दृश्य इन्द्रिय एवं श्रव्य इन्द्रिय का ही प्रयोग किया जाता है। इन्हीं दोनों के द्वारा हम विद्यार्थियों के भावात्मक एवं क्रियात्मक व्यवहार में आए हुए परिवर्तनों को विद्यार्थी की विभिन्न विद्यालयी क्रियाओं में प्रदर्शन एवं सहभागिता के स्तर को देख और सुनकर ज्ञात कर सकते हैं।

निरीक्षण के ढंग एवं तरीके (The Styles and Ways of Observation)

मूल्यांकन के एक उपकरण के रूप में निरीक्षण को बहुत व्यवहारात्मक पक्ष का मूल्यांकन करने के लिए प्रयोग में लाया जाता है

जिनका वर्गीकरण निम्न प्रकार से किया जा सकता है-

(A) प्रेक्षण की प्रकृति या प्रेक्षण के समय निभाई गई औपचारिकता के आधार पर प्रेक्षण या निरीक्षण का वर्गीकरण किया जा सकता है-

(i) औपचारिक निरीक्षण या प्रेक्षण (Formal observation)

(ii) अनौपचारिक निरीक्षण (Informal Observation)

(B) निरीक्षण की प्रक्रिया के संरचनात्मक ढांचे के आधार पर निरीक्षण दो प्रकार का होता है–

(i) संरचित निरीक्षण (Structured Observation)

(ii) असंरचित निरीक्षण (Unstructured Observation)

(C) निरीक्षणकर्ता की प्रतिभागिता की प्रकृति के आधार पर भी निरीक्षण दो प्रकार का होता है–

(i) सहभागी निरीक्षण (Participant observation)

(ii) असहभागी निरीक्षण (Non-Participant Observation)

अब हम विद्यार्थियों के व्यवहार में आए परिवर्तनों का मूल्यांकन करने के लिए प्रयोग में लाए जाने वाले निरीक्षण के इन विभिन्न प्रकारों का संक्षेप में विवरण प्रस्तुत कर रहे हैं।

(1) औपचारिक प्रेक्षण (Formal Observation)–प्रेक्षण का यह प्रकार पूरी तरह से औपचारिक रूप में सम्पन्न होता है इसमें सभी आवश्यक औपचारिकता का पालन किया जाता है, जैसे–(i) इसमें व्यक्तियों या व्यक्ति को प्रेक्षण की प्रकृति और उद्देश्य के बारे में सूचित कर दिया जाता है। (ii) जिन व्यक्तियों का निरीक्षण किया जाना है उन्हें भलीभाँति यह पूर्व सूचना दे दी जाती है कि निरीक्षण कब, और कहाँ होना है (निरीक्षण की तारीख, समय एवं स्थान की सूचना) (iii) प्रेक्षक का नाम एवं परिचय भी दे दिया जाता है। (iv) प्रेक्षण कार्य के लिए प्रयोज्य को जो भी पूर्व तैयारी करके रखनी है। उनकी सूचना भी दे दी जाती है, जैसे कोई रिकॉर्ड (अभिलेख) दिखाना है तो उसे तैयार करके रखना या इस प्रकार के निरीक्षण के लिए वातावरण की तैयारी या प्रयोज्य को तैयार रहने की सूचना आदि। वैसे इस प्रकार का औपचारिक प्रेक्षण किसी के व्यवहार या व्यक्तित्व के बारे में विश्वसनीय या वैध निष्कर्ष निकालने में लाभदायक नहीं हो सकता है क्योंकि पूर्व सूचना से प्रयोज्य पूरी तैयारी कर लेता है और उसके व्यवहार या वातावरण में कृत्रिमता आने की संभावना बनी रहती है।

उदाहरण के लिए हम छात्रावास में रहने वाले बच्चों को यह सूचना देते हैं कि अमुक दिन, अमुक समय पर उनकी स्वच्छता सम्बन्धी आदत की जाँच करने के लिए, उनके कमरों, रहन–सहन तथा खान–पान व्यवस्था का निरीक्षण किया जाएगा। इस प्रकार से पूर्व सूचना द्वारा किया गया निरीक्षण निश्चय ही छात्रावास के बच्चों की स्वच्छता सम्बन्धी आदत की जाँच करने में असफल सिद्ध होगा क्योंकि ऐसा करने से बालक उस दिन या उस समय छात्रावास में अपने–अपने कमरों की स्वच्छता पर विशेष ध्यान देगे। अतः इस प्रकार के औपचारिक प्रेक्षण के समय छात्रावास के बच्चों द्वारा प्रदर्शित स्वच्छता सम्बन्धी व्यवहार उनके वास्तविक व्यवहार का सच्चा प्रतिनिधित्व नहीं कर सकेगा। एक लापरवाह बालक भी उस दिन स्वच्छ रहकर अपने बारे में प्रेक्षण द्वारा अच्छी राय बनवाने में कामयाब हो सकता है। इस तरह से जो व्यवहार

हमारे सामने आता है वह असहज और कृत्रिम होता है। स्वाभाविक और वास्तविक नहीं। यही बात शिक्षा विभाग द्वारा पूर्व सूचना पर आधारित विद्यालय के निरीक्षण के समय होती है या विवाह तय करने के उद्देश्य से वधू पक्ष द्वारा अपना घर, रहन-सहन आदि वर पक्ष के सामने प्रस्तुत करने पर होती है। पूर्व सूचना के कारण वर पक्ष के सामने जो भी प्रस्तुत किया जाना है सब बनावटी होता है।

अतः औपचारिक प्रेक्षण की तकनीक द्वारा एकत्रित किए गए प्रदत्त या सूचना की वास्तविकता और वैधता संदेहास्पद रहती है।

(2) अनौपचारिक प्रेक्षण (Informal Observation)–औपचारिक प्रेक्षण से प्रतिकूल अनौपचारिक प्रेक्षण एकदम से अनौपचारिक अनवरत एवं प्राकृतिक तरीके से किया जाता है। इस प्रकार के प्रेक्षण में व्यक्ति या व्यक्तियों अर्थात् प्रयोज्य को निरीक्षण की प्रकृति, उद्देश्य, समय या स्थान के बारे में कोई भी पूर्व सूचना नहीं दी जाती है। इस निरीक्षण में प्रेक्षक अर्थात् निरीक्षणकर्ता व्यक्तियों के समूह का एक अभिन्न अंग बनकर उनके व्यवहार एवं व्यक्तित्व के गुणों की जानकारी प्राप्त करने का प्रयत्न करता है। इस प्रकार से व्यक्ति या प्रयोज्य का एकदम से प्राकृतिक, सामान्य एवं स्वाभाविक स्थिति में व्यवहार प्रदर्शित करते हुए ही प्रेक्षण किया जाता है, उसे इस बात जानकारी नहीं होती है कि उसका निरीक्षण किया जा रहा है। उदाहरण के लिए बालकों के जांच करने के लिए उनके खेल में शामिल होकर उनके इस समय के व्यवहार की जाँच करने का कार्य किया जा सकता है। इस प्रकार के प्राकृतिक प्रेक्षात्मक परिस्थिति में किए गए प्रेक्षण से व्यक्ति के वातावरण में घटित होने वाली घटनाओं, वस्तुओं को स्थिति एवं व्यवहारात्मक विशेषताओं का यथार्थ चित्र प्रेक्षक को देखने को मिलता है।

(3) संचरित प्रेक्षण (Structural Observation)–इस प्रकार के प्रेक्षण या निरीक्षण में प्रेक्षण प्रक्रिया एकदम से नियन्त्रित, निश्चित, क्रमबद्ध, व्यवस्थित एवं पूर्व निर्धारित होती है चाहे उसका आयोजन औपचारिक रूप से हो या अनौपचारिक रूप से। इस प्रकार की प्रेक्षण प्रक्रिया प्रेक्षण के लिए समुचित प्रमाणीकृत एवं संरचित स्थितियों की माँग करती है। जैसे-(i) किन घटनाओं या व्यक्तियों का निरीक्षण करना है। (ii) किन प्रदत्तों को रिकॉर्ड करना है। (iii) किन उपकरणों जैसे-चैकलिस्ट, निर्धारण मापनी आदि की सहायता लेनी है। (iv) रिकॉर्ड के लिए किन साधनों जैसे-टेपरिकॉडर, वीडियों निर्माण उपकरण, टेलीस्कोप आदि का प्रयोग किया जाएगा आदि। इन उपकरणों की सहायता से निरीक्षण एकदम वस्तुनिष्ठ होता है। निरीक्षणकर्ता के पक्षपात पूर्ण व्यवहार की संभावना इसमें नहीं हो पाती है। इसी से इसे नियन्त्रित (Controlled) प्रेक्षण भी कहा जाता है।

(4) असंचिरत प्रेक्षण (Unstructured observation)–इस प्रेक्षण में प्रेक्षणात्मक प्रक्रिया पूरी तरह से असंचिरत अर्थात् अनियन्त्रित होती है। सूचनाओं या प्रदत्तों का संग्रह करने के लिए प्रेक्षणकर्ता पर किसी तरह की कोई बंदिश नहीं लगाई जाती है। अर्थात् इस प्रकार का प्रेक्षण स्वाभाविक परिस्थितियों में किया जाता है। स्वाभाविक

व्यवहार या प्राकृतिक घटनाओं पर कोई बाह्य नियन्त्रण नहीं रखा जाता है। इस असंचिरत प्रेक्षण का उद्देश्य किसी वातावरण में घटित होने वाली घटनाओं तथा वस्तुओं की अधिक यथार्थ एवं निरन्तरता के साथ जानकारी प्राप्त करने में प्रेक्षक को पूरी स्वतन्त्रता एवं लचीलापन प्रदान करना है। इसमें संरचित प्रेक्षण के लिए प्रयुक्त भौतिक साधन जैसे–चैकलिस्ट, निर्धारण मापनी, आदि का प्रयोग नहीं किया जाता है। अतः यह एक सरल एवं स्वतन्त्र तथा सामान्यतः निष्क्रिय प्रेक्षण होता है। इस प्रकार के प्रेक्षण में न तो प्रेक्षक पर कोई नियन्त्रण होता है और न ही प्रेक्षण की जाने वाली घटना के स्वरूप पर ही कोई नियन्त्रण रहता है। इसमें घटना के स्वाभाविक व स्वतन्त्र रूप को अधिक महत्व दिया जाता है। इस कारण से इसमें प्रेक्षक के व्यक्तिगत पक्षपात की संभावना भी बनी रहती है। अतः वैधता एवं विश्वसनीयता का यहाँ अभाव सा बना रहता है।

(5) सहभागी प्रेक्षण (Participant Observation)–इस प्रकार के प्रेक्षण में प्रेक्षणकर्ता, किसी विशिष्ट प्रेक्षणात्मक परिस्थिति में किसी घटना, वस्तु, व्यक्ति या व्यवहार का प्रेक्षण करने के लिए स्वयं भी उस समूह स्थिति का सदस्य बन जाता है जिस समूह या स्थिति के सदस्यों के व्यवहार का उसे निरीक्षण करना है। समूह के सदस्यों को यह नहीं पता होता है कि वह उनके समूह के सदस्य नहीं है वरन् कोई निरीक्षणकर्ता है। प्रेक्षक समूह के अन्य सदस्यों की तरह ही गतिविधियों में भाग लेता है साथ ही अन्य सदस्यों के व्यवहार का निरीक्षण भी करता रहता है और उन्हें रिकार्ड भी करता रहता है। इस प्रकार से प्रेक्षक को एक तरह से दोहरी भूमिका का निर्वाह करना होता है। एक तो समूह के सदस्य की तो दूसरी ओर एक प्रेक्षणकर्ता की। वह समूह की गतिविधियों में भी सक्रिय होकर भाग लेता रहता है तो समूह की कार्यपरिस्थिति में घटित होने वाली घटनाओं, सदस्यों के व्यवहार आदि को नोट भी करता रहता है।

उदाहरण के लिए किसी कक्षा के बालकों के सामाजिक व्यवहार की जाँच करने के लिए उनके खेल में शामिल होकर उनके उस समय के व्यवहार की जाँच कर सकता है या शैक्षिक भ्रमण पर बच्चों के साथ जाकर उनके व्यवहार का पता लगा सकता है। इस प्रकार का प्रेक्षण व्यक्ति के व्यवहार का निरीक्षण करने का एक अच्छा अवसर प्रदान करता है। परन्तु इसमें एक बड़ा दोष यह है कि बच्चे प्रेक्षक की उपस्थिति में पूरी तरह सहज और स्वाभाविक व्यवहार का प्रदर्शन नहीं कर पाते हैं।

(6) असहभागी प्रेक्षण (Non-participant Observation)–इस प्रकार का प्रेक्षण सहभागी प्रेक्षण के दोषों या सीमाओं से मुक्त होता है। इस प्रकार के प्रेक्षण में प्रेक्षणकर्त्ता व्यक्ति के व्यवहार का इस प्रकार से अवलोकन करता है कि व्यक्ति यह नहीं जान पाता है कि उसके व्यवहार का निरीक्षण किया जा रहा है। निरीक्षणकर्ता व्यक्ति विशेष की क्रियाओं एवं व्यवहार क्षेत्र से अपने आप को छुपा कर उनका निरीक्षण करता है। है। इस कार्य के लिए वह किसी एक ऐसे उचित स्थान का चुनाव करके अपना स्थान ग्रहण कर लेता है। वह अपना निरीक्षण कार्य इस प्रकार करता रहता है जिससे कि जिनका निरीक्षण किया जा रहा है वें न देख पाएं इसके लिए कोई

स्क्रीन या पर्दा जिसमें केवल एक ओर ही दिखाई दे, प्रयुक्त किया जा सकता है। आधुनिक उपकरणों जैसे–गुप्त कैमरा, वीडियो रिकॉर्डिंग, ओडियों रिकॉर्डिंग आदि का प्रबन्ध भी इस प्रकार के निरीक्षण में बहुत सहयोगी सिद्ध हो सकता है। दूर बैठकर देखने के लिए निरीक्षणकर्ता दूरदर्शक (Telescope) आदि का प्रयोग भी सुविधानुसार कर सकता है। किसी भी प्रकार से व्यक्तियों को यह आभास नहीं होना चाहिए कि उनका निरीक्षण हो रहा है। इस बात का पूरा–पूरा ध्यान इस प्रकार के निरीक्षण में निरीक्षणकर्ता द्वारा रखने का प्रयास किया जाता है।

एक अच्छे प्रेक्षक और उसके प्रेक्षण के गुण (Characteristics of a Good Observer and his Observation)–बेस्ट और काहन (2010, 312) ने प्रेक्षण एवं प्रेक्षक के लिए निम्न कसौटी बतलाई हैं–

- एक अच्छा प्रेक्षणकर्त्ता हमेशा वस्तुनिष्ठ होता है। वह अवलोकन की गई घटनाओं या व्यवहार पर अपना प्रभाव नहीं डालता है जैसे देखा है वैसा ही रिकार्ड करता है।
- प्रेक्षक हमेशा प्रेक्षण की जाने वाली वस्तु या घटना को उसके पूर्ण रूप में जानने का प्रयास करता है क्योंकि वह जानता है कि हमेशा ही वस्तु के भाग या अंश से पूर्ण महान होता है। हालांकि वह केवल महत्वपूर्ण सार्थक विस्तार को ही ग्रहण करता है।
- एक अच्छा प्रेक्षक पहले तथ्यों का निरीक्षण करता है और बाद में उनकी व्याख्या करता है। तथ्यों की व्याख्या करने के उपरान्त अपने प्रेक्षण से सम्बन्धित तथ्यों को अलग कर लेता है।
- एक प्रेक्षक किसी घटना या व्यवहार का निरीक्षण करते समय अपने आपको तटस्थ रखता है। किसी के साथ पक्षपात पूर्ण व्यवहार नहीं करता है।
- प्रेक्षक सदैव सावधान एवं सजग रहता है ताकि कोई तथ्य छूट न जाए। घटना से सम्बन्धित सभी तथ्यों को ठीक–ठीक रिकार्ड किया जा सके।
- प्रेक्षक हमेशा पूरी तरह सुनियोजित, सुव्यवस्थित एवं प्रत्यक्षीकरण के आधार पर निरीक्षण करता है। वह जानता है कि किस उद्देश्य के लिए निरीक्षण कर रहा है और परिस्थिति में क्या चीज सार्थक है और क्या निरर्थक।
- एक अच्छा प्रेक्षणकर्ता सदैव अपने प्रेक्षित निष्कर्षों की जाँच करता है एवं पुष्टि करता है। यदि सम्भव हो तो पुनरावृति द्वारा या फिर दूसरे सुयोग्य प्रेक्षणकर्ताओं से तुलना करके।
- प्रेक्षणकर्ता प्रेक्षक द्वारा प्राप्त बातों तथा तथ्यों को सदैव सावधानी एवं कुशलता के साथ रिकॉर्ड करता है। वह अपने निरीक्षण के परिणामों को व्यवस्थित करने, उनकी मात्रात्मकता का पता लगाने तथा उन्हें सुरक्षित रखने के लिए उचित उपकरणों का प्रयोग करता है।
- प्रेक्षक निरीक्षण द्वारा प्राप्त प्रदत्तों एवं सूचनाओं को इस प्रकार संग्रहित करता है जिससे यह निश्चय रहे कि वे विश्वसनीय एवं वैध हैं।

मूल्यांकन में प्रेक्षण उपकरण का प्रयोग
(Utilizing Observation Tool for Assessment)

बच्चों के व्यवहारिक परिवर्तनों के मूल्यांकन कार्य में प्रेक्षण का प्रयोग करने के लिए निम्न दो सुव्यवस्थित सोपानों का पालन करना होता है–

प्रथम सोपान–योजना बनाना तथा आवश्यक तैयारी करना (Phase I- Planning and Preparation for Observation)–किसी भी प्रेक्षण की सफलता उसके उचित नियोजन एवं तैयारी पर निर्भर करती है। इस अवस्था में निम्न बातों को ध्यान में रखना चाहिए–

- प्रेक्षण के द्वारा किस प्रकार के व्यवहार सम्बन्धी क्रियाएँ, स्थितियाँ या घटनाओं की जानकारी प्राप्त करनी है?
- निरीक्षण कार्य किस प्रकार करना है, इसके लिए किन–किन साधनों की सहायता लेनी है?
- निरीक्षण को प्रभावशाली बनाने के लिए निरीक्षण के समय किस प्रकार की परिस्थितियाँ रखनी है?
- प्रेक्षण के परिणामों को अधिक से अधिक विश्वसनीय, सूचनात्मक, वस्तुनिष्ठ तथा वैध कैसे बनाया जाए। इन सब बातों पर पहले से ही विचार कर प्रेक्षण के लिए सभी आवश्यक तैयारियाँ कर लेनी चाहिए।

द्वितीय सोपान–प्रेक्षण कार्य का क्रियान्वयन (Phase II- Execution of the Observation Task)–इस सोपान के अन्तर्गत प्रेक्षणकर्ता द्वारा, प्रथम सोपान पर बनाई गई योजना तथा तैयारियों के अनुसार व्यवहार या घटना का क्रियात्मक रूप से निरीक्षण किया जाता है। निरीक्षण करने के विभिन्न तरीकों एवं रूपों (जिनका विवरण हम पहले कर चुके हैं) में से जो तरीका उपयुक्त लगे, उसका प्रयोग इस कार्य हेतु किया जा सकता है। प्रेक्षण के अच्छे से अच्छे परिणाम प्राप्त करने के लिए निम्न बातों को ध्यान में रखना चाहिए–

- जहाँ तक हो सके इसे इस प्रकार किया जाता है कि निरीक्षण करने की बात की पूर्व सूचना या किसी भी प्रकार का ऐसा आभास व्यक्तियों को न हो सके कि कोई उनके व्यवहार का निरीक्षण कर रहा है। जीवन की वास्तविक परिस्थितियों में जहाँ व्यक्ति स्वाभाविक रूप से अपने क्रिया–कलापों में लग रहे हों वहाँ उनके सम्पर्क में आकर निरीक्षणकर्ता उनके व्यवहार का अवलोकन कर आवश्यक बातों को नोट कर सकता है।
- निरीक्षण बड़ी ही सावधानी से करना चाहिये। नेत्रों के ऊपर इसका दायित्व रहता है। अगर दूरी अधिक न हो तो व्यवहार सम्बन्धी बातों को सुनने का भी पूरा–पूरा प्रयास करना चाहिए। टेलीस्कोप का प्रयोग दूर से निरीक्षण करने में किया जाना ठीक रहता है। निरीक्षण की बातों को नोट करने तथा निरीक्षण कार्य को भली–भाँति सम्पन्न करने के दोनों ही कार्य में विशेष लाभ रहता है। अतः जहाँ सम्भव हो वहाँ इनका प्रयोग अवश्य ही किया जाना चाहिए।
- किसी एक प्रकार के व्यवहार या व्यक्तित्व सम्बन्धी गुण की जाँच करने को

दोहराया अवश्य जाना चाहिये ताकि निरीक्षण के परिणामों में अधिक विश्वसनीयता लाई जा सके।

- एक निरीक्षणकर्ता के स्थान पर अगर कई लोग किसी एक बात का या उसी व्यवहार का विभिन्न परिस्थितियों में अवलोकन करें तो इससे निरीक्षण कार्य में अधिक वैधता, वस्तुनिष्ठता और विश्वसनीयता लाई जा सकती है।
- व्यवहार जब घटित हो रहा है तभी उसे बारीकी से निरीक्षण कर सम्बन्धित बातों को नोट या रिकार्ड करते जाना चाहिए। मौखिक रूप से याद रख पाना सम्भव नहीं हो पाता और फिर बहुत सी बातों का एक-दूसरे से घुल-मिल जाने से कई बार निरीक्षण सम्बन्धी किसी निश्चित परिणाम पर पहुंचने पर भी असुविधा हो जाती है। अतः अच्छा यही रहता है कि निरीक्षण व्यवहार सम्बन्धी बातों को विभिन्न वर्गों से विभाजित कर भली-भांति नोट करते रहा जाये या फिर पूर्व निर्मित निरीक्षण तालिका या सूची पर टैली या टिक मार्क लगा दिया जाये।
- निरीक्षण के दौरान जो कुछ भी निरीक्षण के आधार पर नोट या रिकॉर्ड किया जाता है उन तथ्यों का फिर भली-भाँति विश्लेषण कर व्यक्ति विशेष के व्यवहार सम्बन्धी बातों और व्यक्तित्व सम्बन्धी गुणों के बारे में उचित निष्कर्ष निकालने का प्रयत्न किया जाता है।
- यदि निरीक्षणकर्ता सहभागी प्रेक्षक की भूमिका अदा कर रहा है तो उसे लोफ्टलेन्ड (1971) के द्वारा दिए गए सुझावों के आधार पर अपने प्रेक्षण की रिकॉर्डिंग करने के लिए निम्न बातों का ध्यान रखना चाहिए-
  - (i) जो भी कुछ निरीक्षण किया जा रहा है उसको मानसिक रूप से नोट कर लेना चाहिए।
  - (ii) जो महत्वपूर्ण तथ्य, घटनाएँ, शब्द या कथन ऐसे हो जो बाद में विस्मरण हो जाने की सम्भावना हो तो उन्हें नोट कर लेना चाहिए।
  - (iii) जितनी जल्दी सम्भव हो सके उतनी जल्दी मानसिक रूप से नोट किए गए तथा लिखित रूप से नोट किए गए तथ्यों, शब्दों, कथनों या घटना को सांकेतिक भाषा या आशुलिपि के द्वारा नोट के रूप में लिपिबद्ध कर ले बाद में वह उन्हें ठीक तरह से विस्तार में विश्लेषण कर सकता है।

2. गुणात्मक मूल्यांकन साधन के रूप में अन्तःदर्शन
(Introspection as a Tool for Qualitative Evaluation)

व्यवहार के अध्ययन की यह सबसे प्राचीन विधि है। मनोविज्ञान विषय के उद्भव के प्रारम्भिक दिनों में, एक प्रकार के आत्ममूल्यांकन या आन्तरिक निरीक्षण, जिसे अन्तःदर्शन कहा जाता है, के द्वारा व्यवहार का अध्ययन किया जाता था। इस विधि को समझने के लिए हमें सबसे पहले अन्तःदर्शन का अर्थ जानना चाहिए।

'अन्तःदर्शन' अंग्रेजी भाषा के Introspection का अनुवाद है। Introspection शब्द दो शब्दों Intro (अन्तः) और Spection (दर्शन) से मिलकर बना है। Intro या अन्तः का अर्थ है Within या Inward अर्थात् व्यक्ति के मन के भीतर और Spection (दर्शन) का अर्थ है Looking अर्थात् देखना। इस प्रकार अन्तःदर्शन (Introspection) का अर्थ है मन के 'भीतर देखना'। यह आन्तरिक प्रत्यक्षीकरण है। इसलिए अन्तःदर्शन में व्यक्ति से यह आशा की जाती है कि वह अपने अन्तर्मन में झाँक कर देखे। यह एक प्रकार का आत्म-निरीक्षण है, जिसमें व्यक्ति अपनी स्वयं की अनुभूति का प्रत्यक्षीकरण करता है, विश्लेषण करता है और उन्हें समझता है अर्थात् मानसिक कार्य के समय व्यक्ति के मन में जो भी कुछ चल रहा है उस प्रत्येक बात को समझना। उदाहरण के लिए-चिन्ता, भय या क्रोध की अवस्था में व्यक्ति से पूछा जा सकता है कि वह अपने स्वयं के निरीक्षण से यह पता लगाए कि उस संवेग की अवस्था में वह क्या महसूस कर रहा है, क्या विचार उसके मन में आ रहे हैं या उसे किस प्रकार की अनुभूति हो रही है।

अन्तःदर्शन विधि के गुण (Merits of Introspection Method)

अन्तःदर्शन या आत्म-निरीक्षण विधि में निम्न गुण पाए जाते हैं:

- यह एक सरल एवं आसानी से उपलब्ध हो जाने वाली विधि है क्योंकि हमारी मानसिक प्रक्रिया हमेशा ही हमारे मन में चलती रहती है और किसी भी समय इसका अन्तःदर्शन किया जा सकता है।
- अन्तःदर्शन विधि से हम अपनी मानसिक प्रक्रिया का प्रत्यक्ष एवं तात्कालिक ज्ञान प्राप्त कर सकते हैं और इसके लिए हमें किसी बाह्य सामग्री या उपकरण के लिए अलग से कोई खर्च भी नहीं करना पड़ता है।
- इस विधि के द्वारा हमारे आन्तरिक अनुभवों का सही-सही ज्ञान मिलता है अतः चिन्तन या भावनाओं आदि के रूप में व्यक्ति के आन्तरिक व्यवहार को इसके द्वारा आसानी से जाना जा सकता है।

अन्तःदर्शन विधि के दोष या सीमाएं
(Demerits and limitations of Introspection Method)

अन्तः दर्शन विधि में व्यक्ति को अपने विचारों, भावनाओं या वेदनाओं के रूप में अपनी मानसिक प्रक्रिया का निरीक्षण या मूल्यांकन करने की जरूरत होती है। हमारी मानसिक प्रक्रिया लगातार परिवर्तित होती रहती है। इसलिए जब हम अपनी मानसिक सक्रियता के किसी विशिष्ट पक्ष के अन्तःदर्शन का प्रयत्न कर रहे होते हैं उतने में ही वह विशिष्ट मानसिक सक्रियता आगे बढ़ जाती है। उदाहरण के लिए जब हम किसी व्यक्ति पर क्रोधित होते हैं, और बाद में आत्म-मूल्यांकन का अन्तः दर्शन करने के लिए शांत होकर बैठते है तब तक क्रोध की अवस्था निश्चित रूप से आगे गुजर जाती है अतः हम जो भी अब अनुभव करते हैं वह इस समय की मानसिक अवस्था के अनुरूप नहीं होता है बल्कि जो भी कुछ देर पहले घटित हुआ था वैसा होता है।

- अध्ययन की एक विधि के रूप में अन्तःदर्शन में निम्न बातों के आधार पर विश्वसनीयता, वैधता एवं वस्तुनिष्ठता की कमी पाई जाती है–
- इस विधि से प्राप्त परिणामों में विश्वसनीय संप्रेषण तथा पुनरावृत्ति की कमी पाई जाती है। यहाँ एक खोजकर्ता कभी भी इस बात में निश्चित नहीं हो सकता है कि वह जो भी कुछ महसूस या अनुभव कर रहा है, दूसरा खोजकर्ता भी वैसा ही अनुभव कर रहा होगा। उदाहरण के लिए–अगर हम 'हरा रंग' की संवेदना की अनुभूति अपने अन्तःदर्शन प्रक्रिया का प्रयोग करते हुए कोई कैसे कर रहा है? इससे सम्बन्धित रिपोर्टों का विश्लेषण करें तो हम यह पाएँगे कि इस प्रकार की सभी रिपोर्ट एक–दूसरे से काफी अलग हैं। कुछ यह कहेंगे कि हरे रंग की अनुभूति अपने आप में अकेली ही होती है, जबकि दूसरे लोग यह कहेंगे कि यह अनुभूति पीले और नीले रंग की मिश्रित अनुभूति होती है। सही मायने में अन्तःदर्शन हमें किसी प्रकार से एक वस्तुगत निरीक्षण परिणामों पर पहुँचने में मदद नहीं करता। इसमें अत्यधिक आत्मगतता पाई जाती है। इसके अतिरिक्त अंतःदर्शन में कोई व्यक्ति अपने स्वयं के व्यवहार अथवा मानसिक प्रक्रिया का स्वयं ही अनुभव करता है। इस प्रकार के व्यक्ति विशेष द्वारा किए गए आत्मगत निरीक्षण की पुष्टि यहाँ सम्भव नहीं है क्योंकि अन्तःदर्शन विधि से दूसरे के मस्तिष्क के अध्ययन के लिए कोई प्रावधान नहीं होता।
- व्यक्ति की मानसिक प्रक्रिया के परीक्षण एवं आत्मनिरीक्षण में वैधता एवं यथार्थता निर्धारित करना असम्भव ही है। हमारा मस्तिष्क अपने स्वयं के कार्यों का प्रत्यक्षीकरण करते समय अपने आप को दो भागों में विभाजित कर देता है–विषय और वस्तु। निरीक्षण की वस्तु एवं उपकरण दोनों एक हैं और समान हैं। ये अपने आप ही निरीक्षण प्रक्रिया एवं उससे प्राप्त परिणामों की वैधता तथा सत्यता को प्रभावित करते हैं। एक व्यक्ति जो क्रोधित है या डरा हुआ है, वह ठीक प्रकार से यह निरीक्षण नहीं कर सकता है कि उसके मस्तिष्क में क्या चल रहा है और वह अपनी क्रोध या भय की संवेगात्मक अवस्था में तटस्थ रहता है। उसकी चेतना उसकी मानसिक या संवेगात्मक अवस्था को, जोकि उसके निरीक्षण की वस्तु है, निश्चित तौर पर प्रभावित करती है।

व्यवहार के अध्ययन की एक विधि के रूप में अन्तःदर्शन का एक बहुत ही सीमित क्षेत्र है। सन्तोषजनक रूप से इसका प्रयोग केवल सामान्य प्रौढ़ व्यक्तियों के लिए ही किया जा सकता है। बच्चों, असामान्य व्यक्तियों, पशुओं आदि के व्यवहार का अध्ययन इस विधि के द्वारा नहीं किया जा सकता है।

इस प्रकार, यदि हम अन्तःदर्शन विधि का मूल्यांकन करने का प्रयास करें तो हम पाएँगे कि यह विधि आत्ममूल्यांकन पर आधारित है। विश्वसनीय संप्रेषण, पुनरावृत्ति तथा तार्किक सत्यता या निश्चितता का इसमें अभाव है। यह न तो पूरी तरह से

वैज्ञानिक है और न ही व्यावहारिक या प्रयुक्त करने में आसान है। इसलिए मनोवैज्ञानिक अध्ययन के लिए इस एक ही विधि पर निर्भर नहीं रहा जा सकता है।

इस विधि से प्राप्त निष्कर्षों को, किसी अन्य वस्तुनिष्ठ एवं विश्वसनीय विधि की सहायता लेकर विशिष्ट वैज्ञानिक आधार प्रदान करना जरूरी है।

3. *गुणात्मक मूल्यांकन साधन के रूप में प्रक्षेपण*
(Projection as a Qualitative Assessment Tool)

प्रक्षेपी तकनीक क्या है? (What are Projective Techniques)

ये तकनीक अथवा विधियाँ आरोपण अथवा प्रक्षेपण (Projection) प्रक्रिया पर आधारित हैं। आरोपण या प्रक्षेपण का अर्थ किसी क्रिया अथवा वस्तु विशेष में अपने व्यवहार अथवा व्यक्तित्व सम्बन्धी गुणों के अनुसार कोई विशेष बात देखना है। मानव को अपने स्वाभावानुसार प्रत्येक वस्तु में अपनी भावनाओं, आकांक्षाओं और व्यक्तित्व सम्बन्धी विशेषताओं का प्रतिबिम्ब दिखाई देता है। तुलसीदास की शब्दावली में 'जाकी रही भावना जैसी प्रभु मूरति देखी तिन तैसी' वाली स्थिति आरोपण की क्रिया के फलस्वरूप हो जाती है और इसीलिए हम वस्तु को ज्यों की त्यों नहीं देखते बल्कि अपने व्यक्तित्व की विशेषताओं को भी आरोपित करते रहते हैं। इस आरोपण अथवा प्रक्षेपण का यदि ठीक प्रकार से विश्लेषण किया जाए तो न केवल हमारे आन्तरिक व गोपनीय मानस पटल की बहुत सी बातों का पता चलेगा बल्कि एक प्रकार से सम्पूर्ण व्यक्तित्व का मूल्यांकन करने के लिए पर्याप्त सामग्री प्राप्त होगी।

इस तथ्य को आधार बना कर ही प्रक्षेपी विधियों में कुछ अनिश्चित, अर्थहीन और रचनाहीन उद्दीपक (अस्पष्ट चित्र या Photograph,स्याही के धब्बे, अपूर्ण वाक्य इत्यादि) व्यक्ति के सामने रखे जाते हैं और उसे उनके प्रति अनुक्रिया व्यक्त करने के लिए (चित्र में क्या है, कैसा है, धब्बे में क्या दिखाई देता है, पूर्ण वाक्य क्या होगा, इत्यादि) कहा जाता है। इन अनुक्रियाओं के आधार पर ही उसके व्यक्तित्व के स्वरूप का निर्धारण किया जाता है।

कुछ सामान्य प्रक्षेपी तकनीकों का वर्णन आगे किया जा रहा है।

A. रोर्शा का स्याही-धब्बा परीक्षण (The Rorschach Ink-Blot Test)

एक कला अध्यापक के सुपुत्र श्री हरमन रोर्शा (Hermann Rorschach) नामक स्विस मनोवैज्ञानिक ने इसे प्रचलित किया।

परीक्षण सामग्री (Material of the Test) -इस परीक्षा में दस पत्र (Cards) जिन पर स्याही के धब्बों जैसी आकृतियां बनी हुई हैं, होते हैं। इनमें से पांच पत्रों पर काली आकृतियां, दो पत्रों पर काली व लाल तथा तीन पत्रों पर कई रंग की आकृतियां हैं। ये आकृतियां पूर्ण रूप से सारहीन हैं अर्थात् ये कोई विशेष अर्थ नहीं रखती हैं।

परीक्षा लेने का ढंग (Administration of the Test)-(i) इन पत्रों को एक विशेष क्रम में एक-एक करके जिस व्यक्ति के व्यक्तित्व का मूल्यांकन करना होता है, उसके

सामने प्रस्तुत किया जाता है। उचित निर्देश देते हुए सबसे पहले उसके सामने पहला पत्र रखा जाता है और परीक्षणकर्ता उससे, इस पत्र में किस प्रकार की आकृति बनी हुई है, इसे देख कर आपको कैसा लगता है, इस आकृति में आपको क्या दिखाई दे रहा है, आदि-आदि प्रश्न पूछता है।

(ii) व्यक्ति को, जितना समय वह एक पत्र को देखने व उसके प्रति अपनी अनुक्रिया व्यक्त करने को चाहता है, दिया जाता है। वह इन पत्रों को किसी भी तरह उल्टा सीधा कर देखने के लिए स्वतन्त्र होता है।

(iii) इन धब्बों के प्रति व्यक्ति की क्या-क्या प्रतिक्रियाएं रही हैं, उनका लेखा जोखा रखने के अतिरिक्त परीक्षणकर्ता प्रत्येक उत्तर देने में मिलने वाले समय का हिसाब भी रखता है। व्यक्ति ने पत्रों को किस ढंग से पकड़ कर देखा, किस प्रकार के भाव उसके चेहरे पर आए और गए, और उसने स्वाभाविक तौर पर किस प्रकार का प्रदर्शन किया इन सब बातों का हिसाब भी रखने का वह प्रयत्न करता है।

(iv) एक एक करके जब सभी पत्र व्यक्ति के सामने रख लिए जाते हैं, तब उसके पश्चात् एक बार फिर से इन्हें उसके सामने रख कर पूछा जाता है कि उसने पहली बार जो जो कुछ देखा वह उस आकृति में कहाँ था।

उत्तरों का अंकन, विश्लेषण और व्याख्या
(Scoring, Analysis and Interpretation of the Test)

अंक लगाने के दृष्टिकोण से व्यक्ति के द्वारा जो भी अनुक्रियाएं व्यक्त की जाती हैं अथवा उत्तर दिए जाते हैं उन्हें विशेष चिन्ह प्रदान करके निम्न चार कालम (Scoring Categories) में लिख लिया जाता है।

1. स्थिति (Location),
2. विषय वस्तु (Contents),
3. मौलिकता (Originality),
4. निर्धारक तत्त्व (Determinants)

1. स्थिति (First Column)-धब्बे के किस भाग से प्रश्न का उतर जुड़ा हुआ है, स्थिति नामक इस कालम में इसी का हिसाब रखा जाता है। यह हिसाब रखने के लिए W, D, d, और s आदि चिन्हों का प्रयोग किया जाता है। इन चिन्हों का अर्थ इस प्रकार से है

W – ऐसे उत्तर को जहां यह प्रतीत हो कि व्यक्ति ने कार्ड को समग्र रूप में देख कर उत्तर दिया है W प्रदर्शित किया जाता है।

D – किसी भी चीज को बढ़ा चढ़ा कर कहने के लिए D चिन्ह का प्रयोग किया जाता है।

d – छोटी-छोटी बातों को गहराई से देखने के लिए छोटी d का प्रयोग किया जाता है।

s – खाली जगहों को लेकर व्यक्ति द्वारा प्रतिक्रिया व्यक्त किए जाने पर उन्हें छोटे s से प्रदर्शित किया जाता है।

विषय-वस्तु (Contents)–व्यक्ति द्वारा जो कुछ देखा जाता है, इस कालम में उस विषय-वस्तु के मूल्य आंकने का प्रयत्न किया जाता है। इस अंकन में जिन चिन्हों का प्रयोग किया जाता है वे अपने अर्थ के अनुसार नीचे दिए जा रहे हैं–

अंकन चिन्ह	उत्तर सामग्री
H	व्यक्ति को मानव आकृति दिखाई देती है।
A	व्यक्ति को पशुओं की आकृति दिखाई देती है।
Ad or Hd	व्यक्ति विस्तार रूप से पशुओं और मनुष्यों की क्रियाओं को देखता है।
N	व्यक्ति प्रकृति जैसे–नदियों, पहाड़ों, हरे-भरे खेतों को देखता है।
O	व्यक्ति जड़ पदार्थ जैसे–बरतन, लैम्प, छतरी इत्यादि को देखता है।

मौलिकता (Originality)–कुछ अनुक्रियाओं या उत्तरों को अधिक प्रचलित घोषित किया हुआ होता है क्योंकि अधिकतर व्यक्ति इसी प्रकार के उत्तर देते हैं। उनको P चिन्ह से प्रदर्शित किया जाता है। इसके विपरीत जिन उत्तरों में मौलिकता (Originality) की झलक मिलती है, उन्हें O चिन्ह द्वारा प्रकट किया जाता है।

निर्धारक तत्त्व (Determinants)–इस कॉलम में प्रत्यक्षीकरण के ढंग (Manner of Perception) का ध्यान रखा जाता है। व्यक्ति को धब्बे में कोई बात देखने के लिए किसने सहायता पहुंचाई, इसको निर्धारक तत्त्व (Determinant) कहा जाता है। मुख्य निर्धारक तत्त्व निम्न हैं–

(i) धब्बे की शक्ल या दूसरी आकृति [(From of the blot (F)]

(ii) उसका रंग [Its Colour (C)]

(iii) गति [Movement (M)] और

(iv) रंगों का उतार-चढ़ाव या शेडिंग [Shading (K)]

उदाहरण के रूप में अगर व्यक्ति धब्बे में आग, खून इत्यादि देखता है तब हम यह कहते हैं कि यह रंग है जिसके आधार पर उसने इन चीज़ों को धब्बे में देखने का प्रयत्न किया है। फलस्वरूप हम निर्धारक तत्त्व के कॉलम में C लिख देते हैं। ऊंचा नीचा धरातल, धुआं, बादल आदि शेडिंग के रूप में दिखाई देने वाली अनुक्रियाओं को (Responses) को K चिन्ह से व्यक्त करते हैं जबकि मनुष्य की गति (Movement) से सम्बन्धित अनुक्रियाओं (जैसे बच्चा दौड़ रहा है, नाच रहा है इत्यादि) को M चिन्ह से, पशुओं की गति (जैसे कुत्ता भौंक रहा है इत्यादि) को Fm चिन्ह से तथा पदार्थों की गति (पानी का बहना, वस्त्रों का उड़ना इत्यादि) को m चिन्ह से प्रदर्शित किया जाता है। कभी-कभी मिश्रित अनुक्रियाओं के लिए हमें मिश्रित चिन्हों जैसे (CF) और (FK) इत्यादि का प्रयोग भी करना पड़ता है।

चित्र 3.1: रोर्शा परीक्षण में प्रयुक्त एक स्याही धब्बा
(An inkblot similar to that used in Rorscharch test)

विश्लेषण और व्याख्या (Analysis and Interpretation)–अब चारों कॉलमों में अंकित चिन्हों की गणना कर ली जाती है। इससे किस प्रकार की अनुक्रिया कितनी बार की गई इसका तुलनात्मक अध्ययन किया जा सकता है। भिन्न-भिन्न चिन्हों को कॉलमों में कैसे लिखा जाता है, यह निम्न तालिका को देखकर समझा जा सकता है।

	I. कॉलम स्थिति (Location)				*II. कॉलम विषय वस्तु (Contents)*				*III. कॉलम मौलिकता (Originality)*				*IV. कॉलम निर्धारक तत्त्व (Determinants)*				
चिन्ह (Symbols)	W	D	d	s	H	A	H_d	A_d	N	O	P	O	F	C	M	K	मिश्रित
आवृत्ति (Frequency)																	

कोई भी चिन्ह किसी एक कॉलम में कितनी बार दोहराया गया अथवा अन्य वर्गों के चिन्हों की अपेक्षा किस वर्ग के चिन्हों की प्रधानता रही, इस तथ्य के आधार पर व्यक्तित्व सम्बन्धी गुणों की व्याख्या करने का प्रयत्न किया जाता है।

उदाहरण के रूप में अगर (i) W चिन्ह की संख्या D और d से अधिक हो तो व्यक्ति बुद्धिमान् व परिपक्व समझा जाता है और उसमें संश्लेषण करने की योग्यता पाई जाती है।

(ii) अगर C चिन्ह की संख्या M से अधिक हो तो व्यक्ति को बहिर्मुखी प्रकृति का और अगर M की संख्या C से अधिक हो तो उसे अन्तर्मुखी प्रवृत्ति का समझा जाता है।

(iii) K चिन्हों की बहुत अधिक संख्या (Dominance of Shading Responses)

व्यक्ति के अधिक चिन्तित होने, निराशावादी दृष्टिकोण रखने और हीनता की भावना से ग्रस्त होने की सूचक होती है।

(iv) M चिन्हों की अन्य चिन्हों की अपेक्षा अधिक संख्या व्यक्ति के अधिक कल्पनाशील होने का संकेत देती हैं। उत्तरों का विश्लेषण करते समय न केवल चिन्हों की सापेक्षिक संख्या को ध्यान में रखा जाता है बल्कि कुछ अन्य बातें जैसे व्यक्ति ने प्रत्येक चित्र के लिए कितना समय लिया, उसका क्या व्यवहार रहा, उसके चेहरे पर कैसे भाव आए, आदि का भी पूरा-पूरा ध्यान रखा जाता है। उचित विश्लेषण और निष्कर्ष निकालने के लिए इस परीक्षण में बहुत अधिक कुशल और प्रशिक्षित परीक्षणकर्ता की आवश्यकता होती है। अत:, इस तकनीक का प्रयोग सुयोग्य व्यक्तियों द्वारा ही किया जाना श्रेयस्कर रहता है।

B. प्रासंगिक अन्तर्बोध परीक्षण (Thematic Apperception Test or T.A.T.)

इस परीक्षण का निर्माण मरे (Murray) एवं मार्गन (Morgan) ने किया था। इस परीक्षण में कुछ चित्र होते हैं जिनका प्रत्यक्षीकरण करते समय व्यक्ति अपनी भावनाओं व व्यक्तित्व सम्बन्धी विशेषताओं का प्रक्षेपण करता है।

परीक्षण सामग्री एवं परीक्षा लेने का ढंग (Test material—its Administration): इस परीक्षण में कुल 30 चित्र होते हैं जिनमें मानव मात्र को जीवन की विभिन्न परिस्थितियों में चित्रित किया होता है। इन में से दस (10) कार्डों की स्त्रियों की, 10 कार्डों की पुरुषों की व शेष दस को दोनों की परीक्षा लेने के लिए प्रयुक्त किया जाता है। इस प्रकार के किसी भी व्यक्ति की परीक्षा लेने के लिए 20 कार्डों का प्रयोग किया जाता है। यह परीक्षा दो बार में ली जाती है, हर बार दस कार्ड प्रयोग में लाए जाते हैं।

चित्रों को एक-एक करके प्रस्तुत किया जाता है। ये अस्पष्ट और अनिश्चित होते हैं। व्यक्ति से कह दिया जाता है कि उसका कोई भी उत्तर सही या गलत नहीं ठहराया जाएगा क्योंकि इसके द्वारा यह पता लगाया जा रहा है कि आप क्या-क्या कल्पना कर सकते हैं। निश्चित समय में उसे प्रत्येक चित्र के आधार पर एक पूरी कहानी लिखनी होती है। कहानी की रचना करने में उसे कुछ निम्न पक्षों को आधार बनाना होता है-

चित्र 3.2: T.A.T. से सम्बन्धित एक चित्र

1. चित्र में क्या कुछ हो रहा है?
2. जो कुछ हो रहा है वह किस कारण हो रहा है?
3. आगे इस परिस्थिति में क्या कुछ हो सकता है?

कहानियां लिखते समय व्यक्ति अनजाने ही अपनी भावनाओं, आकांक्षाओं तथा व्यक्तित्व सम्बन्धी गुणों को उसमें आरोपित करता जाता है। सोच-विचार कर लिखने का कोई समय नहीं होता, इसलिए कहानी एक प्रचार से व्यक्ति की स्वयं की कहानी होती है। जो कुछ वह दूसरों से नहीं कह सकता ऐसी गोपनीय इच्छाओं, अतृप्त अभिलाषाओं, कुन्ठाओं और मानसिक तनावों की अभिव्यक्ति भी इसके माध्यम से हो जाती है। एक कुशल परीक्षक इस कहानी की विषय सामग्री का ठीक तरह से विश्लेषण कर व्यक्ति के व्यक्तित्व के हर कोने में झांक लेता है।

विश्लेषण एवं व्याख्या (Analysis and Interpretation)-मूल रूप में मरे ने कहानियों की विषय वस्तु को नायक की आवश्यकताओं (Needs of the Hero) और तनावों (Stresses) अथवा वातावरण सम्बन्धी शक्तियों, जिनका कि व्यक्ति शिकार होता है, के सन्दर्भ में विश्लेषण करने का प्रयत्न किया लेकिन आज विश्लेषण का यह तरीका प्रयोग में नहीं लाया जाता। आजकल यह कार्य निम्नलिखित बातों पर आधारित होता है-

(i) कहानी का नायक (Hero of the Story)-उसका व्यक्तित्व कैसा है
(ii) कहानी का कथानक (Theme of the Story) कैसा है?
(iii) कहानी की भाषा शैली (The style of story) कैसी है?
(iv) कहानी की विषय वस्तु (The content of the story) कैसी है?
(v) परीक्षा की पूर्ण स्थिति (Test situation as a whole)- कहानी लिखते समय व्यक्ति का व्यवहार कैसा रहा?
(vi) किस विशेष बात पर अधिक बल (Emphasis) दिया गया अथवा किन बातों को जानबूझ कर छोड़ने (Omission) का प्रयत्न किया गया।
(vii) व्यक्ति का अधिकारियों के प्रति दृष्टिकोण (Subject's attitude towards authority) और उसकी काम सम्बन्धी भावनाएं (Sexual feelings)
(viii) कहानी का अन्त (Outcome) कैसा है?

विश्लेषण करते समय कहानी के अलग-अलग अंशों की अपेक्षा उसके समग्र प्रसंग तथा उसकी विशेषताओं को अधिक महत्व दिया जाता है। इसके अतिरिक्त व्यक्ति के व्यक्तित्व का सम्पूर्ण चित्र सभी बीस चित्रों में बनी कहानियों द्वारा प्राप्त होता है। एक अयोग्य परीक्षक के द्वारा इन कहानियों से गलत निष्कर्ष निकालने की सम्भावना रहती है, इसलिए इस परीक्षण के परिणाम सामग्री के बजाए परीक्षणकर्ता पर बहुत अधिक आधारित होते हैं। इस परीक्षण की सहायता से व्यक्तित्व के उचित मूल्यांकन के लिए परीक्षार्थी को आवश्यक ज्ञान और प्रशिक्षण प्राप्त कर लेना चाहिए।

C. बालकों का अन्तर्बोध परीक्षण (Children Apperception Test—C.A.T.)

प्रासंगिक अन्तर्बोध परीक्षण (T.A.T.) के द्वारा किशोर तथा प्रौढ़ व्यक्तियों के व्यक्तित्व

की जांच तो अच्छी तरह की जा सकती है लेकिन छोटे बच्चों के लिए यह ठीक नहीं बैठता। इस बात को ध्यान में रखते हुये डॉ. लियोपोल्ड बैलक (Dr. Leo Pold Bellak) ने तीन से दस (3–10) साल तक के बच्चों के लिए बालकों के अन्तर्बोध परीक्षण (C.A.T.) को प्रस्तुत किया।

परीक्षण सामग्री (Test Material)– इस परीक्षण में कुल दस कार्ड हैं जिन पर जानवरों के चित्र बने हुए हैं। इन जानवरों को जीवन की विभिन्न परिस्थितियों में चित्रित किया गया है। इन चित्रें को देख कर बच्चों से कोई न कोई कहानी की रचना करने के लिए कहा जाता है और बच्चे स्वाभावनुसार अपने अनुभवों, भावनाओं तथा व्यक्तित्व सम्बन्धी गुणों को इन कहानियों के माध्यम से प्रकट करते हैं।

परीक्षा लेने का ढंग (Administration of the test)–सबसे पहले बच्चे को ठीक तरह से बैठाकर उसे विश्वास में ले लिया जाता है। इसके पश्चात् एक-एक करके दसों कार्डों को उसके सामने प्रस्तुत किया जाता है। और उससे उनके आधार पर कहानियों की रचना करने के लिए कहा जाता है। वह इस कार्य को बोझ न समझें बल्कि खेल की भावना से रचना करें, इस बात की ओर पूरा ध्यान दिया जाता है।

विश्लेषण एवं व्याख्या (Analysis and Interpretation)–इन कहानियों का विश्लेषण एवं व्याख्या करने के लिए 11 बातों को आधार बनाया जाता है

1. नायक (Hero)– नायक की व्यक्तित्व सम्बन्धी विशेषताएं जिन्हें कहानी द्वारा प्रकट करने का प्रयास किया गया है।
2. कहानी प्रसंग (Theme of the Story)– कहानी की रचना के लिए क्या प्रसंग चुना गया है?
3. कहानी का अन्त (End of the Story) कैसा है।
4. मां-बाप के प्रति किस प्रकार का दृष्टिकोण (Attitude towards Parental figures) कहानी द्वारा व्यक्त होता है?
5. परिवार के किस व्यक्ति के साथ बच्चा अधिक स्नेहपूर्ण सम्बन्ध रखता है?
6. चित्र में उपस्थित न होते हुए भी किन बाह्य वस्तुओं व तथ्यों को बच्चे ने कहानी में सम्मिलित करने की चेष्टा की है?
7. चित्र में उपस्थित किस आकृति अथवा तथ्य विशेष को उसने जान-बूझ कर छोड़ने का प्रयास किया है?
8. उनकी चिन्ता और परेशानी किस प्रकार की है?
9. कहानी के किसी पात्र द्वारा कोई अपराध करने पर वह उसे किस प्रकार की सजा देना चाहता है?
10. कहानी के पात्रों का आत्मविश्वास कैसा है और वे अपनी आत्म-रक्षा के लिए क्या उपाय करते हैं?
11. उनका सफलता, आनन्द अथवा काम के प्रति क्या दृष्टिकोण है?
12. कहानी रचना की भाषा कैसी है, विषय-वस्तु को किस प्रकार संगठित

किया गया है, उसे संगठित करने में कितना समय लिया गया है, और रचना करते समय बच्चे का व्यवहार किस प्रकार का रहा है?

उपरोक्त सभी बातों को आधार बना कर एक योग्य एवं अनुभवी परीक्षणकर्ता बच्चे के व्यक्तित्व के सभी पक्षों का सावधानी से मूल्यांकन करने में समर्थ हो सकता है।

D. शब्द साहचर्य परीक्षण (Word Association Test)

इस प्रकार के परीक्षणों में कुछ चुने हुए शब्द होते हैं। जिस व्यक्ति का मूल्यांकन करना होता है उसे कुछ निम्न प्रकार के निर्देश दिए जाते हैं

1. मैं एक-एक करके कई शब्द बोलूंगा।
2. किसी एक शब्द को सुनने के पश्चात् उसकी प्रक्रिया के रूप में तुम्हारे मस्तिष्क में जो भी पहला शब्द आए, उसे जितनी जल्दी तुम बता सकते हो, बताने की चेष्टा करो।
3. तुम कोई भी शब्द बोलो, सही या गलत होने की बात नहीं है।

ऐसे निर्देश देने के पश्चात् एक-एक कर अपने बोले शब्दों के प्रत्युतर प्राप्त करता रहता है और उन्हें लिखा जाता है। वह साथ में उत्तर प्राप्त होने में लगने वाले समय और उत्तर देते समय व्यक्ति के व्यवहार, बोलने के ढंग इत्यादि को भी लिखता जाता है। इन सब नोट की हुई बातों के आधार पर वह व्यक्ति के व्यक्तित्व को आंकने का प्रयत्न करता है।

E. वाक्य पूर्ति परीक्षण (Sentence Completion Tests)

इन परीक्षणों में अधूरे वाक्यों की एक लम्बी सूची होती है जिन्हें एक या दो शब्दों द्वारा पूरा किया जा सकता है। व्यक्ति से सूची देख कर रिक्त स्थानों को, शीघ्रता से बिना दोबारा सोचे समझे पूरा करने के लिए कहा जाता है। इन परीक्षणों में कुछ निम्न प्रकार के अपूर्ण वाक्य हो सकते हैं-

1. मैं अपनी पत्नी से..............।
2. मेरी इच्छा है कि...............।
3. मैं गौरव का अनुभव करता हूं जब............।
4. मेरे आदर्शों की नायिका.............।
5. मेरे जीवन का लक्ष्य..................।

वाक्य पूर्ति परीक्षणों को शब्द साहचर्य परीक्षणों से अधिक उत्तम समझा जाता है क्योंकि इनमें व्यक्तियों के उत्तर से अधिक सामग्री मिल सकती है। दूसरे उत्तरों में भी विविधता और विभिन्नता देखने को मिलती है और इस तरह व्यक्तित्व और अनुभवों के एक बड़े क्षेत्र का मूल्यांकन किया जा सकता है।

F. चित्र पूर्ति परीक्षण (Picture Completion Tests)

इन परीक्षणों में कुछ अधूरे चित्र परीक्षार्थियों के सामने प्रस्तुत किए जाते हैं और उन्हें

उनको अपनी-अपनी तरह से पूरा करने के लिए कहा जाता है। इन अधूरे चित्रों में ऐसी रेखाकृतियां होती हैं अथवा रेखाओं से बने ऐसे संकेत (Outlines) होते हैं जिन्हें बालक अनुमान से पूरा करके कोई चित्राकृति या कोई दृश्य (Scenery) प्रस्तुत करने का प्रयत्न करते हैं। इन चित्रों को पूरा करने में प्रायः वे अपने व्यक्तित्व का आरोपण (Projection) ही करते हैं और इस रूप में उनकी चित्र आपूर्ति उनके व्यक्तित्व को हमारे सामने लाने में सक्षम सिद्ध होती है।

G. मुक्त ड्राइंग एवं पेन्टिंग परीक्षण (Free Drawing and Painting Tests)

इस प्रकार के परीक्षण लेते समय परीक्षणकर्ता परीक्षार्थी बालकों को उनकी अभिव्यक्ति के लिये पूर्ण स्वच्छन्द एवं मुक्त वातावरण का आयोजन करता है तथा उन्हें अपनी अभिव्यक्ति अपनी ड्राइंग व पेन्टिंग के माध्यम से करने का प्रयत्न करता है। बालक जो चाहे तथा जिस तरह चाहे अपनी अभिव्यक्ति अपने रंगों, तथा तालिकाओं के द्वारा कर सकते हैं। मुक्त अभिव्यक्ति के इस माधयम से बालकों को अपनी भावनाओं तथा व्यक्तित्व के आंतरिक स्वरूप को ही आरोपित करने का अवसर मिलता है जिसके द्वारा एक कुशल मनोवैज्ञानिक उनके व्यक्तित्व की थाह पाने में सफलता अर्जित कर सकता है।

H. खेल एवं अभिनय तकनीक (Dramatic and Play Way Techniques)

इस प्रकार के परीक्षणों में बालकों को अपने व्यवहार तथा व्यक्तित्व गुणों की अभिव्यक्ति अपने खेलों तथा अभिनय के माध्यम से करने के अवसर प्रदान किए जाते हैं। उन्हें पूरी आजादी से स्वाभाविक वातावरण में इन क्रियाओं को करने दिया जाता है और फिर अवलोकन विधि की सहायता से उनके खेल व्यवहार एवं अभिनय चरित्र का निरीक्षण किया जाता है। बालक खेल-खेल में वह सब कुछ कह या कर जाते हैं जो उनके अन्तर्मन में छुपा होता है अथवा जो कुछ भी गुण तथा आदतें उनके व्यक्तित्व का अंग होती हैं और जिन्हें वे प्रकट या प्रत्यक्ष रूप में वे प्रदर्शित नहीं कर सकते। चाणक्य ने चन्द्रगुप्त के इस खेल व्यापार तथा अभिनय के माध्यम से ही उसके व्यक्तित्व में निहित भावी सम्राट के गुणों की थाह पा ली थी और फिर उसे अपना शिष्य बनाने की बात मन में बसा ली थी। इस प्रकार से बालकों के खेल तथा अभिनयों के माधयम से व्यक्त किया हुआ उनका व्यवहार उनके व्यक्तित्व की थाह पाने में हमारी सहायता कर सकता है।

प्रक्षेपी तकनीक अथवा विधियों का मूल्यांकन (Evaluation of Projective Techniques)

गुण (Merits): प्रक्षेपी विधियों में कुछ प्रमुख विशेषताएं पाई जाती हैं, जिनके आधार पर उन्हें व्यक्तित्व के मूल्यांकन की अन्य विधियों से अधिक उपयोगी ठहराया जा सकता है। ये विशेषताएं निम्न हैं-

1. इन विधियों से किए जाने वाले मूल्यांकन की प्रकृति काफी गुप्त होती है। व्यक्ति यह नहीं जान पाता कि वह जो परीक्षा दे रहा है, उसके आधार पर परीक्षणकर्ता क्या निष्कर्ष निकाल सकता है। यदि उसे यह बात ज्ञात हो भी जाए कि उसके व्यक्तित्व की परीक्षा ली जा रही है तो वह नहीं जान सकता कि उसे अपने व्यक्तित्व को अच्छा या बुरा सिद्ध करने के लिए किस प्रकार के उत्तर देने चाहिएं। फलस्वरूप व्यक्ति द्वारा उत्तरों को जान-बूझकर बिगाड़ने अथवा अपनी इच्छानुसार चुने हुए उत्तर देने का खतरा इन विधियों में कम ही होता है।

2. इन प्रक्षेपी परीक्षणों में व्यक्तियों को जो कुछ काम करना होता है वह एक तरह से बिल्कुल नया होता है और रचनाहीन (unstructured) भी होता है। इस तरीके से व्यक्ति द्वारा घिसे पिटे उत्तरों के लिए जाने की आशंका नहीं रहती। उसे स्वतन्त्र रूप से ही अपने मौलिक विचार अभिव्यक्त करने पड़ते हैं। इस तरह अन्य परीक्षणों की तरह पूर्व अभ्यास और पूर्व प्रशिक्षण से होने वाले दुष्प्रभावों से इन विधियों में पूरी तरह से बचा जा सकता है।

3. प्रक्षेपी विधियों के प्रयोग का क्षेत्र भी काफी विस्तृत है। इनके लिए किसी प्रकार की साक्षरता अथवा शैक्षणिक उपलब्धि की आवश्यकता नहीं है, और उन्हें प्रौढ़ तथा बच्चे-सभी के लिए भली-भांति प्रयोग में लाया जा सकता है।

4. हमारे अर्धचेतन और अचेतन व्यवहार के बहुत से आवश्यक पहलुओं की थाह इन विधियों के द्वारा ली जा सकती है। इस प्रकार से इन परीक्षणों के द्वारा व्यक्ति की दबी हुई इच्छाओं, भावनाओं, अतृप्त अभिलाषाओं, चिन्ता और भय के आन्तरिक कारणों और अन्तर्तम पीड़ा की खोज कर व्यक्तित्व के गोपनीय पक्षों का मूल्यांकन किया जा सकता है। इस कारण केवल ये विधियां ही ऐसी हैं जिनके द्वारा व्यक्ति के सम्पूर्ण व्यक्तित्व का मूल्यांकन सम्भव हो सकता है।

दोष तथा न्यूनताएं (Limitations): अपनी कुछ विशेषताओं के साथ-साथ इनमें कुछ दोष भी पाए जाते हैं जो निम्न हैं–

1. प्रक्षेपण विधियों की परीक्षण सामग्री महंगी होती है, इसके अतिरिक्त इस प्रकार के बने परीक्षणों की काफी कमी है।
2. इन परीक्षणों का वस्तुनिष्ठ विश्लेषण एक गम्भीर समस्या है। प्राप्त उत्तरों से अधिकतर गलत निष्कर्ष निकाल लिए जाने की सम्भावना रहती है और इस दृष्टि से इन परीक्षणों में विश्वसनीयता और गम्भीरता का अभाव रहता है।
3. इनके द्वारा परीक्षण करने और आंकने (Scoring) के कार्य में काफी समय खर्च होता है।
4. इनके द्वारा भली भांति लाभ उठाने के लिए योग्य व कुशल परीक्षणकर्ताओं की आवश्यकता होती है, जिनका प्रायः अभाव रहता है।

लेकिन उपरोक्त कुछ दोषों के आधार पर प्रक्षेपी विधियों को अनुपयोगी समझना भूल है। वास्तव में देखा जाए तो प्रक्षेपण विधियों की सहायता से एक सुयोग्य परीक्षणकर्ता व्यक्तित्व के बारे में ऐसी-ऐसी सूचनाओं को एकत्रित कर सकता है

जिन्हें अन्य तकनीकों से प्राप्त करना असम्भव है। हां, यह अवश्य है कि मात्र प्रक्षेपी विधियों के द्वारा ही मानव व्यक्तित्व और समायोजन सम्बन्धी सभी प्रकार के प्रश्नों का उत्तर प्राप्त नहीं किया जा सकता, अतः इन विधियों के अतिरिक्त व्यक्तित्व मूल्यांकन की अन्य उपलब्ध सभी विधियों की भी पूरी-पूरी सहायता ली जानी चाहिए ताकि व्यक्ति के व्यक्तित्व का समग्र चित्र प्राप्त करने में आसानी हो।

4. गुणात्मक मूल्यांकन साधन के रूप में समाजमिति या समाजमितीय तकनीकें (Sociometry or Sociometric Techniques as a Tool of Qualitative Evaluation)

समाजमिति क्या है? (What is Sociometry?)

समाजमिति पद का अंग्रेजी रूपान्तर Sociometry है और शब्दव्युत्पति के आधार पर Sociometry शब्द लैटिन भाषा के दो शब्दों 'सोशियस' (Socious) जिसका अर्थ Social अर्थात् समाजिक है तथा मेट्रम (Metrum) जिसका अर्थ Measure अर्थात् 'माप' है, से लिया गया है। इस प्रकार समाजमिति शब्द का अर्थ "किसी समाज में रहने वाले व्यक्तियों में सामाजिकता (Sociability) या आपसी सम्बन्धों (relatedness) की मात्रा को मापने का एक तरीका या उपागम है।" प्रसिद्ध समाजशास्त्री एवं मनोवैज्ञानिक जैकब लेवी मोरिनो (Jacob Levy Moreno) ने सबसे पहले समाजमिति नामक पद का प्रयोग किया और अपने द्वारा प्रतिपादित समाजमिति तकनीक को, न्यूयार्क राज्य बालिका प्रशिक्षण विद्यालय में पढ़ने वाली लड़कियों को, आवासीय प्रयोजन हेतु विभिन्न आवासीय कॉटेजों (Cottages) में आवंटित करने के लिए किया। अपनी इस तकनीक का इस प्रकार प्रयोगात्मक उपयोग करते हुए मोरिनो (1953. P. 527) ने पाया कि समाजमितीय तकनीक के प्रयोग के माध्यम से प्राप्त परिणाम के आधार पर किए गए आवंटन से कॉटेजों में रहने वाली छात्राओं में काफी अधिक सन्तोष एवं समायोजन पाया गया। फलस्वरूप उनके द्वारा आए दिन कॉटेज को छोड़कर भागने की घटनाओं में अब काफी कमी हो गई। मोरिनो के द्वारा किए गए इस प्रकार के प्रारम्भिक अध्ययनों के अतिरिक्त, उसके बाद अनेक मनोवैज्ञानिकों और समाज शास्त्रियों ने समाजमिति की प्रक्रिया और समाजमितीय तकनीक के उपयोग सम्बन्धी विविध अध्ययन किए हैं। उनके इस प्रकार के अध्ययन कार्यों के परिणाम स्वरूप समाजमिति एवं समाजमितीय तकनीक की परिभाषाएं सामने आई हैं, उनमें से कुछ को हम आगे दे रहे हैं

क्रिसवैल (Criswell): समाजमिति समूह के अन्तर्वेयक्तिक सम्बन्धों की शक्ति की दिशाओं और दशाओं से परिचित होने की एक तकनीक या विधि है। यह एक ऐसे प्रारूप का प्रदर्शन करता है जिसमें किसी विशेष लक्ष्य और उद्देश्य की पूर्ति हेतु व्यक्तियों को एक दूसरे के साथ मिलकर एक समूह रूप में कार्य करते हुए देखा जाता है।

("Sociometry is a methodology for tracking the energy vectors of interpersonal relationships in a group. It shows the patterns of how individuals associate with each other when acting as a group toward a specified end or goal" (Criswell in Moreno, 1960, p. 140)).

इनसाइक्लोपीडिया ऑफ ब्रिटेनिका (Encyclopaedia of Britainnica): "समाजमितीय तकनीकों से अभिप्राय समाज मनोविज्ञान, सामाजिक शास्त्र और कभी-कभी सोशियल एन्थ्रोपोलोजी तथा चिकित्सा मनोविज्ञान में प्रयुक्त उन मुख्य मापन तकनीकों से है जो अन्तर्वेयक्तिक आकर्षणों तथा सामाजिक पसन्दों के मूल्यांकन पर आधारित होती है।'

("Sociometric techniques refer to the main measurement techniques used in Social psychology, in Sociology and sometimes in Social anthropology and psychiatry based on the assessment of social choice and interpersonal attractiveness.")

एडम्स एवं शवानेवेल्ट (Adums and Schvaneveldt): समाजमितीय तकनीकों से इस प्रकार का मापन किया जाता है जिसका उद्देश्य विविध प्रकार के समूहों में कार्यरत घनिष्ट सहयोगियों के बीच उनके अन्तः क्रियात्मक प्रारूपों का अध्ययन करना होता है। आप सबसे ज्यादा किसे पसन्द करते हैं, आप किसके साथ बैठना पसन्द करेंगे अथवा आप किसके साथ सिनेमा देखने जाना चाहेंगे? आदि कुछ इस प्रकार के प्रश्न हैं जो इन तकनीकों में प्रयुक्त परीक्षण सामग्री का प्रतिनिधित्व करते हैं जिनके द्वारा इन समूहों में विद्यमान सामाजिक सम्बन्धों तथा समूह के सदस्यों की अपनी स्वयं की अपेक्षाओं के बारे में महत्वपूर्ण जानकारी प्राप्त की जा सके।

(Sociometric techniques comprise the measure designed to access interaction patterns among close associates in a variety of group. Questions such as, " who do you like best", "with whom would you rather sit", or "with whom would you rather go to the movies" represent items frequently used to generate important data on Social relationships in such groups and the expectations held by members in the group (1991, p. 165).

इस प्रकार से जैसा कि ऊपर दी गई परिभाषाओं के अध्ययन से ज्ञात होता है, समाजमिति या समाजमितीय तकनीकें, किसी समूह के सदस्यों के द्वारा बताई गई उनकी अन्तर्वैयक्तिक सम्बन्धों की पसन्द-नापसन्द के आधार पर उनके मध्य या आपस में सामाजिक निकटता या दूरी की मात्रा का मूल्यांकन करने के लिए एक उचित माप प्रदान करती हैं। इस प्रकार समाजमिति की कला में, समूह के सदस्यों की आपसी सम्बन्धों की पसन्द का पता लगाने का कार्य केन्द्रीय तत्व या कारक का कार्य करता है।

इसी बात पर और आगे अपने विचार व्यक्त करते हुए मोरिनो (Moreno-1953, p. 720) लिखता है-

"सभी प्रकार के प्रचलित मानवीय संबंधों में पसंद या नापसंद की आवश्यक रूप से उपस्थिति पाई जाती है। लोग वस्तुओं और व्यक्तियों के चयन में अपनी पसंद व्यक्त करते हैं। इसमें यह जरूरी नहीं है कि चयनकर्ताओं को इस हेतु कार्य करने

वाले अपने अभिप्रेरकों का ज्ञान है अथवा नहीं। इससे भी कोई फर्क नहीं पड़ता कि इस प्रकार के चयन तार्किक या अतार्किक संकेतों अथवा उच्चस्तरीय अभिव्यक्ति के द्वारा व्यक्त किए गए हों। अगर यह चयनकर्ता द्वारा स्वाभाविक रूप से अपने स्वयं के ऊपर विश्वास रखते हुए प्रकट किए जाएं तो इनके लिए किसी प्रकार के विशेष सत्यापन या औचित्य की आवश्यकता नहीं होती।"

("Choices are fundamental facts in all ongoing human relations, choices of people and choices of things. It is immaterial whether the motivations are known to the chooser or not ; it is immaterial whether (the choices) are inarticulate or highly expressive, whether rational or irrational. They do not require any special justification as long as they are spontaneous and true to the self of the chooser.")

इस प्रकार समाजमिति में समूह के सदस्यों के रूप में व्यक्ति समूह के दूसरे सदस्यों के साथ अपने सम्बन्धों में प्रकट की गई अपनी स्वयं की पसन्द, नापसन्द, आकर्षण, अनाकर्षण के आधार पर लगातार अपनी पसन्द व्यक्त करते रहते हैं। उनके स्वयं के द्वारा व्यक्त की गई ये पसन्द-नापसन्द ही उनकी पसन्द-"कहाँ बैठना या खड़ा होना है", "कौन मित्र है कौन नहीं", "समूह का प्रमुख कौन है" या किसकी उपेक्षा की गई है और किसको अलग कर दिया गया है।" आदि के क्रम का निर्धारण करती हैं और ये बातें ही समूह के सदस्यों में आपसी अन्तक्रिया की गुणात्मकता के मापन के लिए एक मजबूत एवं दृढ़ आधार का काम करती हैं।

समाजमिति या समाजमितीय तकनीक का प्रयोग कैसे किया जाए
(How to make use of Sociometry or Sociometric Techniques)

1. एक समूह की परिस्थिति में, समूह के सदस्यों को किसी विशेष एक या अन्य कसौटियों (उदाहरण के लिए-आप किस के साथ पिकनिक पर जाना पसन्द करेंगे?) के आधार पर अपनी पसन्द (समूह में से दूसरों का चयन) निर्धारित करने के लिए इकट्ठा किया जाता है।

2. इसके बाद समूह के सदस्यों से अपनी पसन्द को नं. 1, 2, 3, 4 आदि के क्रम में सूची बनाने के लिए कहा जाता है। उनकी क्या पसन्द है और उसके आधार पर वे किसे चुनते हैं, इसके लिए कोई निश्चित सीमा नहीं है। वे कम से कम या अधिक से अधिक लोगों की सूची पसन्द के क्रम में बना कर दे सकते हैं। इस कार्य को प्रारम्भ करने से पहले समूह के सदस्यों को कुछ आवश्यक निर्देश भी दिए जाते हैं, जो कि निम्न है।

(i) आप समूह से केवल एक सदस्य का चयन कर सकते हैं।

(ii) आप को किसी न किसी का चयन करना अनिवार्य है।

(iii) आप समूह के सदस्य में से अपनी पसन्द के अनुसार जितने भी चाहें उतने सदस्यों का चयन करने के लिए भी स्वतन्त्र है, परन्तु अपनी पसन्द के अनुसार क्रम देकर सूची बनाएं। (यहाँ यह बात ध्यान रखनी चाहिए कि निर्देशानुसार ही एक या अधिक पसन्द बतानी होती हैं।)

3. इस बात का निश्चय कर लेना चाहिए कि समूह के सभी सदस्यों ने अपनी-अपनी पसन्द बताई है। इस बात का भी ध्यान रखा जाए कि यदि पूछा जाए तो प्रत्येक सदस्य इस प्रश्न का उत्तर देने के लिए भी तैयार हो कि उसकी यह पसन्द क्यों है?

4. समूह के सभी सदस्यों के द्वारा प्रस्तुत की गई चयन सूची के आधार पर एक ऐसा विवरण अथवा सूचना सामग्री हमारे सामने आती है जिसके माध्यम से हमें समूह विशेष में निहित सम्बन्धों के नेटवर्क का पूरा चित्र प्राप्त हो सके। इस प्रकार के नेटवर्क को हमारे द्वारा, प्रत्येक सदस्य की पसन्द को दिखाती हुई एक तालिका या मेट्रिक्स के माध्यम से प्रदर्शित किया जा सकता है। इस प्रकार की तालिका या मेट्रिक्स को हम समाजमिति या सोशियोमेट्रिक्स (SocioMatrix) कहते हैं। इस तालिका या मेट्रिक्स के स्थान पर हम इन आंकड़ों या नेटवर्क सूचना को किसी एक मानचित्र अथवा अन्त:सम्बन्ध दिखाने वाली सीधी रेखाओं के द्वारा भी प्रदर्शित कर सकते हैं। इस प्रकार के प्रदर्शन को सोशियोग्राम (Socigram) नाम दिया जाता है। प्रश्न उठता है कि किसी समूह विशेष में वर्तमान अन्त:सम्बन्धों की प्रकृति की जानकारी हेतु किये जाने वाले एक समाजमितीय अध्ययन में उसके परिणामों को व्यक्त करने के लिए प्रयुक्त सोशियोग्राम और सोशियोमेट्रिक्स का स्वरूप कैसा होता है? और इस प्रकार की चित्रात्मक प्रस्तुतियों से हमारे द्वारा समूह विशेष के अन्त:सम्बन्धों के बारे में किस प्रकार के परिणाम निकाले जा सकते हैं। इस प्रकार के प्रश्नों का उत्तर देने के लिए हम यहाँ किसी सैद्धान्तिक चर्चा या विवरण में नहीं फंसना चाहते और इनका स्पष्ट उत्तर प्राप्त करने के लिए व्यावहारिक दृष्टिकोण अपनाते हुए इस पुस्तक के लेखकों द्वारा किए गए अपने एक प्रयोगात्मक अध्ययन और उसमें निहित आवश्यक चर्चा को ही अपने पाठकों के सामने रखना चाहेंगे।

समाजमितीय तकनीक के उपयोग का एक प्रयोगात्मक अध्ययन
(An Experimental Study Involving Sociometric Technique)

उद्देश्य *(Object):* समाजमितीय तकनीक के द्वारा किसी बालक के समाजमितीय स्तर का अध्ययन करना।

आवश्यक प्रयोग सामग्री एवं उपकरण (Needed experimental material)

(i) सामाजिकता या सामाजिक सम्बन्ध मापने हेतु मोर्नियो द्वारा निर्मित सामाजिकता प्रश्नावली।

(ii) वह समूह विशेष जिसके परिप्रेक्ष्य में बालक विशेष के समाजमितीय स्तर का अध्ययन करना है।

(iii) समाजमितीय मैट्रिक्स तथा आरेख बनाने हेतु आवश्यक सामग्री।

प्रयोज्य और उसका समूहः गवर्नमेन्ट गर्ल्स हाई स्कूल, गांधी नगर, रोहतक की गृह विज्ञान (10वीं कक्षा) की आठ बालिकाओं का एक समूह

आयु: 15+ दिनांक : ....

परीक्षण सामग्री का विवरण (Description of the experimental tool): प्रस्तुत प्रयोग में प्रयुक्त सामाजिकता प्रश्नावली (Sociability Questionnaire) में सकारात्मक तथा नकारात्मक इस प्रकार के प्रश्न दिये हुये हैं जिनसे एक विशेष प्रयोजन हेतु समूह के सदस्यों की एक-दूसरे के पारस्परिक सम्बन्धों की जानकारी प्राप्त हो सकती है। उदाहरण के लिये प्रश्नावली के सकारात्मक प्रश्नों (Positive Questions) के माध्यम से यह पूछा जा सकता है कि वे इस बारे में अपनी पहली तथा दूसरी प्राथमिकतायें (1st and 2nd choices) बतायें कि वे समूह विशेष के किन बालकों के साथ खेलना पसन्द करेंगे, एक साथ बैठ कर फिल्म देखना पसन्द करेंगे, साथ में लंच लेना पसन्द करेंगे, कक्षा में किसके साथ मिलकर प्रोजेक्ट या प्रायोगिक क्रियायें करना पसन्द करेंगे आदि-आदि। दूसरी ओर नकारात्मक प्रश्नों (Negative Questions) की सहायता से यह पूछने का प्रयत्न किया जाता है कि वे उन सदस्यों के प्रति पहली या दूसरी प्राथमिकता जाहिर करें जिनके साथ वे बिल्कुल भी यह पसन्द नहीं करते कि फिल्म देखी जाये, प्रोजेक्ट पर कार्य किया जाये, लंच लिया जाये, खेल का साथी बनाया जाये, आदि-आदि।

सकारात्मक प्रश्नों से प्राप्त उत्तर जहाँ समूह के सदस्यों के पारस्परिक आकर्षण तथा प्रगाढ़ सामाजिक सम्बन्धों की सूचना देते हैं वहाँ नकारात्मक प्रश्नों से सदस्यों के आपसी खिंचाव, विकर्षण तथा सम्बन्धों की रिक्तता का पता चलता है। कोई सदस्य विशेष, समूह में कितना लोकप्रिय अथवा उपेक्षा या घृणा का पात्र है, इस बात का भी पता समूह के सदस्यों से प्राप्त उत्तरों से लगाया जा सकता है।

प्रस्तुत प्रश्नावली के प्रयोग द्वारा यहाँ हमने समूह के आठों सदस्यों से यह जानने का प्रयत्न किया है कि वे अपनी निजी प्राथमिकता के दृष्टिकोण से प्रथम तथा द्वितीय नम्बर देकर ऐसे बालकों का चयन करके बतायें जिनके साथ वे किसी अध्ययन या प्रायोगिक योजना पर साथ-साथ कार्य करना पसन्द करेंगे।

कार्य-विधि (Procedure): सबसे पहले समूह की सभी आठों बालिकाओं को आरामदायक स्थिति में बिठाया गया और फिर उनमें प्रश्नावली की प्रतियाँ वितरित कर दी गई। उदाहरण देकर उन्हें स्पष्ट रूप से बता दिया गया कि उन्हें प्रश्नावली के प्रश्नों के उत्तर देने हेतु क्या करना है तथा इस प्रश्नावली से उनसे प्रश्न पूछने का क्या प्रयोजन है। अपनी पसन्द या नापसन्दगी हेतु प्रथम तथा द्वितीय वरीयता के विद्यार्थियों के नाम नोट करने हेतु उन्हें बता दिया गया।

उत्तरों का विश्लेषण (Analysis of the responses): किसी एक विशेष परिस्थिति या प्रयोजन से सम्बन्धित उत्तरों को सारणीबद्ध करके एक समाजमिति मैट्रिक्स की रचना करने का प्रयत्न किया गया। नीचे एक ऐसी मैट्रिक्स को उदाहरण हेतु यहाँ प्रस्तुत किया जा रहा है जिसका निर्माण उन उत्तरों के विश्लेषण हेतु किया गया है जिसमें बालकों से यह पूछा गया था कि वे यह बतायें कि वे समूह कार्य-योजना में किस बालक को प्रथम तथा किसको द्वितीय वरीयता देकर उसके साथ प्रोजेक्ट में

साथ-साथ कार्य करना पसन्द करेंगे।

तालिका 3: समाजमितीय मैटिक्स (कौन किसको पसन्द करता है? प्रदर्शित करते हुए)

चयनित ↓	**A**	**B**	**C**	**D**	**E**	**F**	**G**	**H**
चयनकर्ता ↓								
A		I		II				
B			I	II				
C		I			II			
D		I	II					
E		I						II
F							II	
G								
H								I
I Choice	0	4	1	0	2	0	0	1
II Choice	0	2	1	2	1	0	1	1
Total	0	6	2	2	3	0	1	2

उपरोक्त समाजमिति मैट्रिक्स (Sociometric Matrix) से हमें यह जानने में काफी सुविधा हो सकती है कि बालकों के पारस्परिक सम्बन्ध कैसे हैं, कौन सा बालक ऐसा है जिसके साथ सभी अन्य बालक कार्य करना पसन्द करते हैं आदि-आदि।

परीक्षण परिणामों के और अधिक स्पष्ट एवं उचित विश्लेषण हेतु एक समाजमित आरेख (Sociogram) की रचना करना भी उपयोगी सिद्ध होता है। प्रस्तुत प्रयोग में पूर्व निर्मित समाजमितीय मैटिक्स के परिणामों की सहायता से निम्न आरेख का निर्माण किया गया-

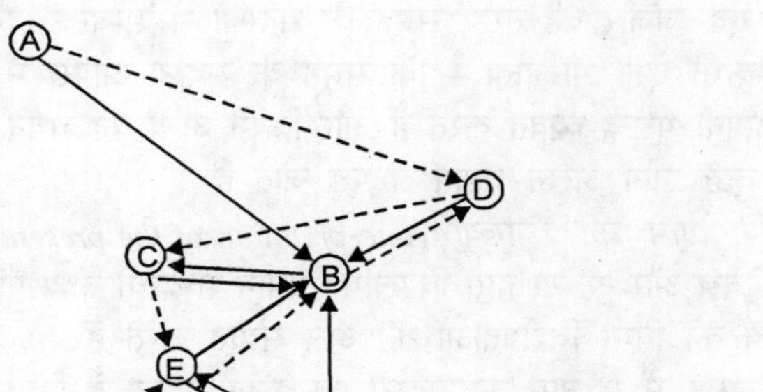

चित्र 3: समाजमितीय आरेख (Sociogram)

उपरोक्त समाजमिति आरेख में समूह के सदस्यों द्वारा वर्णित प्रथम तथा द्वितीय वरीयताओं (1 and I choices) को क्रमश: सीधी रेखाओं तथा बिन्दुगत (dotted) रेखाओं द्वार दिखाया गया है।

सोशियोग्राम की व्याख्या करने की तकनीक (Interpretation Technique of the Sociogram): उपरोक्त सोशियोग्राम में आठ बालकों के एक समूह में आपस में एक दूसरे के लिए पसन्द-नापसन्द तथा प्रथम एवं द्वितीय वरीयता को दिखाया गया है। आरेख में कोई भी तीर जिस व्यक्ति की ओर संकेत कर रहा है वह तीर प्रारम्भ होने के स्थान वाले व्यक्ति की पसन्द है। जैसे 'ए' का तीर 'बी' की ओर संकेत कर रहा है अत: ए की पसन्द बी है। सीधी रेखा प्रथम वरीयता की है और बिन्दुगत रेखा द्वितीय वरीयता को दर्शा रही है। इस प्रकार जिस व्यक्ति की तरफ सर्वाधिक तीर संकेत कर रहे हैं, वह व्यक्ति समूह में सर्वप्रिय है। समूह में वह सबसे ज्यादा लोकप्रिय है। अन्य तीरों की दिशाओं एवं प्रारम्भ की स्थिति को दूसरी तरह से भी समझा जा सकता है

- जब दो व्यक्तियों के बीच में आपस में तीर के आने जाने की दिशा दिखाई दे रही हो, इसका मतलब है कि वे दोनों एक दूसरे को सबसे ज्यादा पसन्द करते हैं।
- कई बार तीरों की दिशा एक जंजीर सी भी दिखाई देती है। इसमें समूह के सदस्यों के आपसी सम्बन्ध जंजीर की कड़ी की तरह होते हैं। पहली कड़ी, दूसरी कड़ी से, दूसरी कड़ी फिर तीसरी कड़ी से और इसी तरह आगे की कड़ियां अपने से आगे वाली कड़ी से जुड़ी रहती हैं। जैसे 'ए' ने 'बी' को पसन्द किया, 'बी' ने 'सी' को, 'सी' ने 'डी' को और इसी तरह अन्य सदस्यों की पसन्द देखने में आती है। यहाँ दिखाए गए सोशियोग्राम में एक ने एच का, एच ने ई का, ई ने बी का, बी ने सी का चयन किया है। इस प्रकार एक जंजीर की तरह, समूह के सदस्यों में सम्बन्ध दिखाई देते हैं।
- कभी-कभी ऐसा भी होता है कि समूह के सदस्य आपस में एक दूसरे के प्रति अपनी पसन्द व्यक्त करते हैं और किसी अन्य का चयन नहीं करते हैं। इसमें कुछ लोग अलग-थलग से पड़ जाते हैं।

प्रस्तुत सोशियोग्राम की व्याख्या (Interpretation of the present Sociogram): समाजमिति मैट्रिक्स और आरेख द्वारा विश्लेषित प्रयोग सम्बन्धी तथ्य परिस्थिति विशेष में समूह विशेष की निम्न विशेषताओं की ओर संकेत करते हैं:

1. प्रयोज्य समूह में B नाम का सदस्य एक ऐसा सदस्य है जिसे समूह में एक विशेष स्थान प्राप्त है। इसे समूह के सदस्यों द्वारा अधिक-से-अधिक पसन्द किया जाता है। लोकप्रियता की इस कसौटी पर दूसरा नम्बर E नाम की बालिका का आता है।

2. A और F दोनों ऐसी बालिकायें हैं जो समूह में अलग-थलग, कटी-कटी-सी दिखाई देती हैं। सामाजिकता की दृष्टि से इनका स्तर समूह में सबसे कम है जबकि

B और E का स्तर सबसे अधिक माना जा सकता है।

3. यहाँ यह भी स्पष्ट दिखाई देता है कि B और C इन दोनों बालिकाओं में एक-दूसरे दोनों ने ही एक-दूसरे के साथ काम करने की इच्छा सशक्त ढंग से व्यक्त की है। E और H तथा B और D में भी इस प्रकार के सामाजिक सम्बन्ध की प्रगाढ़ता के दर्शन होते हैं।

4. समूह के अन्तः सम्बन्धों के इस प्रकार के विश्लेषण से यह बात निर्विवाद रूप से सामने आती है कि प्रयोज्य B का सामाजिक स्तर अपने समूह विशेष के संदर्भ में सबसे ऊँचे स्तर पर है। इस तरह B को ही समूह विशेष में सबसे अधिक लोकप्रिय, सामाजिक और मित्रवत् होने का श्रेय दिया जा सकता है।

समाजमिति या समाजमितीय तकनीक का महत्व (Importance of the Sociometry or Sociometric Technique): समाजमिति, सामाजिक चयन (पसन्द) और अन्तःवैयक्तिक आकर्षण के अध्ययन के आधार पर एक सामाजिक समूह के दो सदस्यों के बीच या सभी सदस्यों के मध्य आपस में एक-दूसरे के लिए पसन्द-नापसन्द, अन्तक्रिया एवं आपसी सम्बन्धों की प्रकृति का मूल्यांकन करने की एक मूल्यवान समाजमितीय तकनीक प्रदान करती है। वास्तव में समाजमिति हमें ऐसे समुचित साधन उपलब्ध कराती है जो एक सामाजिक समूह को कार्यप्रणाली और संरचना को समझने में हमारी मदद करते हैं। समाजमिति के द्वारा प्रदान की गई इस प्रकार की सहायता अनेकों प्रकार की परिस्थितियों में हमारे लिए लाभदायक सिद्ध हो सकती है जैसे-विद्यालय के कक्षा कक्ष में, प्रयोगशाला में, क्षेत्रीय भ्रमण या पर्यटन का आयोजन करने पर, परामर्श एवं मार्गदर्शन सेवाओं, समूह प्रशिक्षण तथा चिकित्सकीय परिस्थितियों में।

1. किसी एक विशेष अधिगम कार्य परिस्थिति में अपना अनूठा प्रदर्शन करने वाले विद्यार्थियों का पता लगाने में सहायता मिलती है। और इस तरह से विद्यालय में समय-समय पर विभिन्न प्रकार की पाठ्य एवं सहपाठ्य क्रियाओं को सही तरीके से आयोजित करने में हमें सर्वप्रिय नेता, होशियार मोनीटर, अभिनेता, वक्ता एवं कार्यकर्ता की सेवाएं एवं सहायता आसानी से प्राप्त हो जाती है। आयोजन के समय हमें ऐसे योग्य विद्यार्थियों का पता लगाने में समय व शक्ति का अपव्यय नहीं करना पड़ता है।

2. समाजमिति की तकनीक समान रुचि रखने वाले जिनमें आपस में एक-दूसरे के प्रति आकर्षण हो तथा जो परस्पर एक-दूसरे पर विश्वास करते हों, ऐसे विद्यार्थियों के छोटे-छोटे समूहों का पता लगाने में सहायता करती है। विद्यालय में विभिन्न प्रकार की पाठ्य एवं सहपाठ्य क्रियाओं का आयोजन करते समय, आयोजन की सफलता के लिए ऐसे छोटे-छोटे समूहों की जरूरत होती है जिसके सदस्य आपस में एक जुट होकर, मिल जुल कर कार्य कर सकें, जिनमें आपस में किसी प्रकार का मनमुटाव न हो। इस कार्य के लिए सोशियोग्राम के परिणाम हमारी अच्छी तरह से सहायता कर सकते हैं।

3. समूह के सदस्यों में विद्यमान आपसी अविश्वास, संघर्ष, असहयोग, प्रतिस्पर्धा, संप्रेषणहीनता के बारे में इससे ठीक प्रकार से पता लग सकता है। इस प्रकार से

समाजमिति और उसकी तकनीकें सूचनाएं एकत्रित करने और उनका विश्लेषण करने के अपने विशिष्ट अन्दाज में औपचारिक तथा अनौपचारिक शिक्षा हेतु प्रयुक्त सामाजिक समूहों की रचना एवं कार्यप्रणाली से सम्बन्धित कमजोरियों एवं कुसंचालन (अव्यवस्था) का समय रहते उचित निदान करने का एक सशक्त साधन सिद्ध हो सकती हैं। इस प्रकार के निदान के आधार पर समूह विशेष की गतिविधियों एवं आपसी सम्बन्धों में पर्याप्त सुधार लाकर वांछित उद्देश्यों की प्राप्ति का मार्ग सहज एवं सुगम किया जा सकता है।

4. समाजमिति की सहायता से पारस्परिक सम्बन्धों का अध्ययन शिक्षकों-प्रशिक्षकों, निर्देशक एवं परामर्श दाताओं को इस प्रकार की ऐसी वांछित सूचनाएं प्राप्त करने में सहायता करता है जो अपने विद्यार्थियों को समूह के अन्तर्गत कार्य करते हुए उचित प्रकार का शिक्षण, प्रशिक्षण और परामर्श देने में उचित रूप से सहायक सिद्ध हो सके। इसके अतिरिक्त समाजमिति का इस प्रकार का योगदान मनोवैज्ञानिकों और मनोचिकित्सकों को भी समूह चिकित्सा (Group therapy) प्रदान करने में सहायक सिद्ध हो सकता है।

5. समाजमिति तकनीकों से प्राप्त सूचनाएं एवं परिणाम विद्यार्थियों को एक साथ विभिन्न सामाजिक समूहों (जैसे-विद्यालय, कक्षाकक्ष, प्रयोगशाला, कार्यशाला, छात्रावास, पिकनिक तथा भ्रमण समूह आदि) का सदस्य होने के नाते आपसी अविश्वास, द्वेष तथा कुसमायोजन की समस्याओं से मुक्ति दिलाकर शान्तिपूर्ण ढंग से साथ-साथ रहने और साथ-साथ मिलजुल कर कार्य करने में आवश्यक सहायता प्रदान कर सकते हैं। उदाहरण के लिए एक छात्रावास के बहुआवासीय कमरों (Dormitories) में सीटों के वितरण की समस्या समाजमिति के परिणामों के आधार पर अच्छी तरह हल की जा सकती है।

6. समाजमिति के परिणाम औपचारिक एवं अनौपचारिक शिक्षण अधिगम से सम्बन्धित समूह कार्यों के उचित नियोजन एवं संगठन में भी प्रभावकारी भूमिका निभा सकते हैं। परिणाम स्वरूप कुछ विशिष्ट प्रकार के सामूहिक कार्यों जैसे-दल शिक्षण (team teaching), सहकारी अधिगम (Cooperative Learning), प्रोजेक्ट कार्य, सामूहिक उत्तरदायित्व वाले कार्य तथा खेलकूद, गायन-नृत्य, नाटक (अभिनय), भ्रमण आदि सहपाठ्य क्रियाओं से सम्बन्धित सामूहिक कार्यों के नियोजन और आयोजन में इस आधार पर यथेष्ट सहायता मिल सकती है क्योंकि हमें इन समूह विशेषों में कार्य करने के लिए समान रुचि वाले बालकों के समूह बनाकर कार्य कराने में उचित मदद मिल जाती है। इस प्रकार सारांश रूप में समाजमिति एवं समाजमितीय तकनीकें विद्यालय में विभिन्न समूह परिस्थितियों में एक अच्छे समूह अधिगम और कार्य करने के वातावरण का निर्माण कर, विभिन्न प्रकार के कार्य एवं गतिविधियों (औपचारिक या अनौपचारिक) का नियोजन एवं संगठन करने में काफी उत्कृष्ट, बहुमूल्य सेवा प्रदान कर हमारी सहायता करती हैं जिससे व्यक्ति के और समूह के कल्याण सम्बन्धी उद्देश्यों को प्राप्त करने में सफलता मिल सके।

आंतरिक मूल्यांकन तथा संचित अभिलेख के रखरखाव हेतु मूल्यांकन साधनों का उपयोग

(Use of Evaluation Tools for Internal Assessment and Maintaining Cumulative Records)

आंतरिक मूल्यांकन–प्रकृति एवं आवश्यकता

(Internal Assessment—Nature and Needs)

आंतरिक मूल्यांकन से अभिप्राय: ऐसी परीक्षाओं, मापन तथा जांच कार्यों से है जिन्हें विद्यालय तथा पढ़ाने वाले अध्यापकों द्वारा समय समय पर स्वयं ही सम्पन्न किया जाता है। किसी बाहरी एजेन्सी जैसे बोर्ड, विश्वविद्यालय आदि के द्वारा इन परीक्षाओं या मूल्यांकन कार्य का संचालन नहीं होता। यह एक प्रकार के निजी तौर पर परन्तु संगठित एवं व्यवस्थित रुप से चलाये जाने वाला ऐसा मूल्यांकन कार्यक्रम है जिसे सत्र के दौरान कभी भी इच्छानुसार आयोजित किया जाता रहता है। विद्यालय में अध्यापन कार्य कर रहे अध्यापक गण, कार्यशाला तथा प्रयोगशाला में कार्य कर रहे डिमोन्स्ट्रेटर्स, कर्मचारीगण तथा प्रधानाध्यापक द्वारा योजनाबद्ध तरीके से ऐसी परीक्षाओं तथा मूल्यांकन का क्रियान्वयन किया जा सकता है। बाह्य परीक्षाओं के द्वारा जहाँ किसी विशेष स्तर यानी आठवीं, दसवीं तथा बारहवीं कक्षाओं के बाद ही उपलब्धि मूल्यांकन की व्यवस्था हो सकती है वहां आंतरिक परीक्षायें सतत एवं सर्वांग मूल्यांकन का कार्य विद्यालय के सीमित साधनों के अन्तर्गत ही सफलतापूर्वक सम्पन्न कर सकती हैं। जो कुछ भी विद्यार्थी कक्षाओं में पढ़ते हैं, जिस तरह के क्रियात्मक अनुभव वे प्रयोगशाला तथा कार्यशालाओं में ग्रहण करते हैं, जिस रुप में भी उनके ज्ञानात्मक, क्रियात्मक एवं भावात्मक व्यवहार में विद्यालय की विभिन्न औपचारिक एवं अनौपचारिक शिक्षण-अधिगम क्रियाओं द्वारा परिवर्तन आते हैं उन सबका उपयुक्त समय पर निरन्तर मूल्यांकन होते रहना आंतरिक परीक्षाओं तथा आंतरिक मूल्यांकन व्यवस्था द्वारा ही संभव है। इस दृष्टि से आंतरिक मूल्यांकन की उपादेयता को सभी शिक्षण-शास्त्रियों तथा शिक्षण आयोगों द्वारा मुक्त कंठ से स्वीकार किया जाता रहा है और यह सिफारिश की जाती रही है कि आंतरिक परीक्षाओं तथा आंतरिक मूल्यांकन कार्यक्रम को विद्यार्थी की प्रगति के मूल्यांकन का एक अभिन्न अंग बनाया जाना चाहिये। जो भी प्राप्तांक उसे बाह्य परीक्षाओं के आधार पर मिलते हैं उनमें आंतरिक मूल्यांकन के परिणामों को किसी न किसी अनुपात में अवश्य ही शामिल किया जाना चाहिये ताकि मूल्यांकन प्रक्रिया को अधिक सतत, क्रियाशील, वैध तथा व्यावहारिक बनाने में मदद मिल सके। वैसे भी बाह्य परीक्षक तथा बाह्य साधनों की अपेक्षा आंतरिक परीक्षकों तथा साधनों की मूल्यांकन प्रक्रिया में अधिक सार्थक भूमिका होना एक स्वाभाविक सी ही बात है। एक अध्यापक जो विद्यार्थी को किसी एक विषय का ज्ञान दे रहा होता है, कौशलों के अर्जन में अपेक्षित सहायता प्रदान कर रहा होता है अथवा किसी भी तरह उसके व्यवहार परिमार्जन और व्यक्तित्व विकास कार्य में सहायता पहुंचा रहा होता है वही अच्छी तरह

से जान सकता है कि उसके द्वारा किये जाने वाले प्रयत्न कितने सफल हो रहे हैं। उसके द्वारा किया गया मूल्यांकन ही विद्यार्थी को तथा उसे स्वयं को सही रास्ते पर लगा सकता है और यह जितना ही शीघ्रता तथा निरन्तर रुप में सम्पन्न होता रहेगा उसी में सभी की भलाई है। बाह्य परीक्षायें जो काफी लम्बे अन्तराल के बाद बाहरी व्यक्तियों तथा एजेन्सियों द्वारा ली जाती हैं कभी भी इस प्रकार के सतत एवं समय-समय पर चेताने वाले तथा प्रतिपुष्टि प्रदान करने वाले मूल्यांकन कार्यक्रम में सहयोगी नहीं हो सकतीं। निदानात्मकता का गुण आंतरिक परीक्षाओं तथा मूल्यांकन में कूट-कूट कर भरा होता है। बालक की कठिनाइयों तथा अपने शिक्षण में निहित दोषों की पहचान अध्यापक को समय-समय पर आयोजित आंतरिक परीक्षाओं तथा मूल्यांकन कार्यक्रमों के द्वारा ही हो सकती है और फिर वह आवश्यकतानुसार सुधारात्मक शिक्षण कार्यक्रमों को अपना सकता है। बालक को स्वयं तथा माता-पिता को भी बालकों की प्रगति से निरन्तर परिचय प्राप्त होता रहता है। कल्पना कीजिये ऐसी स्थिति की जिसमें आठवी के बाद या दसवीं के बाद बालक को अचानक ही फेल या अनुतीर्ण घोषित कर दिया जाये ऐसी स्थिति में यह कैसे मालूम पड़ेगा कि उसके साथ ऐसा क्यों हुआ? कितना अच्छा होता कि उसे अपनी कमजोरियों या लापरवाही की सूचना तथा योग्यता और मानसिक स्तर का परिचय समय पर ही मिल जाता तो फिर उसके द्वारा सावधान होकर आगे परिश्रम किया जा सकता था। वह कार्य आंतरिक परीक्षा तथा आंतरिक मूल्यांकन द्वारा सम्पन्न सतत मूल्यांकन कार्य से ही संभव हो सकता था और इस दृष्टि से आंतरिक परीक्षायें तथा आंतरिक मूल्यांकन कार्य का महत्व बालक के शैक्षणिक कार्यक्रम तथा प्रगति की लगातार ऐसी उचित व्यवस्था एवं चौकसी करने में है ताकि शिक्षण अधिगम प्रक्रिया को सही मार्ग एवं दिशा प्राप्त होती रहे और अध्यापक और विद्यार्थी दोनों को ही समय-समय पर उचित प्रतिपुष्टि, सूचना एवं अभिप्रेरणा मिलती रहे।

संचित अभिलेखों का रख-रखाव प्रकृति एवं आवश्यकता

(Maintenance of Commulation Records—Nature and Need)

संचित अभिलेख किसी एक विद्यार्थी का सम्पूर्ण, स्थायी और गोपनीय अभिलेख या शैक्षिक इतिहास है जो उसके सर्वांगीण अभिवृद्धि (growth) तथा विकास का संचित और व्यापक ब्यौरा प्रस्तुत करता है। इसमें उसके विद्यार्थी जीवन के शुरू से अन्त तक सभी पक्षों को दर्शाया जाता है।

ऐसे अभिलेखों की व्यवस्था की आवश्यकता पर टिप्पणी करते हुए माध्यमिक शिक्षा आयोग (Secondary Education Commission) ने निम्न विचार व्यक्त किए है।

'न तो बाह्य परीक्षा और न ही आन्तरिक परीक्षा अकेले या इकट्ठे मिल कर किसी भी स्तर पर किसी विद्यार्थी की सर्वागीण प्रगति का सही और सम्पूर्ण चित्र प्रस्तुत कर सकती है परन्तु फिर भी उसके भावी अध्ययन कोर्स या व्यवसाय का निश्चय करने के लिए उसका मूल्यांकन करना बहुत ही आवश्यक है। इस उद्देश्य के लिए बच्चे का रिकॉर्ड रखा जाना चाहिए। इसमें स्कूल में किए गए दैनिक, मासिक एवं वार्षिक

कार्यों का उल्लेख हो इस स्कूल रिकॉर्ड में शिक्षा के उत्तरोत्तर स्तरों पर उसकी बौद्धिक उपलब्धियों एवं कार्य का स्पष्ट उल्लेख होगा।''

("Neither the external examination nor the internal examination, singly or together can give a complete and correct picture of pupil's all round progress at any particular stage of his education, yet it is important for us to assess this in order to determine his future course of study or future vocation-For this purpose a proper system of school records should be maintained for every pupil indicating the work done by him in the school from day to day, month to month, term to term and year to year- Such school records will present a clear and continuous statement of the attainment of the child in different intellectual pursuits through out the successive stages of his education.")

कुछ और आगे चलें तो हमें बच्चे के मानसिक क्षेत्र की उपलब्धियों तक ही सीमित नहीं रहना है बल्कि उसके व्यवहार और विकास के सभी पक्षों को निरन्तर परखना और उनका रिकार्ड रखना होगा ताकि उसके विकास का सम्पूर्ण इतिहास प्राप्त किया जा सके। उसका यह इतिहास उसके संचित अभिलेख के नाम पर एक कक्षा से अन्य उच्च कक्षा तथा एक स्कूल से दूसरे तक साथ-साथ जाएगा।

संचित अभिलेख के प्रारूप

(Forms or Designs of Cumulative Record)

विद्यार्थियों के संचित अभिलेखों की व्यवस्था निम्नलिखित तीन प्रकार के प्रारूपों से की जा सकती है:

1. कार्ड (Card): यह एक बहुत बड़ा कार्ड होता है जिसे कई भागों में मोड़ा अर्थात फोल्ड किया जा सकता है ताकि उसमें आवश्यक जानकारी लिखी जा सके।

2. फाईल (File): संचित अभिलेख के इस प्रारूप में बच्चे के शैक्षिक इतिहास से सम्बन्धित समस्त प्रासंगिक जानकारी (आंकड़े) कागज के पृष्ठों (Sheets) पर दर्ज कर दी जाती है। बाद में इन पृष्ठों को प्रति वर्ष या समयाविधि के बाद छात्र की व्यक्तिगत फाईल में लगा दिया जाता है या पंच कर दिया जाता है।

3. लिफाफा (Envelope): यह नमूना लिफाफे से मिलता-जुलता है। यह तीन तरफ से बंद होता है और एक ओर से खुला होता है विद्यार्थी का स्थायी परिचय ब्यौरा प्रारम्भिक और पिछले आवरण पर दिया जाता है जबकि समय समय पर किया जाने वाला अभिलेख खुले पृष्ठों पर लिख दिया जाता है और उन पृष्ठों को नत्थी करके लिफाफे में रख दिया जाता है।

संचित अभिलेख सामग्री (Contents of a Cumulative Record)

एक संचित अभिलेख में प्रायः इस रूप में जानकारी उपलब्ध होती हैं-विद्यार्थी की निजी जानकारी (personal data) घर, पारिवारिक पृष्ठभूमि (Back ground) शारीरिक

मानसिक रिपोर्ट, हाजरी की स्थिति, शिक्षा सम्बन्धी उपलब्धियाँ, पाठ्य सहायक क्रियाओं में उपलब्धि (performance) रुचियां, मनोवृत्तियाँ, अभिरुचियां (aptitudes) तथा प्राथमिकताएं (preference) व्यक्तित्व सम्बन्धी गुण और क्लास टीचर व मुख्याध्यापक की विशेष सम्मति (राय):

ऊपर हमने आंतरिक मूल्यांकन तथा संचित अभिलेखों के रख रखाव से संबंधित उनकी जिस प्रकार की प्रकृति की चर्चा की है उसे अपने उचित रूप में क्रियान्वित करने के लिये हमें जिस प्रकार की सूचना सामग्री या प्रदत्तों की आवश्यकता होती है उनकी उपलब्धि परिमाणात्मक तथा गुणात्मक मूल्यांकन हेतु प्रयुक्त किये जाने वाले साधनों के द्वारा ही संभव है।

ये मूल्यांकन साधन आंतरिक मूल्यांकन संचित अभिलेखों के रख रखाव में जिस रूप में काम आते हैं इस बात की चर्चा ही हम आगे कर रहे हैं।

आंतरिक मूल्यांकन हेतु परिमाणात्मक एवं गुणात्मक मूल्यांकन साधनों का उपयोग (Use of Quantitative and Qualitative Evalution Tools in Internal Asessment)

विद्यालयों में आंतरिक मूल्यांकन कार्यक्रम को सतत रूप से चालू रखने हेतु हमें परिमाणात्मक एवं गुणात्मक मूल्यांकन साधनों का उपयोग करते हुये सतत एवं समग्र मूल्यांकन प्रक्रिया अपनानी होती है तथा इसके लिये सामान्यता निम्न परीक्षणों, परीक्षाओं तथा मूल्यांकन कार्यक्रमों को शामिल किया जाता है।

1. विद्यालय में संगठित एवं नियोजित रूप से सम्पन्न त्रैमासिक, अर्ध वार्षिक एवं वार्षिक परीक्षायें।
2. अध्यापक द्वारा कक्षा में लिये जाने वाले दैनिक, साप्ताहिक तथा मासिक उपलब्धि परीक्षण।
3. कक्षा में पूछे जाने वाले प्रश्न और विद्यार्थियों द्वारा दिये जाने वाले उत्तर, कक्षा कार्य, अभ्यास कार्य (Drill work) एवं गृह कार्य में बालकों का दिन प्रोत्साहन का उपलब्धि रिकार्ड।
4. मौखिक कार्य तथा प्रयोगात्मक कार्य का रिकार्ड।
5. विद्यार्थी द्वारा रचनात्मक एवं सृजनात्मक योग्यताओं के प्रदर्शन का रिकार्ड।
6. कक्षा के शिक्षण अधिगम कार्य में बालक के स्तर पर मूल्यांकन, उसके द्वारा सक्रिय रहकर अधिगम करना, वाद-विवाद तथा विचार-विमर्श में भूमिका निभाना तथा अन्य प्रकार से अपनी जागरूकता तथा योग्यता का परिचय देना, (निरीक्षण, अवलोकन तथा रेंटिंग स्केल का प्रयोग करके मूल्यांकन किया जा सकता है।)
7. विद्यार्थी द्वारा पुस्तकालय से स्वाध्याय करने, प्रयोगशाला तथा कार्यशालाओं में कार्य करने आदि से सम्बन्धित बातों तथा उपलब्धि में मूल्यांकन का रिकार्ड।
8. पाठान्तर क्रियाओं, साहित्यिक, खेल कूद, सांस्कृतिक सामाजिक तथा अन्य

रचनात्मक क्रियाओं में उसके योगदान एवं उपलब्धि का मूल्यांकन।

9. भावात्मक व्यवहार क्षेत्र तथा व्यक्तित्व गुणों का उपयुक्त प्रविधियों तथा साधनों के द्वारा किया गया मूल्यांकन रिकार्ड।
10. विद्यार्थियों के व्यवहार एवं व्यक्तित्व में आने वाले परिवर्तनों का मूल्यांकन (जिसे व्यक्तित्व परीक्षणों प्रक्षेपी तकनीकी से ज्ञात किया जा सकता है।)
11. सामाजिक विकास तथा सामाजिक व्यवहार परिवर्तन सबंधी बातों का मूल्यांकन रिकार्ड (जिसे निरीक्षण रेटिंग स्केल तथा समाजमिति तकनीकी की सहायता से ज्ञात किया जा सकता है।)

संचित अभिलेखों के रखरखाव हेतु मूल्यांकन साधनों का उपयोग
(Use of Evaluation tools in Maintaining Record)

विद्यार्थियों की शैक्षिक प्रगति, निष्पति तथा व्यक्तित्व गुणों के विकास संबंधी इतिहास तथा वर्तमान स्थिति को प्रदर्शित करने वाला संचित अभिलेख रिकार्ड समय समय पर परिमाणात्मक तथा गुणात्मक मूल्यांकन साधनों या तकनीकों की सहायता से किये जाने वाले आकलन या मूल्यांकन कार्य द्वारा अच्छी तरह रखा जा सकता है। इन साधनों के उपायों से हमें संचित अभिलेख पत्र में दर्ज की जाने वाली विभिन्न प्रकार की जानकारी या प्रदत्तों की प्राप्ति होती रहती है। सतत एवं समग्र मूल्यांकन हेतु प्रयुक्त विभिन्न प्रविधियों तथा साधनों द्वारा अध्यापकों को विभिन्न प्रकार के उपलब्धि परीक्षणों, दिन प्रतिदिन किये जाने वाले व्यवहार निरीक्षण तथा निष्पति आकलन तथा संज्ञात्मक, क्रियात्मक तथा व्यवहार क्षेत्रों में आने वाले परिवर्तनों का समुचित आकलन करने में सहायता मिलती है और फिर इन साधनों से प्राप्त जानकारी या प्रदत्तों को दर्ज करने का कार्य संचित अभिलेखों में किया जाता रहता है।

4

शैक्षिक मूल्यांकन में सांख्यिकी
(Statistics in Educational Evaluation)

साख्यिकी का अर्थ (Meaning of Statistics)

सामान्यतया सांख्यिकी (Statistics) शब्द निम्न तीन अर्थों में प्रयुक्त होता है:

1. पहले अर्थ में यह शब्द आंकिक तथ्यों (आंकड़ों) के लिए प्रयुक्त होता है। राज्य तथा केन्द्रीय आंकड़ा विभाग (Statistical Department) और अनेक अन्य संस्थान जन्म तथा मृत्यु, विद्यालय उपस्थिति, बेरोजगारों की संख्या, कृषि तथा औद्योगिक उत्पादन आदि बहुमूल्य आंकिक तथ्यों या आंकड़ों (Statistics) का संग्रह करते देखे जा सकते हैं।

2. दूसरे अर्थ में सांख्यिकी शब्द आंकिक या सांख्यिक विधि या विधियों (Statistical Methods) से अपना सम्बन्ध रखता है। इस अर्थ में सांख्यिकी ऐसी आंकिक विधि या विधियों का विज्ञान कहा जाता है जिसका प्रयोग किसी क्षेत्र या समस्या से सम्बन्धित आंकिक तथ्यों (Numerical facts) का संग्रह करने, वर्गीकरण करने, संक्षिप्त रूप में प्रस्तुत करने, विश्लेषण और व्याख्या करने आदि के लिए किया जाता है।

3. अपने तीसरे अर्थ में सांख्यिकी शब्द आंकिक तथ्यों के सारांशित अंकों (Summarized figures) जैसे प्रतिशत, औसत या मध्यमान (Average or Mean), मध्यांक (Median), बहुलांक (Mode) , प्रामाणिक विचलन (Standard deviation) मान आदि के लिए प्रयुक्त होता है। इनमें से प्रत्येक अंक या मान मध्यमान, मध्यांक, विचलन मान इत्यादि अपने अकेले रूप में स्टैटिस्टिक (Statistic) कहलाता है।

इस प्रकार से सांख्यिकी शब्द को आंकिक तथ्यों (Numerical facts) के अर्थ में अथवा आंकिक तथ्यों से सम्बन्धित विधियों के विज्ञान के रूप में या आंकिक तथ्यों के सारांशित अंकों (Summarized figures) के लिए प्रयुक्त किया जा सकता है।

टाटे (Tate) ने सांख्यिकी के इन उपरोक्त तीन अर्थों को सार रूप में बड़े ही सुन्दर ढंग से इस प्रकार प्रस्तुत किया है–

"यह पूरी तरह से स्पष्ट है, आप सांख्यिकी से सांख्यिकी द्वारा सांख्यिकी की गणना करते हैं।"

(It's perfectly clear; you compute statistics from statistics by statistics.)

यहां टाटे (Tate) ने सांख्यिकी शब्द को तीन अर्थों, आंकिक तथ्यों या आंकड़ों (figures), सांख्यिकीय विधि या विधियों (Statistical method or methods) तथा मध्यमान, मध्यांकन तथा बहुलांक आदि सारांशित अंकों (Summarized figures) के रूप में प्रयोग किया है और इस तरह सांख्यिकी शब्द को विभिन्न तीन अर्थों में प्रयोग किया जा सकता है। परन्तु जहां तक सांख्यिकी के किसी एक विषय अथवा ज्ञान की एक शाखा के रूप में जानने का प्रश्न है, इसे निम्न रूप में परिभाषित किया जा सकता है:

> *सांख्यिकी अध्ययन का वह विषय है जो आँकिक तथ्यों के वैज्ञानिक ढंग से संग्रह, प्रस्तुतीकरण, विश्लेषण एवं व्याख्या करने में सहायक सिद्ध होता है।*
>
> *(Statistics is one of the subjects of study that helps us in the scientific collection, presentation, analysis and interpretation of numerical facts.)*

शैक्षिक मूल्यांकन में सांख्यिकी की आवश्यकता और महत्व
(Need and Importance of Statistics in Educational Evaluation)

सामान्यतया सांख्यिकी निम्न तीन दिशाओं में बहुमूल्य सेवाएं प्रदान कर सकती हैं–

(a) साक्ष्यों अथवा तथ्यों का (आंकिक अथवा किसी अन्य रूप में) संग्रह करना।

(b) आंकिक तथ्यों का वर्गीकरण (Classification), व्यवस्थापन (Organisation) और संक्षिप्तीकरण (Summarization)

(c) संग्रहित साक्ष्यों या तथ्यों के आधार पर सामान्य परिणाम तथा निष्कर्ष निकालना, और भविष्यवाणी करना।

उपरोक्त क्षेत्रों में अपनी सेवाओं के कारण ही सांख्यिकी को आज शैक्षिक आकलन में बहुत ही बहुमूल्य माना जाता है। विशेषकर शिक्षा में जहां कहीं मापन और मूल्यांकन की आवश्यकता पड़ती है वहां इसका प्रयोग बहुत अधिक आवश्यक बन जाता है। इस दृष्टि से शिक्षा में इसकी उपयोगिता और आवश्यकता को निम्न रूप में दिखाया जा सकता है–

1. परीक्षणों और मापन साधनों के बनाने और उन्हें प्रमाणिक बनाने में सहायता करना (Helps in the construction and standardization of various tests and measures): सांख्यिकी विधियां अनेक परीक्षणों और मापन साधनों जैसे विभिन्न विषयों की उपलब्धि परीक्षाओं, बुद्धि परीक्षणों, अभिरुचि परीक्षणों, रुचि परिसूचियों, दृष्टिकोण या अभिवृत्ति मापदंडों और व्यक्तित्व मूल्यांकन सम्बन्धी अनेक मापन साधनों के बनाने और उन्हें प्रमाणित बनाने में सहायता प्रदान करती हैं।

2. विभिन्न परीक्षणों और मापन साधनों के परिणामों का उचित उपयोग करना (Helps in making proper use of the results of various tests and measures): विभिन्न परीक्षणों तथा मापन साधनों द्वारा प्राप्त अंक स्वतन्त्र न हो कर सापेक्ष होते हैं। अतः ये अपने आप में अर्थहीन होते हैं। सांख्यिकी विधियां इनके उचित प्रस्तुतीकरण तथा तुलनात्मक अध्ययन कर निष्कर्ष निकालने एवं व्याख्या करने में सहायता करती हैं।

सांख्यिकी द्वारा प्रदत्त यह सेवा निम्न कार्यों में हमारी सहायता करती है-

(i) अपने विद्यार्थियों की वैयक्तिक विभिन्नताओं से परिचित होना।

(ii) विद्यार्थियों को निर्देशन देना।

(iii) कोई एक विधि या तरकीब दूसरी से अच्छी है या बुरी, इसका पता लगाना।

(iv) मूल्यांकन की कोई एक पद्धति या प्रणाली दूसरी से अच्छी है या बुरी, इसका पता लगाना।

(v) एक विद्यार्थी की कार्य पद्धति और परिणामों की दूसरों के साथ तुलना करना।

(vi) विद्यार्थियों द्वारा भविष्य में की जाने वाली प्रगति के बारे में भविष्यवाणी करमा।

(vii) विद्यार्थियों का चयन करना, वर्गीकरण करना और उन्नति के अगले सोपान पर चढ़ाना।

(viii) विभिन्न प्रकार की सूचनाएं एवं तथ्यों का संग्रह करना तथा शैक्षणिक आंकड़े प्रदान करना।

शैक्षिक आकलन के क्षेत्र में सांख्यिकी द्वारा की जाने वाली उपरोक्त सेवाओं के आधार पर यह अच्छी तरह सोचा जा सकता है कि यह अध्यापक को उसके विविध कर्त्तव्यों को निभाने में पूरी-पूरी सहायता कर सकती है। यह अध्ययन-अध्यापन प्रक्रिया को एक निश्चित दिशा प्रदान करती है और शिक्षक को शिक्षा के व्यापक उद्देश्यों तथा प्राप्य उद्देश्यों (Objective) की अनुभूति कराती है। शैक्षिक और मनोवैज्ञानिक अनुसंधान के क्षेत्र में इसकी बढ़ती हुई लोकप्रियता ने इसे प्रत्येक अध्यापक के लिए बहुत ही आवश्यक एवं उपयोगी बना दिया है। इसके ज्ञान द्वारा अध्यापकों को न केवल शिक्षा के क्षेत्र में होने वाले नवीन अनुसंधानों और अन्वेषणों को समझने में आसानी होती है अपितु वे स्वयं भी अपने आप को अनुसंधान कार्य में लगाकर शिक्षा के क्षेत्र में नवीन परिवर्तन और निर्धारित सुधार लाने में समर्थ हो सकते हैं।

5

आंकड़ों या प्रदत्तों का व्यवस्थापन एवं रेखाचित्रीय प्रस्तुतीकरण (Organisation and Graphical Presentation of Data)

आँकड़े या प्रदत्त पद का अर्थ (The Meaning of the Term Data)

अंग्रेजी शब्द (Data) के लिए हिन्दी में 'आंकड़ों' या 'प्रदतों' शब्द का प्रयोग होता है। इससे स्पष्ट है कि यह Data शब्द सदैव बहुवचन में ही प्रयुक्त होता है, एकवचन में नहीं। इस शब्द को शब्दकोषीय अर्थ में 'तथ्यों' के लिए प्रयुक्त किया जाता है। अतः विस्तृत अर्थ में इस शब्द को किसी समूह अथवा परिस्थिति का वर्णन करने वाले तथ्यों या साक्ष्यों के लिए प्रयोग में लाया जाता है, लेकिन विशेष अर्थ में इसका प्रयोग सामान्यतया ऊंचाई, भार तथा उपलब्धि एवं बुद्धि परीक्षाओं आदि के मापन सम्बन्धी आंकिक तथ्यों के लिए किया जाता है।

आंकड़ों या प्रदत्तों को व्यवस्थित एवं प्रस्तुत करने की विधियां (Methods of Organising and Presenting Data)

परीक्षणों और परीक्षाओं से अंकों के रूप में प्राप्त प्रदत्तों या आंकड़ों को व्यवस्थित एवं वर्गीकृत करने की आवश्यकता होती है ताकि उनके अर्थ को ठीक प्रकार समझ कर उनसे कोई उपयोगी निष्कर्ष निकाले जा सकें। सामान्य रूप से निम्न चार विधियां प्रदत्तों को व्यवस्थित करने और उनको सही रूप में प्रस्तुत करने के काम में लाई जाती हैं:

(a) सांख्यिकी तालिकाओं (Statistical Tables) के रूप में प्रस्तुतीकरण।

(b) आवृत्ति वितरण (Frequency Distribution) के रूप में प्रस्तुतीकरण।

(c) अवर्गीकृत प्रदत्तों का रेखाचित्रीय प्रस्तुतीकरण (Graphical presentation of ungrouped data)

(d) आवृत्ति वितरण (वर्गीकृत प्रदत्तों) का रेखाचित्रीय प्रस्तुतीकरण (Graphical Presentation of Frequency Distribution (Grouped data)।

(A) सांख्यिकी तालिकाएं (Statistical Tables)

इस प्रकार के प्रस्तुतीकरण में प्रदत्तों को तालिका के रूप में प्रस्तुत किया जाता है। इसलिए प्रदत्तों को उचित रूप से छांटी गई श्रेणियों या वर्गों में व्यवस्थित कर लिया जाता है और वर्गीकरण को शीर्षक और उपशीर्षकों के अन्तर्गत रखकर प्रस्तुत किया जाता है। इन तालिकाओं द्वारा मूल अंकों के अतिरिक्त प्रतिशत, मध्यमान, प्रमाणिक विचलन आदि को भी प्रत्यक्ष रूप में प्रदर्शित किया जा सकता है। उदाहरण के लिए नीचे हम एक तालिका का खाका दे रहे हैं।

तालिका 5.1: रोहतक शहर के हाई स्कूलों की बोर्ड की हाई स्कूल परीक्षा में प्राप्त प्रतिशत सफलता।

विद्यालय का नाम	*पास विद्यार्थियों की प्रतिशत संख्या*	*पास छात्राओं की प्रतिशत*	*पास छात्रों की प्रतिशत*
	A B C D E		

(B) आवृत्ति वितरण (The Frequency Distribution)

इस प्रकार के प्रस्तुतीकरण में हम संख्या सम्बन्धी प्रदत्तों को कुछ स्वतन्त्र रूप से चुने हुए वर्गों में वर्गीकृत कर लेते हैं। इसके लिए प्राय: प्राप्तांकों (Scores) को कुछ वर्गों (Classes) में विभाजित कर लिया जाता है और प्रत्येक प्राप्तांक (Score) को किसी एक वर्ग (Class) में स्थान देने का प्रयत्न किया जाता है। यह भी देखने का प्रयास किया जाता है कि कोई एक विशेष प्राप्तांक (Score) या प्राप्तांक वर्ग (Group of scores) दिए हुए प्रदत्तों (Data) में कितनी बार आया है। इसे एक प्राप्तांक अथवा प्राप्तांक वर्ग की आवृत्ति (Frequency) कहा जाता है। इस प्रकार से आवृत्ति वितरण संग्रहित प्राप्तांक वर्गों (Collection of group of scores) को प्रस्तुत करने की एक ऐसी विधि है जिससे प्रत्येक प्राप्तांक वर्ग की आवृत्ति को प्रदर्शित किया जा सकता है। (Frequency distribution may be considered as a method of presenting a collection of groups of Scores in Such a way as to show the frequency in each group of scores of class.) आवृत्ति वितरण द्वारा प्रदत्तों के प्रस्तुतीकरण को आगे दिये उदाहरण द्वारा अच्छी तरह समझा जा सकता है:

उदाहरण 6.1: 50 विद्यार्थियों के एक उपलब्धि परीक्षा में प्राप्त अंक नीचे दिए जा रहे हैं:

62, 21, 26, 32, 56, 36, 37, 39, 53, 40, 54, 42
44, 61, 68, 28, 33, 56, 57, 37, 52, 39, 40, 54

43, 43, 63, 30, 34, 58, 35, 38, 50, 38, 52, 41
50, 44, 41, 42, 43, 45, 46, 45, 47, 48, 49, 45
40, 48

पीछे लिखित प्राप्तांकों को आवृत्ति वितरण तालिका (Frequency Distribution Table) के रूप में प्रस्तुत किया जाता है तथा आवश्यक सोपानों को अच्छी तरह स्पष्ट भी किया जाता है।

आवृत्ति-वितरण के सोपान (Steps in Frequency Distribution)

1. विस्तार या प्रसार क्षेत्र ज्ञात करना (Finding the Range): आवृत्ति वितरण के लिए सबसे पहले प्राप्तांकों का प्रसार क्षेत्र या विस्तार (Range) ज्ञात किया जाना चाहिए। यह ज्ञात करने के लिए उच्चतम प्राप्तांक में से निम्नतम प्राप्तांक घटा दिया जाता है। प्रस्तुत समस्या में वितरण का प्रसार क्षेत्र या विस्तार (Range) 68−21 अर्थात् 47 है।

2. वर्गान्तर या वर्ग-विस्तार निश्चित करना (To Determine the Class Interval or Grouping Interval): विस्तार या प्रसार क्षेत्र (Range) ज्ञात करने के पश्चात् प्रदत्तों को वर्गीकृत करने के लिए समान विस्तार वाले कुछ समूह या वर्ग बनाए जाते हैं। इस प्रकार के कितने वर्ग बनाए जाएं तथा एक वर्ग का आकार क्या हो, यह ज्ञात करने का प्रयत्न किया जाता है। सांख्यिकी भाषा में वर्ग के आकार को वर्गान्तर या वर्ग विस्तार कहा जाता है।

इसे ज्ञात करने के लिए निम्न दो नियम काम में लाए जाते हैं:

प्रथम नियम-इस नियम द्वारा (i) वर्गों का आकार अर्थात् वर्ग ज्ञात करने के लिए विस्तार या प्रसार क्षेत्र को इच्छित वर्गों की संख्या से भाग दे दिया जाता है। वर्ग विस्तार को प्राय: 'i' चिन्ह से प्रदर्शित करते हैं तथा यह सदैव एक पूर्ण संख्या (Whole number) होती है। इस नियम के अन्तर्गत वर्ग विस्तार ज्ञात करने के लिए निम्न सूत्र का प्रयोग किया जाता है:

$$i = \frac{\text{प्रसार क्षेत्र का विस्तार (Range)}}{\text{इच्छित वर्गों की संख्या (Number of classes desired)}}$$

(ii) अब प्रश्न यह उठता है कि दिए हुए प्रदत्तों को समान विस्तार वाले कितने वर्गों या समूहों में विभक्त किया जाना चाहिए। सामान्य नियम के रूप में जैसा कि टाटे (Tate) स्पष्ट करता है, अगर श्रृंखला में 50 विद्यार्थियों के प्राप्तांक दिए हों तो 10 से अधिक वर्ग या समूह बनाना उचित नहीं है। अगर 50 से ले कर 100 के प्राप्तांक दिए गए हों तो 10 से 15 तक वर्ग बनाना उचित होता है, अगर 100 से अधिक के प्राप्तांक हों तो 15 या उससे अधिक वर्ग बनाना अच्छा रहता है। साधारणतया न तो 10 से कम और न 20 से अधिक वर्ग प्रयोग में लाए जाते हैं।

("If the series contains fewer than about 50 items, more than about 10 classes are not justified. If the series contain from about 50 to 100 items, 10 to 15 classes tend to the appropriate, if more than 100 items, 15 or more classes tend to be appropriate Ordinarily, not fewer than 10 classes or more than 20 are used.")

(iii) अगर वर्ग विस्तार को वर्गों की संख्या से भाग दे कर एक पूर्ण संख्या प्राप्त न हो तो सबसे अधिक निकट उचित और पूर्ण संख्या को वर्ग विस्तार (i) मान लिया जाता है।

दूसरा *नियम*–दूसरे नियम के अनुसार सबसे पहले वर्ग विस्तार (i) निश्चित किया जाता है तथा फिर इसके आधार पर वर्गों की संख्या (Number of classes) ज्ञात की जाती है। इस कार्य के लिए प्रायः वर्ग विस्तार 2, 3, 5 या 10 अंकों का लिया जाता है।

पीछे लिखित दोनों नियमों को ही वर्ग–विस्तार और वर्गों की संख्या ज्ञात करने के लिए प्रयोग में लाया जाता है। मेरे विचार में दोनों नियमों को मिला कर प्रयोग में लाना अधिक श्रेष्ठ रहता है। प्रस्तुत आवृत्ति वितरण की योजना बनाते समय विस्तार (Range) वर्गों की संख्या (Number of classes) और वर्गों के आकार अर्थात् विस्तार (Class interval) सभी का पूरा–पूरा ध्यान रखना चाहिए तथा हमें एक ऐसा उचित वर्ग विस्तार (i) छांटने का प्रयास करना चाहिए कि अगर उसको प्रसार क्षेत्र से भाग दिया जाए तो टाटे (Tate) द्वारा स्पष्ट किए हुए नियम के अनुसार वर्गों की संख्या (Number of classes) प्राप्त हो सके।

अगर इस दृष्टि से सोचा जाए तो प्रस्तुत समस्या में 5 एक उचित वर्ग विस्तार (Class interval) हो सकता है। यहां प्रसार क्षेत्र (Range) 47 है। तथा विद्यार्थियों के प्राप्तांकों की संख्या 50 है। यहां टाटे के नियम के अनुसार 10 वर्ग पर्याप्त हैं, इसलिए हम वर्ग विस्तार इस प्रकार ज्ञात करेंगे–

$$i = \frac{47}{10} = 40.7 \text{ अर्थात् } 5 \text{ (निकटतम पूर्ण संख्या)}$$

3. आवृत्ति वितरण से सम्बन्धित सामग्री को सारिणी रूप में लिखना (Writing the contents of Frequency distribution in the Tabular Form): इस कार्य के लिए 2 खाने बना कर इसी पृष्ठ पर दिए रूप में आगे बढ़ा जाता है।

(i) वितरण को वर्गों में लिखना (Writing the class of distribution): आवृत्ति वितरण में सम्मिलित सभी वर्गों को लिखा जाता है। इस कार्य के लिए सब से पहले निम्न तम वर्ग निश्चित कर लिया जाता है और इसके पश्चात् वर्ग विस्तार को ध्यान में रखते हुए सभी ऊपर के वर्गों को लिख लिया जाता है। प्रस्तुत समस्या में 20–24 अपने विस्तार सहित एक निम्नतम वर्ग के रूप में लिया जा सकता है और फिर इसके ऊपर हम 25–29, 30–34 इत्यादि से लेकर 65–69 तक वर्ग रख सकते हैं।

(ii) प्राप्तांकों को उनके उचित वर्ग में मिलान करते हुए चिन्ह लगाना (Tallying the Scores into proper classes): इस सोपान के अन्तर्गत सभी दिए गए प्राप्तांकों को

एक-एक कर लिया जाता है तथा यह सोचा जाता है कि यह प्राप्तांक किस समूह या वर्ग में अपना स्थान रखता है। सम्बन्धित वर्ग के सामने मिलान चिन्ह (Tally Mark) लगा दिया जाता है। प्रत्येक वर्ग के आगे लगे हुए इन चिन्हों को गिन लिया जाता है। यह गिनती की हुई संख्या उस वर्ग की आवृत्ति कहलाती है। ये सभी आवृत्तियां तीसरे खाने में जैसा कि आगे दिखाया गया है, लिख दी जाती हैं।

तालिका 5.2: आवृत्ति वितरण तालिका (Frequency Distribution Table)

वर्ग (Class)	*मिलान चिन्ह (Tallies)*	*आवृतियां (Frequencies)*
65–69	I	1
60–64	III	3
55–59	IIII	4
50–54	~~IIII~~ II	7
45–49	~~IIII~~ IIII	9
40–44	~~IIII~~ ~~IIII~~ I	11
35–39	~~IIII~~ III	8
30–34	IIII	4
25–29	II	2
20–24	I	1
		आवृत्तियों का योग = 50 (N)

(iii) मिलान सही होने का निर्णय करना (Checking the Tallies): तीसरे खाने का योग उन विद्यार्थियों की संख्या के बराबर होना चाहिए जिनके प्राप्तांकों को सारिणी बद्ध किया गया है। उपरोक्त सारिणी (Tabulation) में आवृत्तियों का योग 50 है जो समस्या में दी गई कुल विद्यार्थियों की संख्या से मिलान खाता है।

आवृत्ति वितरण के सम्बन्ध में जानने योग्य कुछ अन्य बातें
(Some more things to be known regarding a Frequency Distribution)

1. आवृत्ति वितरण के वर्गों की सीमा निर्धारित करना (Determination of the class limits of the Frequency distribution): 20–24 में प्रदर्शित वर्ग 20 को इस वर्ग विशेष की लिखित निम्नतम सीमा और 24 को लिखित उच्चतम सीमा कहा जाता है। इन लिखित सीमाओं से वास्तविक निम्नतम तथा उच्चतम सीमाएं 5 तथा 5 के ऊपर होती है। अत: इस मामले में 20–24 वर्ग की वास्तविक सीमा 19.5 से लेकर 24.5 (19.5 – 24.5) मानी जानी चाहिए।

2. *आवृत्ति वितरण के किसी एक वर्ग का मध्य बिन्दु ज्ञात करना (Determination of the Mid-point of a class in Frequency Distribution):* आवृत्ति वितरण में प्राय: वर्गों को उनके मध्य बिन्दुओं द्वारा प्रदर्शित किया जाता है। किसी वर्ग विशेष के मध्य बिन्दु मालुम करने के लिए निम्न सूत्र का उपयोग किया जाता है:

$$\text{वर्ग का मध्य बिन्दु} = \text{लिखित निम्नतम सीमा} + \frac{[\text{लिखित उच्चतम सीमा} - \text{लिखित निम्नतम सीमा}]}{2}$$

$$\text{Mid-point of a class} = \text{Indicated or written lower limit} + \left[\frac{\text{Written Upper Limit} - \text{Written Lower Limit}}{2}\right]$$

नोट-मध्य बिन्दु निकालने के लिए वास्तविक वर्ग सीमाओं (actual class limits) को काम में नहीं लाया जाता।

प्रस्तुत समस्या में वर्ग 20-24 का मध्य बिन्दु $20 + \left[\frac{24-20}{2}\right] = 20+2= 22$ होगा।

(C) अवर्गीकृत प्रदत्तों का रेखाचित्रीय प्रस्तुतीकरण (The Graphical Presentation of Ungrouped Data)

ऐसे प्रदत्तों के लिए जो आवृति के रूप में वर्गीकृत नहीं होते, हम प्राय: निम्न प्रचलित रेखाचित्रों का प्रयोग करते हैं:

(i) चित्रात्मक ग्राफ (Picto-graph)
(ii) स्तम्भ रेखाचित्र (Bar graphs)
(iii) वृत्त रेखाचित्र (Circle Diagram or Pie Diagram)
(iv) रेखीय ग्राफ (Line graph)

यहां अब आगे इनके बारे में एक एक करके विचार करेंगे।

(i) चित्रात्मक ग्राफ (Pictograph) या पिक्टोग्राम (Pictogram)

चित्रात्मक ग्राफ या पिक्टोग्राम को, अवर्गीकृत सांख्यिकी आंकड़ों (ungrouped statistical data) को चित्रमयी भाषा में प्रस्तुत करने के लिये प्रयुक्त ग्राफ को डाइग्राम (Diagram) के रूप में जाना जा सकता है। एक चित्र को कहे हुये या लिखे हुये 100 शब्दों से भी अधिक प्रभावपूर्ण माना जाता है। इसी कारण आंकड़ों का चित्रमयी प्रस्तुतीकरण उनको शब्दों में या अंकों में व्यक्त करने से अधिक सजीव, आकर्षक और प्रभावपूर्ण माना जाता है। आइये अब इस बात को एक उदाहरण द्वारा पुष्टि करके देखा जाये।

उदाहरण 6.2: शारीरिक कुशलता परीक्षण में जिला A के 100 विद्यार्थियों, जिला B के 85, जिला C के 80, जिला D के 90 एवं जिला E के 70 विद्यार्थियों ने सफलता प्राप्त की। इन प्रदत्तों को पहले एक तालिका के रूप में और फिर चित्रात्मक ग्राफ या पिक्टोग्राम के रूप में प्रदर्शित कीजिए।

हल–(a) आंकड़ों (Data) का तालिका के रूप में प्रस्तुतीकरण

तालिका 5.3

जिला	A	B	C	D	E
विद्यार्थियों की संख्या	100	85	80	90	70

(b) आँकड़ों का चित्रात्मक ग्राफ (Pictograph) के रूप में प्रस्तुतीकरण

सोपान 1. यह निर्णय लेना कि दिये हुये आंकड़ों को किस प्रकार के चित्र द्वारा भली-भांति प्रदर्शित किया जा सकता है। इस उदाहरण में एक ऐसी छोटी सी चित्राकृति जो देखने में एक विद्यार्थी जैसी लगती हो चुनी जा सकती है।

सोपान 2. सरलता और संक्षिप्तता की दृष्टि से विद्यार्थियों के एक निश्चित समूह जैसे 5, 10, 20 आदि को एक चित्र से प्रदर्शित करना लाभदायक सिद्ध हो सकता है। इसलिये यहाँ ग्राफ के एक पैमाने के रूप में 1 चित्र = 20 विद्यार्थी मानकर चलना उपयुक्त रहेगा।

उपरोक्त दोनों सोपानों का अनुसरण करते हुये दिये हुये संक्षिप्त आंकड़ों को पिक्टोग्राम (Pictogram) के रूप में निम्न प्रकार प्रदर्शित किया जा सकता है।

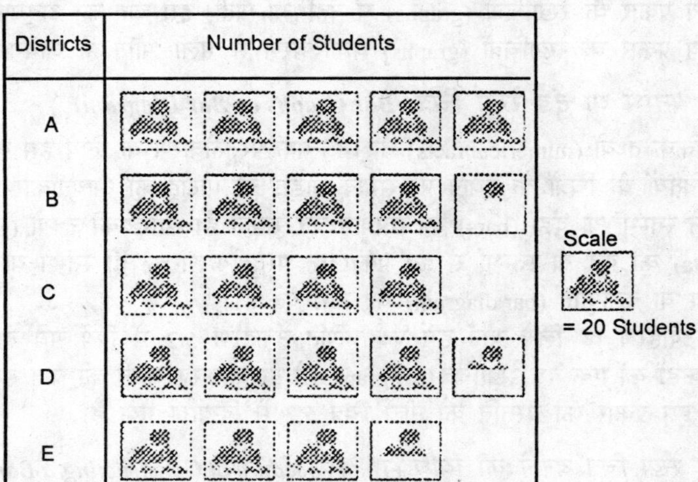

चित्र 5.1: विद्यार्थियों की संख्या दिखाता हुआ एक चित्रात्मक ग्राफ (Pictograph)

उपरोक्त उदाहरण के द्वारा अब आप एक चित्रात्मक ग्राफ (Pictograph) के गुणों और उपयोगिता से भलीभाँति परिचित हो गए होंगे। ग्राफ की झलक मात्र से यह पता चल जाता है जिला A के सबसे अधिक विद्यार्थियों ने शारीरिक कुशलता परीक्षण में सफलता प्राप्त की है, उसके बाद जिला D, फिर B, फिर C जिले का नम्बर आता है। जिला E के सबसे कम विद्यार्थियों ने सफलता प्राप्त की है। इस प्रकार से एकत्रित आंकड़ों के बारे में सभी संख्यात्मक तथा तुलनात्मक निष्कर्ष शीघ्र से शीघ्र निकालने

में चित्रात्मक ग्राफ बड़े ही रुचिकर ढंग से अधिक से अधिक सहायता कर सकते हैं। लेकिन अपनी ऐसी विशेषताओं के साथ चित्रात्मक ग्राफ (Pictograph) द्वारा किये गये प्रदर्शन में अपनी कुछ सीमायें तथा दोष भी पाये जाते हैं। उदाहरण के लिये अगर ऐसा ग्राफ बनाने हेतु एक उचित स्केल के चयन और उसको उसी रूप में दूसरों के द्वारा समझने की बात को लिया जाये तो हम देखते हैं कि यहाँ दोनों बातों में ही काफी अड़चनें तथा कठिनाइयाँ आती हैं। उपरोक्त वर्णित उदाहरण में 20 की तादाद में विद्यार्थी के चित्रात्मक प्रस्तुतीकरण के लिये हमने विद्यार्थी के छोटे चित्रमय रूप का चुनात्र किया है। विद्यार्थी का एक चित्र बराबर 20 विद्यार्थी। जहाँ तक 20 और उसके गुणांक 40 80, 80, 100 इत्यादि के प्रस्तुतीकरण का प्रश्न है। इनकी चित्रमयी प्रस्तुती में कोई दिक्कत नहीं आती परन्तु जहाँ 30, 50, 70, 85, 90 आदि का प्रतिनिधित्व करने की बात चित्रों द्वारा आती है वहाँ मुश्किल आती है। यह काम आधे, तिहाई या चौथाई चित्रकृति से करने का प्रयत्न तो किया जाता है परन्तु उसमें उतनी विश्वसनीयता और वैधता न तो चित्र बनाने में आ पाती है और न चित्रमय प्रस्तुति को उसी रूप में दूसरों के द्वारा समझने में। आधे अधूरे इन चित्रों से उनके द्वारा प्रस्तुतीकरण किये गये आंकिक तथ्यों (Numerical facts) का सही सही ज्ञान नहीं हो पाता। इस प्रकार के आंकिक तथ्यों (Numerical facts) को वास्तविक रूप में प्रस्तुत करने की कठिनाई अन्य प्रकार के रेखाचित्रों (graphs) में नहीं आ पाती। इस बात का अनुमान आपको अन्य प्रकार के रेखाचित्रों (graphs) के विवरण से भली-भाँति हो जायेगा।

(ii) स्तम्भ या दंड रेखा चित्र (Bar Graphs or Bar Diagram)

आंकिक तथ्यों (numerical facts) के चित्रत्मक पस्तुतीकरण के लिये हम वस्तुओं या व्यक्तियों के चित्रों के स्थान पर समान चौड़ाई या मोटाई की आयताकार आकृतियों वाले स्तम्भों या दंडों (bars) का उपयोग कर सकते हैं। सांख्यिकी तथ्यों (Statistical Data) की दंड या स्तम्भों से इस प्रकार के प्रस्तुतीकरण को ही स्तम्भ या दंड रेखा चित्र या दंडाकृति (bar diagram) का नाम देते हैं।

उदाहरण के लिये यहाँ हम पूर्व वर्णित उदाहरण 5.2 में दिये गये तालिकाबद्ध आंकड़ों को एक दंड रेखाचित्र (bar graph) से प्रस्तुतीकरण करने की बात सामने रखते हैं। इस प्रकार की प्रस्तुति को नीचे चित्र 6.2 में दिखाया गया है।

दंड रेखा चित्र बनाने की विधि (The Procedure of Constructing a Bargraph)

(i) दंड रेखाचित्र (bar graph) बनाने के लिये एक ग्राफ पेपर (graph paper) लो।

(ii) ग्राफ पेपर के किसी भी अक्ष भुजा X या Y पर संख्यात्मक आंकड़ों (Numerical data) को एक उचित पैमाना लेकर अंकित करो और दूसरे चर (variable) जैसे जिले (District) को दूसरी अक्ष भुजा पर अंकित करो। उपरोक्त उदाहरण में विद्यार्थियों की संख्या को Y अक्ष भुजा पर दिखाया गया है। किस कक्षा में कितने विद्यार्थी हैं इस सांख्यिकी तथ्य (Statistical facts) को दंडों या स्तम्भों (समान चौड़ाई मोटाई के आयतों) द्वारा X अक्ष

भुजा पर प्रदर्शित किया गया है।

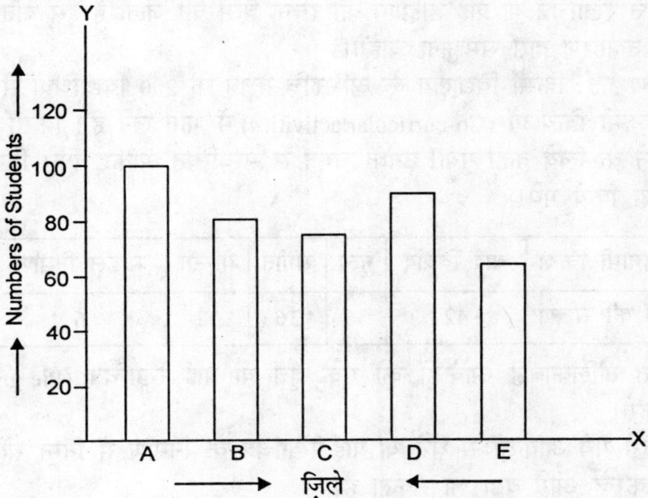

चित्र 5.2: विभिन्न जिले के विद्यार्थियों की संख्या को दिखाता हुआ एक दंड रेखाचित (bar graph)

एक दण्ड रेखाचित्र (bargraph) क्या बताता है? (What can be inferred from the bargraph)—एक दण्ड रेखाचित्र से हमें बड़ी ही शीघ्रता और सरलता से बहुत महत्वपूर्ण सूचनाएं एक झलक मात्र से प्राप्त हो सकती हैं। उदाहरण के लिए हम चित्र 5.2 में बने दण्ड रेखाचित्र (bar graph) को लेते हैं।

इस दण्ड रेखाचित्र से हमें यह स्पष्ट मालूम हो जाता है कि किस जिले के कितने विद्यार्थी ने परीक्षण पास किया है, जैसे-जिला E में 70 विद्यार्थियों का होना।

- वह जिला जिसमें सबसे अधिक विद्यार्थी ने परीक्षण पास किया है - ऐसा जिला A है।
- वह जिला जिसमें सबसे कम विद्यार्थी है - यह जिला यहाँ E है।
- विभिन्न जिलों में कितने विद्यार्थियों ने परीक्षण पास किया हैं इसका सभी प्रकार से तुलनात्मक अध्ययन करने हेतु एक रेखाचित्र को अच्छी तरह काम में लाया जा सकता है।

(iii) वृत्त रेखाचित्र या पाई डाइग्राम (Circle graph or Pie diagram)—वृत्त रेखाचित्र या पाई डाइग्राम की सहायता से हम सांख्यिकी आंकड़ों (Statistical data) को एक वृत्त और उसके अनुपातिक उपखंडों (proportionate sub-divisions) के रूप में प्रदर्शित कर सकते हैं। जिन आंकड़ों के प्रदर्शन और बोध में पारस्परिक तुलना हेतु अनुपात के संप्रत्यय का ज्यादा महत्व होता है उनके वृत्त रेखाचित्र अधिक उपयोगी सिद्ध होते हैं। इस प्रकार के रेखाचित्रों का निर्माण कार्य भी सरल ही है बशर्ते कि आप प्रतिशत (Percentages) और कोणों के मापन (angle measurement) जैसी

गणित की अवधारणाओं का व्यवहारिक ज्ञान रखते हैं।

एक वृत्त रेखाचित्र या पाई डाइग्राम की रचना कैसे की जाती है इस बात को हम यहाँ एक उदाहरण द्वारा समझाना चाहेंगे।

उदाहरण 5.3: किसी विद्यालय के अभिरुचि क्लब के 200 विद्यार्थियों से विभिन्न पाठ्य सहगामी क्रियाओं (Co-curricular activities) में भाग लेने हेतु किसी एक का चयन करने के लिये कहा गया। उनके चयन से सम्बन्धित आंकड़े फिर निम्न प्रकार तालिकाबद्ध किये गये।

पाठ्य सहगामी क्रिया	वाद विवाद	नृत्य	संगीत	पेन्टिंग	मॉडल निर्माण	भ्रमण
विद्यार्थियों की संख्या	42	36	36	12	6	68

उपरोक्त तालिकाबद्ध आंकड़ों को एक वृत्त या पाई रेखाचित्र (Pie graph) से प्रदर्शित करो।

हल–दिये गये आंकड़ों से वृत्त या पाई रेखाचित्र के निर्माण में निम्न सोपानों का अनुसरण करके आगे बढ़ा जा सकता है।

(i) वृत का मान 2π (दो पाई) यानी (360°) के बराबर होता है। प्रस्तुत उदाहरण में कुल विद्यार्थियों की संख्या 200 है जिसे वृत्त के संपूर्ण भाग यानी 360 अंशों द्वारा प्रदर्शित किया जाना है।

(ii) 200 विद्यार्थियों में से कितने कितने अनुपात में उन्होंने विभिन्न पाठ्य सहगामी क्रियाओं में भाग लेने हेतु अपनी रुचि व्यक्त की है। इस बात को वृत्त के विभिन्न आनुपातिक उपखंडों (Proportionate Subdivisions) द्वारा प्रदर्शित किया जाता है। इस कार्य हेतु विभिन्न आनुपातिक तथा पाई मानों (कोणों के अंश के रूप में) की गणना निम्न प्रकार की जा सकती है।

वाद विवाद में विद्यार्थियों की कुल संख्या = 200 में से 42

विद्यार्थियों की आनुपातिक संख्या (100 के संदर्भ में) = $\frac{42}{200} \times 400 = 21\%$

विद्यार्थियों की आनुपातिक संख्या (360° के संदर्भ में) = $\frac{42}{200} \times 360° = 75.6°$

नृत्य एवं संगीत में विद्यार्थियों की कुल संख्या = 200 में से 36 +36

विद्यार्थियों की आनुपातिक संख्या (100 के संदर्भ में) = $\frac{36}{200} \times 100 = 18\%$

विद्यार्थियों की आनुपातिक संख्या = (360° के संदर्भ में)

$$= \frac{36 \times 360°}{200} = 64.8°$$

पेन्टिंग में विद्यार्थियों की कुल संख्या = 200 में से 12

विद्यार्थियों की आनुपातिक संख्या (100 के संदर्भ में) = $\frac{12}{200} \times 100 = 6\%$

विद्यार्थियों की आनुपातिक संख्या (360° के संदर्भ में) = $\frac{12}{200} \times 360° = 21.6\%$

मॉडल बनाने में विद्यार्थियों की कुल संख्या = 200 में से 6

विद्यार्थियों की आनुपातिक संख्या (100 के संदर्भ में) = $\frac{6}{200} \times 100 = 3\%$

विद्यार्थियों की आनुपातिक संख्या (360° के संदर्भ में) = $\frac{6}{200} \times 360° = 10.8\%$

भ्रमण में विद्यार्थियों की कुल संख्या = 200 में से 68

विद्यार्थियों की आनुपातिक संख्या (100 के संदर्भ में) = $\frac{68}{200} \times 100 = 34\%$

विद्यार्थियों की आनुपातिक संख्या (360° के संदर्भ में) = $\frac{68}{200} \times 360° = 122.4°$

(iii) 360° के सन्दर्भ में गणना किये गये इन विभिन्न कोण अनुपातों 75.6°, 64.8°, 21.6°, 10.8° तथा 122.4° को कोण मापन को अवधारणा (Concept of angle measurement) का उपयोग करते हुये वृत्त के विभिन्न उपखंडों (Sectors) द्वारा प्रदर्शित करने का कार्य किया जायेगा।

इन उपरोक्त सोपानों का अनुसरण करते हुये वृत्त रेखाचित्र का जो स्वरूप सामने आयेगा उसे निम्न रूप में देखा जा सकता है–

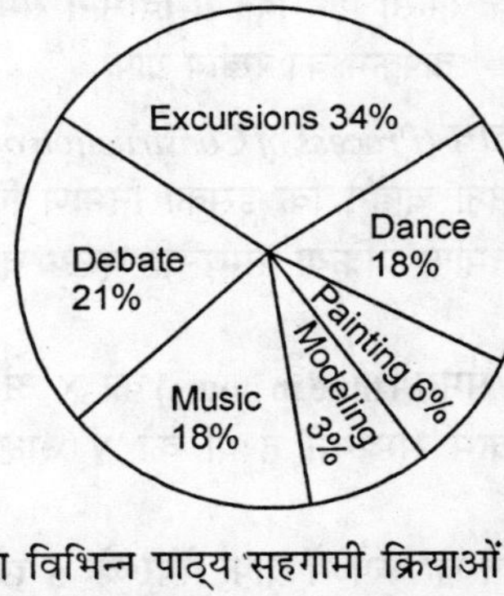

चित्र 5.3: विद्यार्थियों द्वारा विभिन्न पाठ्य सहगामी क्रियाओं के चयन को प्रदर्शित करता हुआ एक वृत्त रेखाचित्र या पाई डाईग्राम (Pie diagram)

(iv) रेखीय ग्राफ (Line Graph)–जब दो चरों (Variables) में इस प्रकार का

सम्बन्ध हो कि एक के उतार चढ़ाव से दूसरे में भी उसी अनुपात में अन्तर आने लगे तो उनमें इस प्रकार के अन्तः सम्बन्धों को रेखीय ग्राफ द्वारा अच्छी तरह प्रदर्शित किया जा सकता है। इस प्रकार के ग्राफ में एक चर से सम्बन्धित सांख्यिकी तथ्यों या मानों को किसी एक अक्ष भुजा (X या Y) पर अंकित करते हैं तो दूसरे चर से सम्बन्धित सांख्यिकी तथ्यों या मानों (Values) को दूसरी अक्ष भुजा पर। रेखीय ग्राफ के निर्माण सम्बन्धी इन तथ्यों को हम एक उदाहरण द्वारा स्पष्ट कर रहे हैं।

उदाहरण 5.4 एक विद्यालय के नौवीं कक्षा के विज्ञान के विद्यार्थियों ने अपने प्रयोगशाला कक्ष का तापमान दिसम्बर माह के ठंडे मौसम में दिन के विभिन्न समयों में लिया और प्राप्त आंकड़ों के आधार पर चित्र 5.4 में दिखाया गया रेखीय ग्राफ खींचा।

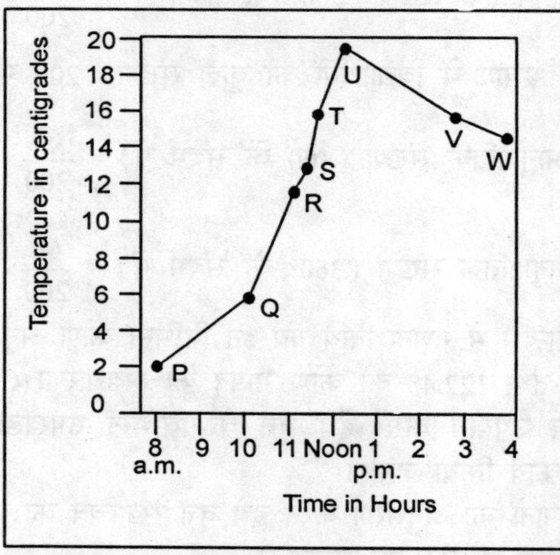

चित्र 5.4: दिसम्बर माह के किसी एक दिन में विभिन्न समयों पर लिये जाने वाले तापक्रम का रेखीय ग्राफ

रेखीय ग्राफ की निर्माण विधि (Process of Construction of a Line Graph)—चित्र 5. 4 को देखिये। आप यह जानना चाहेंगे कि इसका निर्माण विज्ञान के विद्यार्थियों द्वारा किस प्रकार किया होगा? निर्माण प्रक्रिया सम्बन्धी मुख्य बातों की हम निम्न प्रकार चर्चा कर सकते हैं।

(i) यहाँ घंटों में दिये गये समय (time in hours) को X अक्ष भुजा पर अंकित किया गया है और सम्बन्धित तापक्रम सम्बन्धी तथ्यों को Y अक्ष भुजा पर अंकित किया गया है।

(ii) X अक्ष भुजा पर पैमाने के रूप में ग्राफ पेपर के 5 छोटे वर्गों (small Squares) को 1 घंटे के बराबर माना गया है तथा Y अक्ष भुजा पर पैमाने के रूप में 5 छोटे वर्गों को 2 सेन्टीग्रेड तापक्रम के बराबर मान कर चला गया है।

(iii) सांख्यिकी तथ्यों जैसे 8 बजे 2°C तापक्रम था, 10 बजे 6°C तापक्रम था, आदि को ग्राफ पेपर पर विभिन्न बिन्दुओं (Varying points) जैसे P, Q, R, S, T, U, V, W के रूप में अंकित किया गया है और फिर इन सभी बिन्दुओं को छोटी-छोटी सीधी रेखाओं द्वारा मिला दिया गया है।

रेखीय ग्राफ क्या बता सकते हैं? (What can be inferred from Line Graph?)–एक रेखीय ग्राफ (line graph) संग्रहित आंकड़ों से सम्बन्धित बहुत सी महत्वपूर्ण सूचनायें बड़ी ही जल्दी और सरलता से हमारे सामने रख सकता है। उपरोक्त उदाहरण में प्रदर्शित रेखीय ग्राफ को ही लें तो इससे हमें जिन विभिन्न प्रकार के प्रश्नों के उत्तर प्राप्त हो सकते हैं वे कुछ निम्न प्रकार के हो सकते हैं।

1. विद्यार्थियों ने दिन के किन विभिन्न समयों पर तापक्रम सम्बन्धी आंकड़े इकट्ठे किये?
2. दिन में किस समय सबसे अधिक तापक्रम रहा?
3. किन घंटों के बीच तापक्रम में क्रमशः बढ़ोतरी या कमी होती रही?
4. दिन के किस समय 10° तापक्रम था?
5. आपके विचार में सुबह 5 बजे तापक्रम क्या होना चाहिये, यह 160 सेन्टीग्रेड से कम होगा या अधिक?

उदाहरण 5.5. यहाँ नीचे चित्र 5.6 में एक रेखीय ग्राफ (line graph) प्रस्तुत किया गया है जो अधिगम के दौरान एक विद्यार्थी द्वारा गुणा सम्बन्धी तथ्यों के स्वामित्व अधिगम (mastery of multiplication facts) को प्रदशित करता है। यहाँ गुणा सम्बन्धी तथ्यों के स्वामित्व अधिगम के लिये लगाये जाने वाले समय या अवधि (सप्ताहों) को उचित पैमाने की सहायता X अक्ष भुजा पर दिखाया गया है और स्वामित्व के रूप में उपलब्धि (स्वामित्व तथ्यों का प्रतिशत) को Y अक्ष भुजा पर दिखाया गया है।

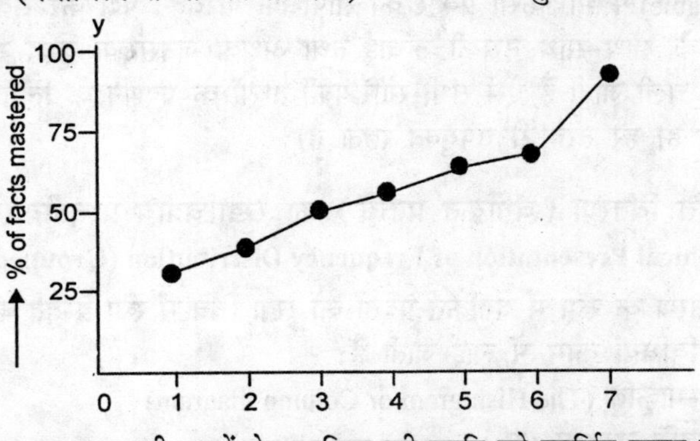

चित्र 5.5: गुणा सम्बन्धी तथ्यों के स्वामित्व की प्रगति को प्रदर्शित करता हुआ एक रेखीय ग्राफ (Line Graph)

अवर्गीकृत आंकड़ों (Ungrouped Data) को प्रदर्शित करने के लिये किस प्रकार के रेखाचित्र या आकृतियों का उपयोग किया जाये?

उपरोक्त वर्णित चित्रात्मक ग्राफ (Pictograph), दंड ग्राफ (Bar graph), वृत्त या पाई ग्राफ (Pie graph) और रेखीय ग्राफ (line graph) में अवर्गीकृत आंकड़ों को प्रदर्शित करने की दृष्टि से अपनी-अपनी अच्छाईयाँ तथा कमियाँ पाई जाती हैं। अत: किसी एक परिस्थिति में दिये हुये सांख्यिकी आंकड़ों के प्रस्तुतीकरण के लिये कौन से रेखाचित्र (graph) का उपयोग किया जाये। इसका निर्धारण अच्छी तरह सोच समझकर किया जाना चाहिये। उदाहरण के लिये हम यहाँ अभी हाल अन्त में दी गयी चित्रात्मक प्रस्तुति 5.5 को लेकर चलते हैं। विद्यार्थी ने गुणा से सम्बन्धित तथ्यों पर स्वामित्व (Mastery) अर्जित करने में जिस तरह शनै: शनै: प्रगति की है इस बात को रेखीय ग्राफ से ही अच्छी तरह प्रदर्शित किया जा सकता है। यहाँ इस परिस्थिति में दंड (bar) या वृत्त ग्राफ को प्रयोग में लाने की बात नहीं सोची जा सकती और न चित्रात्मक ग्राफ (Picto graph) के उपयोग की ही कोई बात सामने आती है। इसी प्रकार अगर विद्यार्थियों से सम्बन्धित रुचियों के प्रतिशत की जब चित्रात्मक प्रस्तुति की बारी आती है तो यहाँ इस प्रकार के आंकड़ों को रेखीय ग्राफ से प्रस्तुतीकरण करने की बात हास्यास्पद ही कहलायेगी। यहाँ इन्हें पाई डाइग्राम (Pie diagram) से अभिव्यक्त करने का निर्णय बिल्कुल ठीक है क्योंकि यहाँ विभिन्न अनुपातों और प्रतिशतों को पूर्ण वृत्त के उपखण्डों (Sectors) के रूप में भली-भाँति प्रदर्शित किया जा सकता है। अत: जहाँ पूर्ण और उसके अंश अनुपात या प्रतिशतों में मौजूद हों वहाँ वृत्त या पाई ग्राफ (Circle of Pie graph) का उपयोग उचित रहता है। वहीं अगर सांख्यिकी आंकड़े इस तरह के रूप में हों कि एक चर राशि (variable) में घटोतरी या बढ़ोतरी दूसरी चल राशि (Variable) में भी किसी प्रकार का सापेक्षिक परिवर्तन पैदा कर सके। बच्चे की उम्र बढ़ने के साथ-साथ उसकी ऊँचाई तथा अथवा जनसंख्या वृद्धि से साधनों में कमी आती चली जाती है ऐसे सभी सांख्यिकी तथ्यों के प्रदर्शन के लिये रेखीय ग्राफ का उपयोग ही हर तरह से उपयुक्त रहता है।

(D) आवृत्ति वितरण (वर्गीकृत प्रदत्तों) का रेखाचित्रीय प्रस्तुतीकरण

The Graphical Presentation of Frequency Distribution (Grouped Data)

आवृत्ति वितरण के रूप में वर्गीकृत प्रदत्तों को रेखा चित्र में रूप प्रस्तुत करने के लिए निम्न चार विधियां काम में लाई जाती हैं:

1. स्तम्भाकृति (The Histogram or Column diagram)
2. आवृत्ति बहुभुज (The Frequency Polygon)
3. संचित आवृत्ति वक्र (The Cumulative Frequency Curve)
4. संचित आवृत्ति प्रतिशत वक्र अथवा ओगाइव (The Cumulative Frequency Percentage Curve or Ogive)

इन सभी का अब हम एक एक करके आवश्यक विवरण प्रस्तुत करना चाहेंगे।

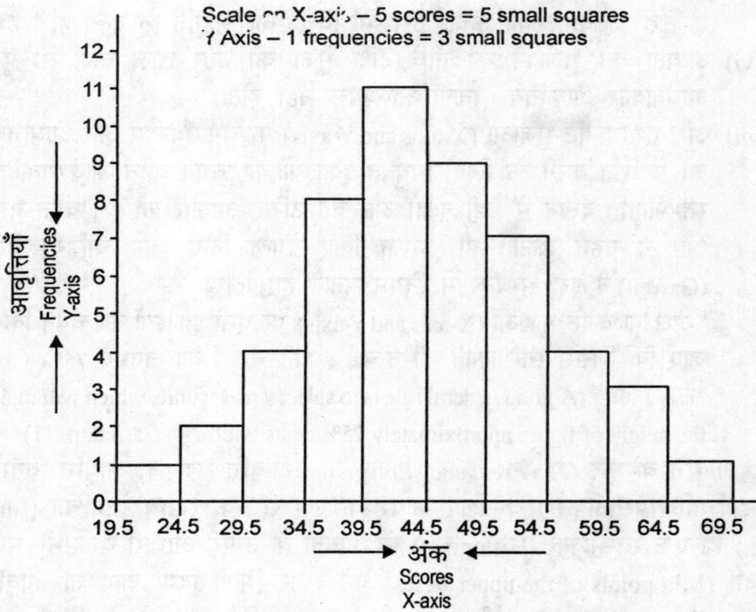

चित्र 5.6: सारिणी 5.1 में दिए आवृत्ति वितरण की स्तम्भाकृति

1. स्तम्भाकृति (The Histogram or Column Diagram)–स्तम्भाकृति को निश्चित रूप से एक आवृत्ति वितरण का स्तम्भ रेखाचित्र (Bar graph) कहा जा सकता है। इसे बनाने के लिए कुछ निम्न बातों का ध्यान रखना उपयुक्त रहता है–

(i) स्तम्भाकृति बनाने के लिए वास्तविक वर्ग सीमाओं (Actual class limits) से सम्बन्धित वर्ग विस्तार जैसे 19.5 - 24.5, 24.5 29.5 इत्यादि को लिया जाना चाहिए।

(ii) जो वर्ग विस्तार आवृत्ति वितरण में रखे होते हैं उनसे दो अधिक - एक ऊपर और एक नीचे लिए जाना अच्छा रहता है। ये वर्ग विस्तार शून्य आवृति के होते हैं। उदाहरण के लिए तालिका नं. 5.2 में दिए गए आवृत्ति वितरण के लिए यहाँ दो से अधिक वर्ग विस्तार 14.5 –19–5 और 69.5 - 74.5 लेना चाहेंगे।

(iii) सभी वर्ग–विस्तारों की वास्तविक निम्नतम सीमाओं (Actual lower limits) को लिया जाता है और उन्हें अक्ष भुजा (X-axis) पर अंकित कर दिया जाता है। निम्नतम वर्ग–विस्तार की निम्नतम सीमा (यह वर्गविस्तार अतिरिक्त वर्ग–विस्तारों में से एक होता है) को अक्ष भुजा तथा कोटि भुजा का मिलान बिन्दु मान लिया जाता है।

(iv) वितरण की आवृतियां कोटि भुजा (Y-axis) पर अंकित की जाती है।

(v) प्रत्येक वर्ग अथवा विस्तार को उनकी आवृत्तियों सहित अलग–अलग आयतों से प्रदर्शित किया जाता है। प्रत्येक आयत का आधार वर्ग–विस्तार (i) के बराबर

होता है जबकि उनकी ऊंचाई उस वर्ग विशेष की आवृत्ति के तुल्य होती है।

(vi) आयतों की भुजाओं को नीचे अक्ष भुजा की ओर डाल कर पूरी-पूरी आयताकार आकृतियां बनाना आवश्यक नहीं होता।

(vii) अक्ष तथा कोटि भुजाओं (X-axis and Y-axis) पर वर्ग-विस्तार और आवृत्तियों को प्रदर्शित करने के लिए उपयुक्त इकाइयों का चयन बहुत आवश्यक है। स्तम्भाकृति देखने में भद्दी न हो और वह उचित आकार की (न बहुत बड़ी और न बहुत छोटी) हो, इसके लिए प्रयत्न किए जाने चाहियें। गैरट (Garrett) ने इस सम्बन्ध में नियम बताते हुए लिखा है-

"अक्ष या कोटि भुजाओं (X-axis and Y-axis) पर ऐसी इकाइयों का चयन किया जाए कि जिससे स्तम्भाकृति की ऊंचाई इसकी चौड़ाई का लगभग 75% (3/4 भाग) हो।" (A good general rule is to select x and y units which will make the height of figure approximately 75% of its width."—Garrett, p. 11)

2. आवृत्ति बहुभुज (The Frequency Polygon) - आवृत्ति बहुभुज, आवृत्ति वितरण के रेखाचित्रीय प्रस्तुतीकरण के लिए आवश्यक रूप से एक रेखीय रेखाचित्र (Line graph) है। एक स्तम्भाकार (Histogram) के आयतों के ऊपरी आधारों के सभी-मध्य बिन्दुओं (Mid points of the upper bases) को अगर मिला दिया जाए तो आवृत्ति बहुभुज प्राप्त हो सकता है। लेकिन आवृत्ति बहुतभुज-निर्मित करने के लिए पहले स्तम्भाकार का बनाया जाना आवश्यक नहीं है। हम आवृत्ति वितरण से इसे सीधा ही बना सकते हैं। इस प्रकार के निर्माण में निम्नलिखित बातों का धयान रखा जाता है:

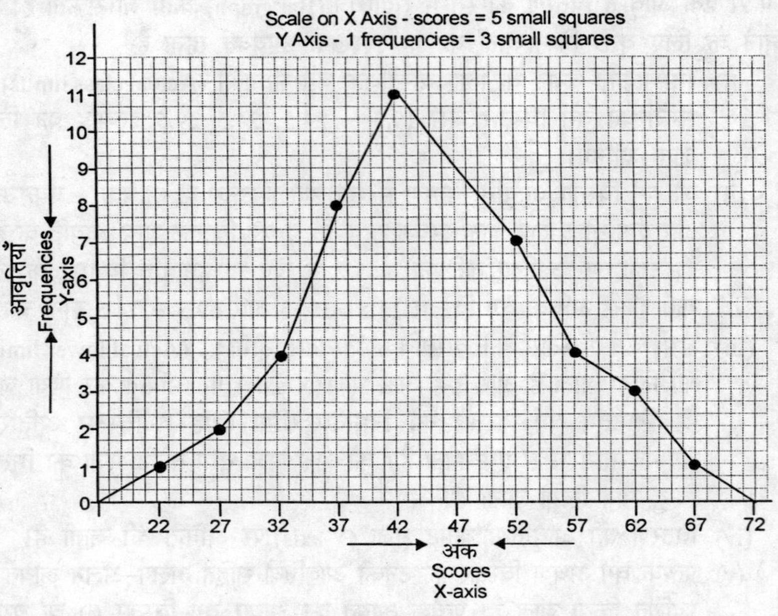

चित्र 5.7: सारणी 5.2 में दिए हुए आवृत्ति वितरण का आवृत्ति बहुभुज

(i) स्तम्भाकार की तरह यहां भी दिए हुए वर्ग-विस्तारों के अतिरिक्त दो अतिरिक्त वर्ग-विस्तार (class-intervals) लिए जाते हैं।

(ii) सभी वर्गों अथवा वर्ग-विस्तारों के (दो अतिरिक्त वर्ग-विस्तारों को शामिल करके) मध्य बिन्दुओं की गणना कर ली जाती है।

(iii) अब मध्य बिन्दुओं को अक्ष भुजा (X-axis) पर अंकित किया जाता है और इनसे सम्बन्धित आवृत्तियों को कोटि भुजा (Y-axis) पर। इस कार्य के लिए दोनों भुजाओं पर उचित पैमाने (suitable scales) मान कर चला जाता है।

(iv) मध्य बिन्दुओं और सम्बन्धित आवृत्तियों को एक साथ ग्राफ पेपर पर अंकित करने (Plotting) से ग्राफ की दृष्टि से जो बिन्दु प्राप्त होते हैं उन्हें आवृत्ति बहुभुज बनाने के लिए एक सीधी रेखाओं द्वारा मिला दिया जाता है।

(v) आवृत्ति बहुभुज की उचित ऊंचाई तथा अक्ष और कोटि भुजाओं (X-axis and Y-axis) पर उचित पैमाने मानने के लिए जो नियम स्तम्भाकार आकृति के लिए गैरट द्वारा दिया गया है उसी का पालन किया जाना ठीक रहता है।

आवृत्ति बहुभुज और आवृत्ति वक्र में अन्तर

(Difference between a Frequency Polygon and a Frequency Curve)

आवृत्ति बहुभुज जैसा कि नाम से विदित होता है बहुभुजाकार आकृति होती है। यह निश्चित रूप से एक बन्द वक्र (closed curve) है जबकि आवृत्ति वक्र इस प्रकार की बन्द आकृति नहीं है। आवृत्ति वक्र में हम दो अतिरिक्त वर्ग या वर्ग-विस्तार नहीं लेते जबकि आवृत्ति बहुभुज में आकृति को बन्द करने के लिए इस प्रकार के अतिरिक्त वर्ग या वर्ग-विस्तार लिए जाते हैं।

स्तम्भाकृति और आवृत्ति बहुभुज की तुलना

(Comparison between the Histogram and the Frequency Polygon)

स्तम्भाकृति और आवृत्ति बहुभुज दोनों ही आवृत्ति वितरण (वर्गीकृत प्रदत्तों) को रेखाचित्र के रूप में प्रस्तुत करने के काम में आते हैं, और इस तरह इनमें बहुत कुछ समानता देखने को मिलती है परन्तु इसके साथ इनमें काफी अन्तर भी देखा जा सकता है। इस अन्तर को निम्न रूप में व्यक्त किया जा सकता है:

1. जहां स्तम्भाकृति एक आवृत्ति वितरण का स्तम्भ रेखाचित्र (Bar Graph) होता है वहां आवृत्ति बहुभुज उसी आवृत्ति वितरण का रेखीय रेखाचित्र (Line Graph) होता है।

2. आवृत्ति बहुभुज में हम आवृत्तियों को विभिन्न वर्ग-विस्तारों के मध्य बिन्दुओं पर केन्द्रित मानते हैं। एक प्रकार से आवृत्ति बहुभज इन मध्य बिन्दुओं और आवृत्तियों के पारस्परिक सम्बन्ध को ही अभिव्यक्त करता है। अतः इसके द्वारा हमें यह नहीं पता चल सकता कि प्रत्येक वर्ग-विस्तार के अन्तर्गत आवृत्तियां किस रूप में वितरित हुई हैं। लेकिन स्तम्भाकृति द्वारा एक वर्ग-विस्तार से लेकर दूसरे विस्तार एक

आवृत्तियों के सापेक्षिक अनुपात (Relative proportions of frequency from interval to interval) का स्पष्ट चित्र प्राप्त हो जाता है। इस आकृति की एक झलक ही निम्न प्रश्न का उत्तर देने में हमें समर्थ बना सकती है:

(i) वर्ग-विस्तारों के किस वर्ग या समूह में सबसे अधिक या सबसे कम आवृत्ति (Frequency) पाई जाती है?

(ii) किन-किन वर्ग-विस्तारों की आवृत्तियां समान हैं?

(iii) किस वर्ग-विस्तार की आवृत्ति दूसरे से दुगुनी है, इत्यादि?

3. दो या दो से अधिक आवृत्ति वितरणों को एक ही अक्ष तथा कोटि भुजाओं (X-axis and Y-axis) पर अंकित करके तुलना करने की दृष्टि से आवृति बहुभुज, स्तम्भाकृति से कहीं अधिक उपयोगी और व्यवहारिक है। स्तम्भाकृति में शीर्ष (Vertical) और क्षेतिज (Horizontal) रेखाओं के एक दूसरे से मिलने का डर रहता है।

4. स्तम्भाकृति की अपेक्षा आवृत्ति बहुभुज द्वारा आवृत्ति वितरण के उतार-चढ़ाव पर एक अच्छा चित्र प्राप्त होता है। बहुभुज वक्र के एक थोड़े से भाग द्वारा ही हमें आवृत्ति वितरण के रुख (Trend) का पता चल सकता है जबकि स्तम्भाकृति द्वारा इसका अनुमान नहीं लगाया जा सकता।

संचित आवृत्ति वक्र या ग्राफ
(The Cumulative Frequency Curve or Graph)

संचित आवृत्ति वक्र या ग्राफ, किसी ग्राफ पेपर पर निर्मित वह रेखीय ग्राफ होता है जिसमें वर्ग-अंतरालों (Class intervals) की उच्च्तम सीमाओं (Upper limits) को अक्ष-भुजा (X-axis) तथा उनकी सम्बन्धित संचित आवृत्तियों (respective cumulative frequencies) को कोटि भुजा (y-axis) पर अंकित किया जाता है। एक संचित आवृत्ति वक्र या ग्राफ कैसे बनाई जाती है। इन बात को हम तालिका 5.2 में दिये गये आवृत्ति वितरण हेतु ऐसा ग्राफ बनाकर समझना चाहेंगे। इस कार्य हेतु जिन सोपानों का अनुसरण हम करना चाहेंगे उन्हें संक्षेप में निम्न प्रकार व्यक्त किया जा सकता है।

1. सबसे पहले हम इस आवृत्ति वितरण में दिये गये वर्ग-अंतरालों (Class intervals) की उच्चतम सीमाओं की गणना करेंगे। ये हमें 24.5, 29-5, 34.5, 39.5, 44.5, 49.5, 54.5, 59.5, 64.5 तथा 74.5 के रूप में प्राप्त होगी।

2. इसके पश्चात् हम दी गई आवृत्तियों की सहायता से संचित आवृत्तियों (Cumulative frequencies) की गणना करेंगे और उन्हें सम्बन्धित वर्गान्तरों (Class intervals) के सामने लिख देंगे। (देखिये तालिका 5.4)

तालिका 5.4 के तीसरे कॉलम में लिखी संचित आवृत्तियों पर अगर ध्यान दिया जाये तो यह समझने में देर नहीं लगेगी कि संचित आवृत्तियों की गणना करने में हम नीचे से शुरू करते हुये उससे आगे आने वाली आवृत्तियों को क्रमशः जोड़ते जाते हैं। उपरोक्त तालिका में अगर हम नीचे से शुरू करें तो 20-24 वर्ग अन्तराल की संचित आवृत्ति 1 ही होगी क्योंकि इससे पहले कोई भी वर्ग-अन्तराल और उसकी आवृत्ति

तालिका 5.4: संचित आवृत्तियों की गणना

वर्गान्तर (Class Interval)	*आवृत्ति (Frequency)*	*संचित आवृत्ति (Cumulative Frequency)*
65–69	1	50
60–64	3	49
55–59	4	46
50–54	7	42
45–49	9	35
40–44	11	26
35–39	8	15
30–34	4	7
25–29	2	3
20–24	1	1

नहीं है। हाँ 25–29 वर्गान्तर की आवृत्ति 2 है और इससे पहले के वर्ग-अन्तराल की आवृत्ति 1 है। 2 और 1 को जोड़ने से 3 संचित आवृत्ति हुई जिससे 25–29 वर्ग-अन्तराल की संचित आवृत्ति माना जायेगा। इसी तरह आगे बढ़ते हुए हमें 30–34 वर्ग-अन्तराल की 1 . 2 . 4 = 7 संचित आवृत्ति प्राप्त होगी, 35–39 वर्ग-अन्तराल की 1+ 2 + 4 + 8 = 15 संचित आवृत्ति प्राप्त होगी। ध्यान रहे कि वर्ग-अन्तराल 35–39 की वास्तविक उच्चतम सीमा 39.5 है और इस आधार पर अब यहाँ यह अच्छी तरह कहा जा सकता है। 50 विद्यार्थियों वाली इस कक्षा में 15 विद्यार्थी ऐसे है जिनके प्राप्तांक 39.5 से अधिक नहीं है।

3. अब अगला कार्य वर्ग-अंतरालों (Class intervals) की वास्तविक उच्चतम सीमाओं को अक्ष भुजा (X-axis) पर तथा उनकी सभी संचित आवृत्तियों को कोटि भुजा (Y-axis) पर अंकित करने का रहेगा। यह करने के लिये हमें एक ऐसे उचित पैमाने का निर्धारण करना जरूरी होता है जिसमें यह ध्यान रखा जाये कि जो आँकड़े अंकित करने हों वे ग्राफ पेपर पर अपने उपयुक्त आकार में भली-भाँति अंकित हो जायें।

4. वक्र की शुरूआत करने के लिये अक्ष भुजा (X-axis) पर एक अतिरिक्त वर्ग अन्तराल (Class interval) शून्य संचित आवृत्ति कला ले लिया जाता है। वर्तमान परिस्थिति में ऐसा वर्ग-अन्तराल 15–19 ही होगा और इस अन्तराल की उच्चतम सीमा 19.5 को उसकी शून्य संचित आवृत्ति सहित ग्राफ या वक्र का शुरूआती बिन्दु (Zero point) माना जा सकता है।

5. वर्ग अन्तरालों (Class intervals) की उच्चतम सीमाओं तथा उनकी सभी संचित आवृत्तियों को ग्राफ पेपर पर अंकित करने से जो भी बिन्दु प्राप्त होंगे उन्हें आपस में सीधी रेखाओं द्वारा मिलाने से जो वक्र या ग्राफ प्राप्त होगी उसके आकार को आगे

चित्र 5.8 में प्रदर्शित किया गया है। इसे ही तालिका 5.2 में प्रदत्त आवृत्ति वितरण का संचित आवृत्ति वक्र या ग्राफ कहा जाता है।

संचित आवृत्ति प्रतिशत वक्र या ओगाइव (The Cumulative Percentage Frequency Curve or Ogive)

संचित आवृत्ति प्रतिशत वक्र या ओगाइव एक ऐसा रेखा ग्राफ होता है जिसे वर्ग-अंतरालों की वास्तविक उच्चतम सीमाओं (actual upper limits of the class intervals) को अक्ष-भुजा (X-axis) तथा इन अन्तरालों के संचित आवृत्ति प्रतिशतों को कोटि भुजा (y-axis) पर अंकित करने के फलस्वरूप प्राप्त किया जाता है। इस तरह एक संचित आवृत्ति प्रतिशत वक्र या ओगाइव, पूर्व वर्णित संचित आवृत्ति वक्र से केवल इस बात में अलग होता है कि इसमें संचित आवृत्तियों के स्थान पर संचित आवृत्ति प्रतिशतों को काम में लाया जाता है। एक संचित आवृत्ति प्रतिशत वक्र या ओगाइव के निर्माण हेतु प्राय: निम्न सोपानों का अनुसरण किया जाता है।

(i) सबसे पहले संचित आवृत्तियों की गणना करके उन्हें भली-भाँति तालिकावद्ध करने का कार्य किया जाता है। तालिका 6.3 में दिये गये आवृत्ति वितरण से सम्बन्धित यह कार्य हम तालिका 5.4 में पहले ही कर चुके हैं।

(ii) अब इन प्राप्त संचित आवृत्तियों को संचित प्रतिशत आवृत्तियों में बदलने का कार्य किया जाता है। इसे करने हेतु निम्न सूत्र का उपयोग किया जाता है।

$$\text{संचित आवृत्ति प्रतिशत} = \text{संचित आवृत्ति} \times \frac{100}{N}$$

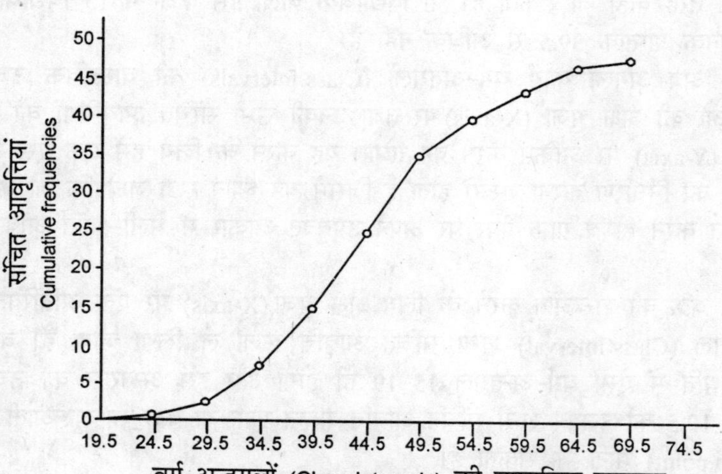

चित्र 5.8: तालिका 5.2 के आवृत्ति वितरण का संचित आवृत्ति वक्र

(यहाँ N = कुल आवृत्तियों का योग अर्थात् 50 है यह उन सभी विद्यार्थियों की संख्या है जिनके प्राप्तांकों को आवृत्ति वितरण में शामिल किया गया है।) उदाहरण के लिये अगर 35-39 वर्ग-अन्तराल की संचित आवृत्ति 15 को संचित आवृत्ति प्रतिशत में बदला जाये तो वह $15 \times \frac{100}{50}$ यानी 30 होगी। इसी तरह 45-49 वर्ग-अन्तराल की आवृत्ति 35 का संचित आवृत्ति प्रतिशत $35 \times \frac{100}{50}$ यानी 70 होगा।

(ii) संचित आवृत्ति प्रतिशतों की उपरोक्त रूप से गणना करने के पश्चात् उन्हें 5.5 तालिका में प्रदर्शित तरीके से तालिकाबद्ध कर लिया जायेगा।

तालिका 5.5: संचित आवृत्ति प्रतिशत की गणना

वर्ग-अन्तराल	*आवृति*	*संचित आवृति*	*संचित आवृत्ति प्रतिशत*
65-69	1	50	100.00
60-64	3	49	98.00
55-59	4	46	92.00
50-54	7	42	84.00
45-49	9	35	70.00
40-44	11	26	52.00
35-39	8	15	30.00
30-34	4	7	14.00
25-29	2	3	6.00
20-24	1	1	2.00

(iv) अब वर्ग-अन्तरालों की वास्तविक उच्चतम सीमाओं (actual upper limits) को अक्ष भुजा (X-axis) पर अंकित किया जायेगा तथा इनसे सम्बन्धित संचित आवृत्ति प्रतिशतों को कोटि भुजा (y-axis) पर अंकित किया जायेगा। इस अंकन हेतु उपयुक्त पैमाने (Scale) का इस प्रकार उपयोग किया जायेगा कि सभी अंकन कार्य को उपयुक्त आकार में ग्राफ पेपर पर प्रदर्शित किया जा सके।

(v) वक्र के प्रारम्भिक बिन्दु (Zero point) हेतु एक अतिरिक्त वर्ग अन्तराल को उनकी शून्य आवृत्ति सहित लिया जायेगा। यहाँ हम 15-19 वर्ग अन्तराल को इस कार्य हेतु चुनाव करके उसकी उच्चतम सीमा 19.5 को अक्षभुजा (X-axis) पर दिखायेंगे। इस तरह हमारा प्रारम्भिक बिन्दु O के रूप में शून्य आवृत्ति वाला 19.5 प्राप्तांक होगा।

(vi) सभी वर्ग-अन्तरालों की वास्तविक उच्चतम सीमाओं का उनकी संचित आवृत्ति प्रतिशतों सहित ग्राफ पेपर पर अंकन करने के पश्चात् जो भी मिलन बिन्दु प्राप्त होंगे उन्हें सीधी रेखाओं द्वारा मिला दिया जायेगा। ऐसा करने पर हमें जो वक्र या रेखा चित्र (graph) प्राप्त होगा उसके स्वरूप को नीचे चित्र 5.9 में प्रदर्शित किया जा रहा है।

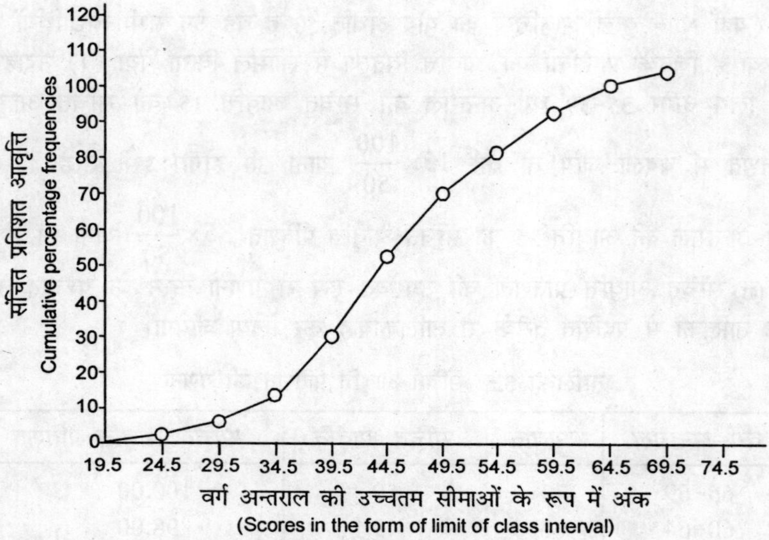

चित्र 5.9: संचित आवृत्ति प्रतिशत वक्र या ओगाइव

संचित आवृत्ति प्रतिशत वक्र या ओगाइव का उपयोग
(Use of the Cumulative Percentage Frequency Curve or Ogive)

संचित आवृत्ति प्रतिशत वक्र या ओगाइव हमें निम्न रूप में अच्छी तरह उपयोगी सिद्ध हो सकता है-

1. इसकी सहायता से हमें विभिन्न सांख्यिकी तथ्यों जैसे मध्यांक (median) चतुर्थांश (quartiles), चतुर्थांश विचलनों (quartile deviations), दशमांश (Deciles), शतांशमान (Percentiles) तथा शतांश अनुस्थितियों (Percentiles Ranks) के शीघ्रतापूर्वक उचित निर्धारण में पर्याप्त मदद मिलती है।

2. किसी समूह या समूह विशेषों की विशिष्ट निष्पतियों (typical performances) को प्रदर्शित करने के लिये प्रयुक्त परसेन्टाइल नोर्मस (Percentile Norms) का निर्धारण भी इनसे आसानी तथा शुद्धतापूर्वक भली-भाँति किया जा सकता है।

3. दो या दो से अधिक समूहों की निष्पत्तियों/प्राप्तांकों या उनके आवृत्ति वितरण (Frequency distributions) के तुलनात्मक अध्ययन हेतु भी इस प्रकार के वक्र या ओगाइवों का प्रयोग अच्छी तरह से किया जा सकता है। ऐसे तुलनात्मक अध्ययन हेतु हम इन समूहों के प्राप्तांकों या आवृत्ति वितरण के एक ही अक्ष तथा कोटि भुजाओं पर अलग-अलग संचित आवृत्ति प्रतिशत वक्र या ओगाइवों का निर्माण करके उनके विश्लेषण द्वारा वांछित परिणाम प्राप्त कर लेते हैं। इस प्रकार का तुलनात्मक अध्ययन आवृत्ति वक्रों (Frequency curves) की मदद से भी किया जा सकता है। परंतु आवृत्ति वक्रों को इस कार्य हेतु उपयोग करने में कमी इस बात को लेकर होती है कि आवृत्ति वक्रों का उपयोग तभी किया जा सकता है जबकि आवृत्ति वितरणों में कुल आवृत्तियों

(N) की संख्या समान हो। अगर समूह के सदस्यों की संख्या (जिनके प्राप्तांकों से संबंधित आवृत्ति वितरणों को तुलनात्मक अध्ययन हेतु काम में लाया जा रहा हो) अलग-अलग हो (यानी N समान न हो) तो फिर आवृत्ति वक्रों द्वारा तुलनात्मक कार्य नहीं किया जा सकता। इस परिस्थिति में केवल मात्र संचित आवृत्ति प्रतिशत वक्रों या ओगाइवो का प्रयोग ही हमारी उचित सहायता कर सकता है।

6

केन्द्रीय प्रवृत्ति के प्रमाप, शतांशमान और शतांश अनुस्थिति

(Measures of Central Tendency, Percentiles and Percentile Rank)

विषय प्रवेश (Introduction)

अगर हम एक कक्षा के विद्यार्थियों के प्राप्तांकों को एक आवृत्ति वितरण के रूप में वर्गीकृत करें तो हमें आसानी से पता चल सकता है कि ऐसे बहुत कम विद्यार्थी होते हैं जिनके प्राप्तांक या तो बहुत अधिक या बहुत कम होते हैं। अधिकतर विद्यार्थियों के प्राप्तांक कक्षा के उच्चतम प्राप्तांकों और निम्नतम प्राप्तांकों के मध्य में होते हैं। आवृत्ति वितरण की यह प्रवृत्ति केन्द्रीय प्रवृत्ति के नाम से जानी जाती है और कम से कम और अधिक से अधिक इन दो किनारों के मध्य पाये जाने वाले किसी विशेष अंक (Typical Score) को केन्द्रीय प्रवृत्ति का प्रमाप (Measure of Central Tendency) कहा जाता है। इस प्रकार से केन्द्रीय प्रवृत्ति के प्रमाप या केन्द्रवर्ती मान को जैसा कि टाटे (Tate) का विचार है, निम्न रूप से परिभाषित किया जा सकता है–

> "यह एक प्रकार के श्रृंखला में सम्मिलित वस्तुओं का औसत या विशिष्ट मूल्य अथवा मान है और इसका कार्य श्रृंखला को इस औसत मान के रूप में सारांशित करना है।"
>
> ("It is a sort of average or typical value of the items in the series and its function is to summarize the series in terms of this average value."
> –Tate, M.W., P. 78)

कुछ मुख्य केन्द्रीय प्रवृत्ति के प्रमाप या केन्द्रवर्ती मान (Some Measures of Central Tendency)

कुछ मुख्य केन्द्रीय प्रवृत्ति के प्रमाप या केन्द्रवर्ती मान निम्न है–

(i) अंकगणितीय औसत अथवा मध्यमान (Arithmetic Average or Mean)

(ii) मध्यांक (Median) और

(iii) बहुलांक (Mode)

इनमें से प्रत्येक अपनी तरह से पूरे समूह के गुणों का प्रतिनिधित्व करता है और

इस तरह पूरे के पूरे समूह की उपलब्धि को इनमें से किसी भी एक मान के द्वारा प्रदर्शित किया जा सकता है। इनके द्वारा दो या दो से अधिक समूहों या आवृत्ति वितरणों की उनके विशिष्ट गुणों के रूप में तुलना की जा सकती है। आगे के पृष्ठों में हम इन प्रमाणों या मानों का विस्तृत अध्ययन करेंगे।

(i) अंकगणितीय औसत अथवा मध्यमान

(Arithmetic Average or Mean)

केन्द्रीय प्रवृत्ति का यह सबसे सरल परंतु सबसे अधिक उपयोगी प्रमाप या माप है। यह और कुछ नहीं बल्कि वही साधारण औसत है जिसे हम माध्यमिक कक्षाओं के अंक गणित में निकाला करते हैं। यह किसी समूह के प्राप्तांकों का वह मान है जहां से प्राप्तांकों का वितरण दो समान भागों में बंट जाता है। इसे संकेत रूप में M द्वारा प्रदर्शित किया जाता है।

(a) अवर्गीकृत या अव्यवस्थित प्रदत्तों का मध्यमान ज्ञात करना (Calculation of Mean in the case of Ungrouped Data)—माना $X_1, X_2, X_3, X_4, X_5, X_6, X_7, X_8, X_9, X_{10}$ इत्यादि वे अंक है जिन्हें 10 विद्यार्थियों द्वारा किसी परीक्षा में प्राप्त किया है। तब इन 10 विद्यार्थियों के प्राप्तांकों का औसत या मध्यमान निम्न प्रकार निकाला जा सकता है–

$$\text{मध्यमान (M)} = \frac{X_1+X_2+X_3+X_4+X_5+X_6 \ldots\ldots\ldots\ldots\ldots +X_{10}}{10}$$

इस तरह अवर्गीकृत प्रदत्तों का मध्यमान निकालने के लिए प्राप्तांकों के योग में प्राप्तकर्त्ताओं की संख्या का भाग दे दिया जाता है और इसका गणन सूत्र (M) = $\frac{\Sigma X}{N}$ कहलाता है।

[जबकि ΣX प्राप्तांकों (या वस्तुओं के मान) के योग को प्रकट करता है तथा N प्राप्तकर्ताओं (या श्रेणी में शामिल वस्तुओं) की संख्या को प्रकट करता है।]

(b) व्यवस्थित या वर्गीकृत प्रदत्तों का मध्यमान निकालना

(Calculation of Mean in the case of grouped data or where data is given in the form of frequency distribution)

(i) एक से अधिक आवृत्तियों वाले आवृत्ति वितरण में मध्यमान को $M= \frac{\Sigma fX}{N}$ सूत्र से ज्ञात किया जाता है। यहां X वर्ग विस्तार के मध्य बिन्दु, f वर्ग विस्तार की आवृत्ति N सभी आवृत्तियों के योग को सूचित करता है।

इस सूत्र का प्रयोग कैसे किया जाता है, यह तालिका में दिए गए आवृत्ति वितरण के माध्यम से नीचे समझाया गया है।

प्राप्तांक	आवृत्तियां *(Frequencies)* f	मध्य बिंदु *(Mid-Point)* (X)	$f.X$	
65-69	1	67	67	$M = \frac{\Sigma f X}{N}$
60-64	3	62	186	
55-59	4	57	228	
50-54	7	52	364	$= \frac{2230}{50}$
45-49	9	47	423	
40-44	11	42	462	$= 44.6$
35-39	8	37	296	
30-34	4	32	128	
25-29	2	27	54	मध्यमान = 44.6
20-24	1	22	22	
	N = 50		$\Sigma f X = 2230$	

(ii) वर्गीकृत प्रदत्तों का मध्यमान निकालने की सरल विधि (Short cut method of computing the mean of grouped data)–सरल विधि में वर्गीकृत प्रदत्तों का मध्यमान निम्न सूत्र द्वारा निकाला गया है–

$$M = A + \frac{\Sigma f x'}{N} \times i$$

यहां A = कल्पित मध्यमान (Assumed Mean)

i = वर्गान्तर या वर्ग विस्तार (Class interval)

f = वर्ग विशेष की आवृत्ति (Respective Frequency of he class)

N = सभी आवृत्तियों का योग

$x' = \frac{X-A}{i}$ वर्ग-विस्तार का मध्यमान-कल्पित मध्यमान / वर्ग विस्तार

$$= \frac{\text{Mid value the class interval – assumed mean}}{\text{class interval}}$$

इस सूत्र का प्रयोग निम्न उदाहरण द्वारा अच्छी तरह समझा जा सकता है। माना कल्पित मध्यमान (A), 42 है।

प्राप्तांक Scores	f	X	$x' = \frac{X-A}{i}$	fx'
65–69	1	67	5	5
60–64	3	62	4	12
55–59	4	57	3	12
50–54	7	52	2	14
45–49	9	47	1	9
40–44	11	42	0	0
35–39	8	37	–1	–8
30–34	4	32	–2	–8
25–29	2	27	–3	–6
20–24	1	22	–4	–4
	N = 50			$\Sigma fx' = 26$

$$M = A + \frac{\Sigma f x'}{N} \times i$$

$$= 42 + \frac{26}{50} \times 5$$

$$= 42 + 2.6$$

$$= 44.6$$

(ii) मध्यांक (Median)

अगर एक कक्षा के विद्यार्थियों के प्राप्तांकों को आरोही क्रम (Ascending or descending order) में व्यवस्थित किया जाए तो ऊपर या नीचे दोनों ओर से गिनने पर जो अंक बिल्कुल मध्य में आता है उसे मध्यांक मान कहा जाता है। इसे संकेत रूप में द्वारा Md द्वारा व्यक्ति किया जाता हैं ब्लूमर और लिंडक्युस्ट (Bloomer and Lindquist) ने मध्यांक की परिभाषा निम्न शब्दों में दी है–

''वितरण का मध्यांक प्राप्तांकों को प्रकट करने वाली भुजा का वह बिन्दु होता है जिसके नीचे (पहले) आधे 50% या प्राप्तांक पाए जाते हैं।''

("The median of a distribution is the point on the score scale below which one-half or 50 percent of the scores fall.")

दूसरे शब्दों में मध्यांक प्राप्तांकों का वह मध्य बिंदु होता है जिसके ऊपर तथा नीचे 50% प्राप्तांक पाए जाते हैं यह बिन्दु समूह के प्राप्तांकों को दो बराबर भागों में बांटता है।

(a) अर्गीकृत प्रदत्तों से मध्यांक निकालना

(To find our median from Ungrouped data)

इस प्रकार के प्रदत्तों में दो परिस्थितियां उत्पन्न हो सकती है–

(i) जबकि प्राप्तांकों की संख्या विषम हो (When N is Even)–इस परिस्थिति में मध्यांक निम्न सूत्र से निकाला जाता है–

$$M_d = \left(\frac{N+1}{2}\right) \text{वां प्राप्तांक}$$

इस सूत्र के उपयोग को निम्न उदाहरण द्वारा समझा जा सकता है–

उदाहरण–मान लो एक परीक्षा में 7 विद्यार्थियों के प्राप्तांक क्रमशः 17, 47, 15, 35, 25, 39, 44 इत्यादि हैं तो उनके प्राप्तांकों का मध्यमान ज्ञात करने के लिए सबसे पहले इन प्राप्तांकों को आरोही या अवरोही क्रम में व्यवस्थित करना होगा। माना हम उन्हें 15, 17, 25, 35, 39, 44, 47 के रूप में (आरोही क्रम के अनुसार) क्रमबद्ध करते हैं। क्योंकि यहां (N = 7) विषम है, इसलिए $\left(\frac{N+1}{2}\right)$ अर्थात् चौथे (4th) विद्यार्थी का प्राप्तांक जो यहां 35 है, दिए हुए प्राप्तांकों का मध्यांक माना जाएगा।

(ii) जबकि प्राप्तांकों की संख्या सम हो (When N is even)–जब प्राप्तांकों की संख्या सम अर्थात् 2 से विभक्त होने वाली हो तब मध्यांक को निम्न सूत्र द्वारा निकाला जाता है–

$$Md = \frac{\left(\frac{N}{2}\right) \text{वां प्राप्तांक} + \left(\frac{N}{2}+1\right) \text{वां प्राप्तांक}}{2}$$

उदाहरण–माना, एक कक्षा के विद्यार्थियों के प्राप्तांक क्रमशः 17 , 47, 15, 35, 25. 29, 50, 44 है। इन प्राप्तांकों का मध्यांक निकालने के लिए नीचे दी गई विधि अनुसार आगे बढ़ा जाएगा–

प्राप्तांकों को उचित क्रम में व्यवस्थित करना 15, 17, 25, 35, 39, 44, 47, 50

$\left(\frac{N}{2}\right)$ वां प्राप्तांक 35

$\left(\frac{N}{2}+1\right)$ वां प्राप्तांक 39

अतः सूत्र के अनुसार $Md = \frac{35+39}{2} = 37$

(b) वर्गीकृत प्रदत्तों या आवृत्ति वितरण का मध्यमान निकालना (Computation of the median from grouped data or Frequency distribution) –माना प्रदत्तों को आवृत्ति

वितरण के निम्न रूप में दिया गया है–

वर्ग विस्तार (Class interval)	आवृत्ति (*f*)
65-69	1
60-64	3
55-59	4
50-54	7
45-49	9
40-44	11
35-39	8
30-34	4
25-29	2
20-24	4
	N = 50

इस अवस्था में मध्यांक निकालने के लिए हमें सबसे पहले वह वर्ग ज्ञात करना होगा जिसके अंतर्गत मध्यांक सम्बन्धी अंक निहित है। इसे मध्यांक वर्ग (Median class) कहा जाता है। इस वर्ग का अनुमान पहले अवर्गीकृत प्रदत्तों (Ungrouped data) का मध्यांक निकालने के सम्बन्धित सूत्रों से (N की प्रकृति विषम अथवा सम होने का ध्यान रख कर) लगा लिया जाता है। यहां प्रस्तुत आवृत्ति वितरण में N (=50) सम है। अत: मध्यांक, आवृत्ति वितरण 25वें और 26वें क्रम के प्राप्तांकों के बीच कहीं न कहीं स्थित होगा। अगर ऊपर अथवा नीचे से गिन कर आवृत्तियों को जोड़ते हुए आगे बढ़ा जाये तो हमें आसानी से विदित हो सकता है कि यहां मध्यांक (40–44) वाले वर्ग में स्थिति है। इस वर्ग को ही मध्यांक वर्ग (Median class) कहा जा सकता है–

$$Md = L + \left(\frac{N/2 - F}{f}\right) \times i$$

जबकि L = मध्यांक वर्ग की निम्नतम सीमा (Exact lower limit)

F = मध्यांक वर्ग के नीचे वाली आवृत्तियों का योग (Total of all the frequencies before median class)

f = मध्यांक वर्ग की आवृत्ति (frequency of the Median class)

i = वर्ग विस्तार (Class interval)

N = कुल आवृत्तियों का योग (Total of all the frequencies)

(3) उपरोक्त सूत्र का प्रयोग करते हुए दिए हुए वितरण का मध्यांक मान निम्न प्रकार ज्ञात किया जा सकता है–

$$Md = 39.5 + \left(\frac{52/2-15}{11}\right) \times 5$$
$$= 39.5 + \frac{10}{11} \times 5$$
$$= 39.5 + \frac{50}{11}$$
$$= 39.5 + 4.55$$
$$= 44.05$$

मध्यांकमान निकालने में सम्बन्धित कुछ विशेष परिस्थितियां
(Some Special Situations in the Computation of Median)

(a)		*(b)*		*(c)*	
प्राप्तांक	*आवृत्तियां*	*प्राप्तांक*	*आवृत्तियां*	*प्राप्तांक*	*आवृत्तियां*
Scores	f	Scores	f	Scores	f
55-59	5	45-49	2	20-21	2
50-54	3	40-44	5	18-19	1
45-49	8	35-39	6	16-17	0
40-44	18	30-34	0	14-15	0
35-39	15	25-29	8	12-13	2
30-34	10	20-24	3	10-11	0
35-39	7	15-19	2	8-9	0
20-24	2		N = 26	6-7	2
	N = 68			4-5	1
				2-3	1
				0-1	1
					N=10

आइये हम इन वितरणों (Distributions) के मध्यांकमानों के बारे में सोचें।

(a) परिभाषा के अनुसार मध्यांक वह बिंदु होता है जिसे ऊपर तथा नीचे 50% (N/2) प्राप्तांक हो। इस दृष्टि से सोचने पर मध्यांक वह प्राप्तांक होगा जो दोनों वर्गों (25-39) तथा (40-44) में सांझा (Common) हो। ऐसा प्राप्तांक और कोई नहीं बल्कि 39.5 है जो (35-39) वर्ग की उच्चतम सीमा (Exact upper limit) होने के साथ-साथ (40-44) वर्ग की निम्नतम सीमा भी है।

(b) दूसरे वितरण में अगर हम नीचे से आवृत्तियों को जोड़ना प्रारम्भ करते हैं तो हमें मालूम होता है कि (25-29) वर्ग तक 13 प्राप्तांक आ जाते हैं और अगर ऊपर

से जोड़ना शुरू करें तो (35–39) वर्ग तक 13 प्राप्तांक आ जाते हैं। इस प्रकार (30–34) वर्ग वितरण को दो बराबर भागों में विभक्त कर बिल्कुल मध्य में स्थित है जिसके नीचे और ऊपर 50% प्राप्तांक पाये जाते हैं। इससे हम यह निष्कर्ष निकाल सकते हैं कि मध्यांक (30–34) वर्ग का मध्य बिंदु होना चाहिए ओर इसलिए 32 इस वितरण का मध्यांक कहलायेगा।

(c) तीसरी परिस्थिति में अगर हम आवृत्तियों को नीचे से जोड़ना प्रारम्भ करें तो हम पाते हैं कि (6–7) वर्ग तक, 5 प्राप्तांक आ जाते हैं और अगर ऊपर से जोड़ना प्रारम्भ करें तो (12–13) वर्ग तक 5 प्राप्तांक आते हैं। अतः मध्यांक दोनों वर्गों (6–7) तथा (12–13) के बिल्कुल मध्य में आना चाहिये। अगर इनका मध्य बिंदु निकाला जाए तो हम दोनों वर्गों को इकट्ठा कर (6–13) वर्ग बना सकते हैं और फिर इसका मध्य बिंदु $\frac{6+13}{2}$ अर्थात् 9.5 होता है। यही 9.5 वर्ग (10–11) की निम्नतम सीमा और (8–9) की उच्चतम सीमा भी है। इस स्थित में 9.5 की मध्यांक होगा।

(iii) बहुलांक (Mode)

अवर्गीकृत प्राप्तांकों के समूह में बहुलांक वह प्राप्तांक (Score) होता है जो सबसे अधिक बार दोहराया गया हो अर्थात् जिसकी आवृत्ति सबसे अधिक हो तथा वर्गीकृत प्राप्तांकों के समूह में बहुलांकमान उस वर्ग का मध्य बिंदु होता है जिसकी आवृत्ति सबसे अधिक होती है। इसे प्रायः M_O द्वारा प्रदर्षित किया जाता है यह प्राप्तांकों को प्रदर्शित करने वाली भुजा (Score Scale) पर वह बिंदु होता है जो वितरण की सबसे अधिक आवृत्ति से सम्बन्धित होता है।

बहुलांकमान की गणना (Computation of Mode)

(a) अवर्गीकृत प्रदत्तों से बहुलांक निकालना (Finding Mode from Ungrouped data)–अवर्गीकृत प्रदत्तों को अच्छी तरह देखने मात्र से ही बहुलांक का पता चल सकता है। हमें केवल उस प्राप्तांक को ढूंढ़ना होता है जो दिये हुए प्रदत्तों में सबसे अधिक बार दोहराया गया है।

उदाहरण–बहुलांक मान ज्ञात करना है– 25, 29, 24, 27, 25, 28, 25, 29,

यहां प्राप्तांक 25 की सबसे अधिक पुनरावृत्ति हुई है, अतः 25 को ही बहुलांक कहा जायेगा।

(b) वर्गीकृत प्रदत्तों से बहुलांक निकालना (Finding Mode from Grouped Data)– जब प्रदत्तों को आवृत्ति वितरण (Frequency Distribution) के रूप में दिया जाता है तब बहुलांक मान निम्न सूत्र द्वारा निकाला जाता है'

$$\text{Mode } (M_0) = 3M_d - 2\,M$$

यहां M_d मध्यांक मान और M मध्यमान को प्रकट करते है।

इस प्रकार से बहुलांक मान ज्ञात करने से पहले मध्यमान और मध्यांक मान ज्ञात

कर लिये जाते हैं और फिर उनके मान को सूत्र में रख इच्छित बहुलांक मान ज्ञात कर लिया जाता है। उदाहरण के लिए हम तालिका नं. 2 में दिए गये आवृत्ति वितरण को ले सकते हैं। इस वितरण के मध्यमान और मध्यांक की गणना हम पहले कर चुके हैं। इन मानों को हम अब इन आवृत्ति वितरण का बहुलांक मान ज्ञात करने के लिए प्रयोग में ला सकते हैं।

$$Md = 44.05, M = 44.6$$

अतः $M_0 = 3 \times 44.05 - 2 \times 44.6 = 132.15 - 89.2 = 42.95$

मध्यमान, मध्यांकमान और बहुलांकमान में से किस को कब ज्ञात किया जाये? (When to Compute the Mean, Median and Mode?)

मध्यमान, मध्यांकमान और बहुलांकमान ये तीनों ही केंद्रवर्ती मान हैं जो प्रदत्तों की केन्द्रीय प्रवृत्ति को प्रकट करते हैं। दिए हुए प्रदत्तों के लिए कब किस को ज्ञात करना अच्छा रहता है, यह जानना हमें बहुत आवश्यक है। नीचे हम इन मानों की विशेषताओं के आधार पर इस प्रश्न पर विचार करेंगे।

(a) मध्यमान को कब ज्ञात किया जाये? (When to Compute the Mean?)

(i) मध्यांक और बहुलांक की तुलना में मध्यमान बहुत विश्वसनीय (Reliable) और शुद्ध (Accurate) केन्द्रवर्ती मान होता है, अर्थात् अगर एक बड़े समूह (Population) में से छोटे-छोटे समूह (Samples) ले कर उनके केन्द्रवर्ती मान ज्ञात किये जायें तो दूसरे केन्द्रवर्ती मानों की अपेक्षा मध्यमान में अधिक स्थिरता पाई जाती है। (It has the greater stability as there are less fluctuations in the means of the samples drawn from the same population) अतः हमें जहां सबसे अधिक विश्वसनीय उत्तर शुद्ध केन्द्रवर्ती मान की आवश्यकता हो वहां मध्यमान ज्ञात करना चाहिए।

(ii) मध्यमान, बीज-गणितीय क्रियाओं (Algebraic operations) के लिए उपयुक्त रहने के कारण आगे की सांख्यिकीय गणनाओं में उपयोगी रहता है। अतः इसे प्रामाणिक विचलन (Standard Deviation) और सहसम्बन्ध गुणांक (Coefficient of correlation) इत्यादि सांख्यिकी (Statistics) को ज्ञान करने के लिए प्रयोग में लाया जा सकता है। इस दृष्टि से जहां इस प्रकार के Statistics को ज्ञात करना हो वहां मध्यमान निकालने का प्रयत्न किया जाता है।

(iii) मध्यमान निकालने में हम सभी प्राप्तांकों को बराबर का महत्व देते हैं। अतः प्रत्येक प्राप्तांक इसके मान को प्रभावित करता है। कभी-कभी एक ही समूह में बहुत ही अधिक या बहुत ही कम प्राप्तांक पाये जाते हैं। इनसे मध्यमान बहुत अधिक प्रभावित होता है। इसलिए जिस श्रेणी या समूह में इस प्रकार असामान्य प्राप्तांक (Extreme Scores) हों वहां मध्यमान ज्ञात नहीं किया जाना चाहिए।

(b) मध्यांकमान कब ज्ञात किया जाए? (When to compute the median)

(i) मध्यांक एक श्रेणी का ठीक मध्य बिन्दु होता है। इसके नीचे तथा ऊपर 50% प्राप्तांक पाये जाते हैं। अतः जब एक वितरण का ठीक मध्य बिन्दु मालूम करना हो तो उस समय मध्यांकमान ज्ञात किया जाना चाहिए।

(ii) मध्यांकमान पर वितरण या समूह के असामान्य (Extreme) प्राप्ताकों का प्रभाव नहीं पड़ा। अतः प्राप्तांकों का वितरण समान न हो, उसमें असामान्य प्राप्तांक विद्यमान हो तो उस समय मध्यांकमान ज्ञात किया जाना चाहिये।

(iii) जब कोई ऐसा वितरण दिया गया हो जो अपूर्ण हो तो ऐसी दशा में मध्यमान ज्ञात नहीं किया जा सकता। ऐसी परिस्थिति में मध्यांकमान ही सबसे अधिक विश्वसनीय केन्द्रवर्ती मान होता है।

(iv) ऐसे मामलों में जहां उपलब्धि को परिमाण या मात्रा में व्यक्त नहीं किया जा सकता (जैसे संस्कृति, बुद्धि, ईमानदारी, स्वास्थ्य आदि गुणों के बारे में एकतित्र तथ्य) तब मध्यांक ही ज्ञात किया जाता है।

(a) बहुलांकमान कब ज्ञात किया जाये? (When to compute the Mode)

(i) अनेक बार बहुलांकमान दिये हुए प्रदत्तों पर मात्र एक दृष्टि डालने में ही मालूम हो सकता है। इस तरह से इसके द्वारा बहुत ही कम समय में केन्द्रवर्ती मान का मोटा अनुमान (Rough estimate) लगाने में आसानी होती है। अतः जब हमें शीघ्रता से केन्द्रीय प्रवृत्ति का एक मोटा सा अनुमान लगाने की आवश्यकता हो तो बहुलांक मान ज्ञात करना चाहिये।

(ii) बहुलांक मान दिये हुए प्राप्तांकों में वह प्राप्तांक होता है जो सबसे अधिक बार दोहराया जाता है। अतः जब हमें केन्द्रवर्ती मान के लिए ऐसा प्राप्तांक मालूम करने की आवश्यकता है जिसकी आवृत्ति सबसे अधिक हो (When we need to know the most often recurring score in a series) तो इस समय बहुलांक मान ज्ञात किया जाता है। अपनी इस विशेषता के कारण ही औद्योगिक जगत में इसका बहुत प्रयोग होता है। जूतों या बने बनाये वस्त्रों का ऐसा आकार जो अधिक से अधिक मनुष्यों को उचित बैठ सके, चुनने में बहुलांक मान द्वारा प्रदर्शित औसत का ही उपयोग होता है।

शतांश मान और शतांश अनुस्थिति की गणना
(Computation of Percentile and Percentile Ranks)

जैसी कि हमने चर्चा की है मध्यांकमान एक प्राप्तांक मापनी पर एक वह बिन्दु होता है जो एक श्रृंखला को दो बराबर भागों में विभाजित करता है अर्थात् 50 प्रतिशत बिंदु के नीचे और पचास प्रतिशत मामले बिन्दु के ऊपर। इसी सिद्धांत का पालन करते हुए एक श्रृंखला को सौ (100) भागों में बांटा जा सकता है और इन पदों (प्राप्तांकों) का मान शतांश मान के रूप में जाना जाता है। इन मानों की गणना उसी प्रक्रिया के

द्वारा की जा सकती है जैसी कि मध्यांकमान की गणना के लिए की जाती है। यहां तक कि शतांश मान की गणना का सूत्र मध्यांकमान की गणना के सूत्र के जैसा ही होता है। नीचे मध्यांकमान की गणना के सूत्र के साथ शतांश मान की गणना के सभी सूत्र प्रस्तुत कर रहे हैं।

$$M_d = L + \left(\frac{N/2 - F}{f}\right) \times i$$

प्रथम शतांश मान या $P_1 = L + \left(\frac{N/100 - F}{f}\right) \times i$

पचासवां शतांश मान या $P_{50} = L + \left(\frac{50N/100 - F}{f}\right) \times i = L + \left(\frac{N/2 - F}{f}\right) \times i$

पहचत्तरवां शतांश मान या $P_{75} = L + \left(\frac{75N/100 - F}{f}\right) \times i = L + \left(\frac{N/4 - F}{f}\right) \times i$

इस सभी सूत्रों में प्रयुक्त विभिन्न चिन्ह यह प्रकट करते हैं-

L = उस वर्ग की निम्नतम सीमा जहां इच्छित चतुर्थांश, दशमांश या शतांश सम्बन्धी प्राप्तांक स्थिति होती है।

N = सभी आवृत्तियों का योग

F = जिस वर्ग की निम्नतम सीमा ली गई है, उससे पहले के वर्गों की सभी आवृत्तियों का योग

f = जिस वर्ग की निम्नतम सीमा ली गई है उसकी आवृत्ति

i = वर्ग विस्तार

निम्न उदाहरण द्वारा हम शतांश मान की गणना स्पष्ट करते है:

प्राप्तांक (Scores)	*आवृत्तियाँ* *f*
70 - 79	3
60 - 69	2
50 - 59	2
40 - 49	3
30 - 39	5
20 - 29	4
10 - 19	3
0 - 9	2

(i) 10वां शतांश मान या P_{10}

$$\text{सूत्र} = P_{10} = L + \left(\frac{N/10 - F}{f}\right) \times i$$

यहाँ $N/10 = \frac{24}{10} = 2.4$

यहां यह अच्छी तरह देखा जा सकता है P_{10} वर्ग (10 - 19) में स्थित है।

अत: $P_{10} = 9.5 + \frac{2.4-2}{3} \times 10 = 9.5 + \frac{4}{5} = 9.5 + 1.33 = 10.83$

(ii) 25वां शतांशत मान (25th Percentile) (P_{25})

$$\text{सूत्र} = P_{25} = L + \left(\frac{25N/100 - F}{f}\right) \times i = 19.5 + \frac{5}{2} = 22$$

(iii) 60वां शतांशमान (60th Percentile) (P_{60})

$$\text{सूत्र} = P_{60} = L + \left(\frac{60N/100 - F}{f}\right) \times i$$

यहाँ 24 का $60\% = \frac{60 \times 44}{100} = \frac{72}{5} = 14.4$

नीचे से आवृत्तियों को जोड़ने पर ज्ञात हो सकता है कि 60वां शतांश मान वर्ग (40 - 49) में स्थित है।

अत: $P_{60} = 39.5 + \left(\frac{14.4-14}{3}\right) \times 10$

$$= 39.5 + \frac{4}{3} = 39.5 + 1.33 = 40.83$$

शतांशीय या शतांश मान तथा शतांश अनुस्थिति
(Percentiles and Percentile Rank)

परिभाषा के रूप में एक शतांश मान (Percentile value) या शतांश बिंदु (Percentile point) से तात्पर्य वितरण या प्राप्तांक मापनी पर स्थित उस बिंदु से होता है जिसके नीचे एक निश्चित प्रतिशत में प्राप्तांकों की उपस्थिति रहती है। इस अर्थ में प्रथम शतांश (जिसे P_1 के रूप में लिखा जाता है।) किसी दी हुई श्रृंखला या वितरण में वह प्राप्तांक बिंदु होता है जिसके नीचे 1% प्राप्तांकों की उपस्थिति रहती है और 99% प्राप्तांक उससे ऊपर रहते है। इसी प्रकार 70वें शतांश से तात्पर्य श्रृंखला या वितरण विशेष के उस प्राप्तांक बिंदु से होता है जिसके नीचे 70% तथा ऊपर 30% समूह सदस्यों के प्राप्तांक विद्यमान रहते हैं।

इसके विपरीत शतांश अनुस्थिति (Percentile rank) पद से तात्पर्य उस संख्या विशेष से होता है जो यह बताती है कि एक वितरण विशेष से सम्बंधित किसी

प्राप्तांक विशेष के नीचे विद्यमान सभी प्राप्तांकों का प्रतिशत क्या है। अपने इस अर्थ में एक शतांश अनुस्थिति व्यक्ति विशेष की समूह विशेष में उस सापेक्षिक स्थिति का बोध कराती है जिससे यह पता चलता है कि समूह के कितने प्रतिशत व्यक्तियों के प्राप्तांक उसके प्राप्तांक से नीचे हैं। उदाहरण के लिये माना कि रमेश ने गणित के एक परीक्षण में 65 अंक अर्जित किये है। अगर परीक्षण प्राप्तांकों के आवृत्ति वितरण में 80% प्राप्तांक 65 प्राप्तांक से नीचे हैं तब 65 प्राप्तांक की शतांश अनुस्थिति (Percentile rank) 80 होगी और 80वां शतांश मान (80th Percentile) प्राप्तांक 65 होगा। इस तरह 65, प्राप्तांक स्केल पर स्थिति उस बिंदु की ओर इशारा करता है जिसके नीचे आवृत्ति वितरण के 80% प्राप्तांक विद्यमान रहते हैं। इससे आप भली भांति यह निष्कर्ष निकाल सकते हैं कि शतांश अनुस्थितियां (Percentile ranks) और शतांश मान (Percentiles) दोनों एक दूसरे के विपरीत खड़े रहते हैं।

शतांश अनुस्थिति तथा शतांश मान की उपरोक्त अवधारणाओं से परिचित होने के बाद अब हम किसी परीक्षण में उपलब्ध एक प्राप्तांक विशेष को एक शतांश अनुस्थिति (Percentile rank) या नोर्म प्रदान करने के बारे में (निम्न सोपानों का अनुसरण करते हुए) सोच सकते है।।

सोपान 1: किसी परीक्षण में प्राप्त उस मूल प्राप्तांक (Raw Score) को लीजिये जिसे आप शतांश अनुस्थिति या नोर्म में बदलना चाहते हैं माना यह 25 है।

सोपान 2: अब मानकीकृत प्रतिदर्श में शामिल उन प्रयोज्यों का प्रतिशत निकालिये जिनके प्राप्तांक 25 से नीचे है। माना ये 30% है।

सोपान 3: तब 30 को मूल प्राप्तांक 25 की शतांश अनुस्थिति या नोर्म कहा जायेगा।

एक दिये हुए आवृत्ति वितरण (Frequency Distribution) से शतांश अनुस्थिति या नोर्म की गणना कैसे की जाती है?

इस प्रकार के गणना कार्य को स्पष्ट करने हेतु हम एक कल्पित आवृत्ति वितरण की सहायता लेना चाहेंगे। (देखिये तालिका 6.1)

तालिका 6.1: एक परीक्षण विशेष में प्रयोज्यों के द्वारा अर्जित प्राप्तांकों का आवृत्ति वितरण

प्राप्तांक (X)	*आवृत्ति* f
70 - 79	3
60 - 69	2
50 - 59	2
40 - 49	3
30 - 39	5
20 - 29	4
10 - 19	3
0 - 9	2
	N = 24

विधि 1: सूत्र के उपयोग द्वारा शतांश अनुस्थितियां (Percentile ranks) या शतांश नोर्म्स (Percentile norms) ज्ञात करना।

$$\text{सूत्र PR} = \frac{100}{N}\left[F + \left(\frac{X-L}{i}\right) \times f\right]$$

यहां PR = प्राप्तांक X की शतांश अनुस्थिति

F = प्राप्तांक X के वर्ग अंतराल (Class interval) के नीचे की संचित आवृत्तियां (Cumulative Frequencies)

X = प्राप्तांक जिसकी शतांश अनुस्थिति हम निकालना चाहते है।

L = प्राप्तांक X के वर्ग अंतराल की वास्तविक निम्नतम सीमा

i = वर्ग अन्तराल का आकार

f = प्राप्तांक X के वर्ग अंतराल की आवृत्ति

N = आवृत्ति वितरण में कुल प्राप्तांकों की संख्या

आइये अब इस सूत्र का तालिका 6.1 में दिये गये प्रदत्तों से शतांश अनुस्थिति निकालने हेतु उपयोग किया जाये।

प्राप्तांक 22 की शतांश अनुस्थिति (Percentile rank of score 22)

$$PR = \frac{100}{24}\left[5 + \left(\frac{22-19.5}{10}\right) \times 4\right] = \frac{100}{24}\left[5 + \frac{2.5}{10} \times 4\right]$$

$$= \frac{100}{24}[5+1] = \frac{100}{24} \times 6 = 25$$

विधि 2: संचित प्रतिशत आवृत्ति वक्र या तोरण (ओगाइव) का उपयोग (Use of cumulative percentile frequency curve or ogive)

X अक्ष पर स्थित किसी प्राप्तांक की शतांश अनुस्थिति या नोर्म्स को खींचे गये संचित आवृत्ति वक्र (देखिये चित्र 6.1) से पढ़ने के लिए निम्न प्रकार आगे बढ़ा जा सकता है–

(i) X अक्ष पर जहां दिये गये प्राप्तांक स्थित हैं उन बिंदुओं से वक्र पर कटान करते हुए लम्ब (Perpendiculars)

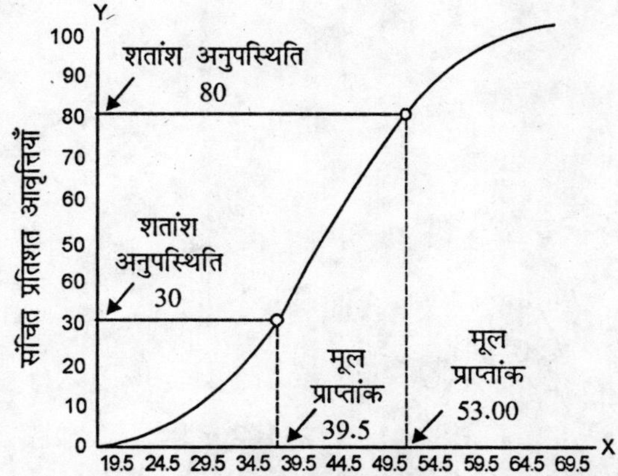

चित्र 6.1: तोरण (ओगाइव) से शतांश अनुस्थितियों या नोर्म्स की गणना

खींचो। यहां चित्र 6.1 में X अक्ष पर स्थित दो प्राप्तांकों 39.5 तथा 53.00 से दो इस प्रकार के लम्ब खींचे गये है।

(ii) अब जहां से लम्ब संचित प्रतिशत आवृत्ति वक्र (Ogive) को काटते हैं उनके कटान बिंदुओं से Y अक्ष पर (जो संचित प्रतिशत आवृत्तियों को प्रदर्शित कर रहा है।) क्षैतिज रेखायें खींचो।

(iii) आपको Y अक्ष पर वे बिंदु मिल जायेंगे जिनसे दिये हुए प्राप्तांकों 39.5 तथ 53.00 की शतांश अनुस्थितियां या नोर्म्स की प्राप्ति हो जायेगी।

(iv) चित्र 6.1 में आप देखते हैं कि 39.5 के मूल प्राप्तांक (Raw Score) की शतांश अनुस्थिति या नोर्म 30 है और 53.00 प्राप्तांक का 80.

7

विचलन के प्रमाप या विचलन मान
(Measures of Variability or Dispersion)

विषय प्रवेश (Introduction)

मध्यमान, मध्यांकमान तथा बहुलांकमान द्वारा हमें दिए हुए सभी प्राप्तांकों का केन्द्रीय मान प्राप्त होता है। इसके द्वारा हम पूरे समूह की किसी विशेषता या गुण को किसी एक विशेष संख्या द्वारा प्रदर्शित कर सकते हैं। अलग-अलग समूहों के लिए ज्ञात किये इन केन्द्रवर्ती मानों द्वारा हम इन समूहों की तुलना भी कर सकते हैं। लेकिन ये सभी केन्द्रवर्ती मान हमें केवल पूरे समूह की सामान्य उपलब्धि (General Achievement of the whole group) का ही ज्ञान कराते हैं। इनसे इस बात का पता नहीं चलता कि समूह में सम्मिलित सदस्यों के प्राप्तांकों का वितरण किस प्रकार है। क्या वे उस गुण की दृष्टि से जिस पर विचार किया जा रहा है, अधिक मिलते जुलते हैं या अधिक भिन्न है? क्या अमुक समूह अधिकतर भिन्न प्रकृति के लोगों से बना है अथवा उस समूह के व्यक्ति लगभग एक जैसे है, आदि प्रश्नों के उत्तर देने में केन्द्रवर्ती मान असमर्थ रहते हैं। इस बात को निम्न उदाहरण द्वारा और अच्छी तरह समझा जा सकता है-

उदाहरण—माना लड़के और लड़कियों के दो समूहों के किसी परीक्षा में प्राप्तांक निम्न प्रकार से है-

लड़कों के समूह के प्राप्तांक

40, 38, 36, 17, 20, 19, 18, 3, 5, 4

लड़कियों के प्राप्तांक

19, 20, 22, 18, 21, 23, 17, 20, 22, 18

इन दोनों समूहों के मध्यमान 20 हैं। अतः जहां तक मध्यमान का प्रश्न है, दोनों समूहों को एक जैसी योग्यता के समूह कहा जा सकता है। अब प्रश्न उठता है कि क्या दोनों समूहों का उपलब्धि स्तर एक सा है अथवा क्या दोनों समूहों के प्राप्तांकों को एक दूसरे के तुल्य ठहराया जा सकता है? तो उत्तर नहीं में ही प्राप्त होगा। यहां दोनों समूहों की उपलब्धियों में बहुत अंतर है। जहां लड़कों की समूह में अंक 3 से ले कर 40 तक बिखरे हुए हैं वहां लड़कियों के समूह में यह विस्तार केवल 17 से 23 तक है। अतः लड़कों का समूह एक ऐसा समूह है जिसमें काफी भिन्न प्रकृति के

लड़के पाये जाते हैं। इसमें एक ओर तो 40 अंक लेने वाले बहुत योग्य लड़के हैं तो दूसरे ओर 3 अंक प्राप्त करने वाले बहुत ही निम्न कोटि के लड़के भी उपस्थिति है। दूसरा लड़कियों वाला समूह अपने समूह में लगभग एक जैसी योग्यता की लड़कियों की उपस्थिति का बोध कराता है। लड़कों वाले समूह की अपेक्षा इसके सदस्यों में कम विभिन्नताएं देखने को मिलती है।

इस दृष्टि से देखने पर हमें मालूम हो जाता है कि हम समूह के सदस्यों की आंतरिक विभिन्नताओं का ज्ञान केन्द्रवर्ती मानों द्वारा प्राप्त नहीं कर सकते। यह कार्य विचलन मानों (Measures of Variability) द्वारा पूरा होता है। इन्हीं की सहायता से हम किन्हीं भी दो या अधिक समूहों के प्राप्तांकों की अच्छी तरह तुलना कर सकते हैं।

विचलन मानों के प्रकार (Types of Measures of Variability)

विचलन मान चार प्रकार का हो सकता है जो निम्न है–

(a) प्रसार क्षेत्र या विस्तार (Range)
(b) चतुर्थांश विचलन (The Quartile Deviation)
(c) मध्यमान विचलन (The Average Deviation)
(d) प्रामाणिक विचलन (The Standard Deviation)

नीचे की पंक्तियों में हम इनके बारे में चर्चा करेंगे–

(A) प्रसार क्षेत्र का विस्तार (Range)

इसे संकेत रूप में R से व्यक्त किया जाता है। यह विचलन का सबसे सरल और सामान्य प्रमाप (Measure) है। इसे ज्ञात करने के लिए समूह के उच्चतम प्राप्तांक से निम्नतम प्राप्तांक को घटा दिया जाता है। सांख्यिकी में इसका प्रयोग सीमित रूप में होता है क्योंकि यह अन्य विचलनों की तुलना में बहुत कम विश्वसनीय होता हे। अविश्वसनीय का कारण यही है कि इसमें केवल उच्चतम तथा निम्नतम प्राप्तांकों को ही ध्यान में रखा जाता है तथा दूसरे प्राप्तांकों को कोई महत्व नहीं दिया जाता।

(B) चतुर्थांश विचलन मान (The Quartile Deviation)

इसे संकेत रूप में Q से प्रकट किया जाता है। इसकी गणना $Q = \frac{Q_3 - Q_1}{2}$ द्वारा होता है। यहां Q_3 तृतीय चतुर्थांश (Third Quartile) और प्रथम चतुर्थांश (First Quartile) को व्यक्त करता है। अतः $(Q_3 - Q_1)$ और कुछ नहीं बल्कि तीसरे और प्रथम चतुर्थांश के बीच का अंतर या विस्तार (Range) है। अतः इसे चतुर्थांश विस्तार (Inter quartile range) के नाम से जाना जाता है। चतुर्थांश विचलन मान ज्ञात करने के लिए इस अंतः चतुर्थांश विस्तार को 2 से विभक्त कर दिया जाता है और इसलिए चतुर्थांश विचलन मान को अर्द्ध अंतः चतुर्थांश विस्तार (Semi-Inter quartile range) भी कहा जाता है। यह प्रथम और तृतीय चतुर्थाशों के बीच की आधी दूरी होती है।

(C) मध्यमान विचलन (Average Deviation)

इसे संकेत रूप में A.D. से व्यक्त किया जाता है। गैरेट (Garrett) ने इसको निम्न शब्दों में परिभाषित किया है–"मध्यमान से (कभी-कभी मध्यांक और बहुलांक से) श्रृंखला में सम्मिलित सभी प्राप्तांकों के विचलन के मध्यमान की औसत या मध्यमान विचलन कहते हैं।"

("Average Deviation or A.D. is the mean of the deviation of all separate scores in the series taken from their mean (occasionally) from the median or mode." —Garrett, p. 48)

मध्यमान विचलन में दिए हुए सभी प्राप्तांकों के विचलन का ध्यान रखा जाता है और इस प्रकार यह सब से सरल विचलन मान है।

(i) अवर्गीकृत प्रदत्तों से मध्यमान विचलन ज्ञात करता (Computation of Average Deviation (A.D.) from Ungrouped data)–इस प्रकार के प्रदत्तों के लिए मध्यमान विचलन निम्न सूत्र द्वारा ज्ञात किया जाता है।

$$\text{A.D.} = \frac{\Sigma|x|}{N}$$

यहां $x = X - M$ = मध्यमान से प्राप्तांकों का विचलन (Deviation of the score from the mean of the series)

और $|x|$ यह प्रकट करता है कि x के बीजगणितीय चिन्हों (Algebraic signs) अर्थात् + एवं – पर ध्यान नहीं दिया जाता। यदि x का मान – में हो तो भी उसको धन में बदल दिया जाता है।

N = प्राप्तांकों की संख्या (Total Number of Scores)

इस सूत्र का प्रयोग निम्न उदाहरण द्वारा समझा जा सकता है–

समस्या (Problem): 15, 10, 6, 8, 11 प्राप्तांकों का मध्यमान विचलन ज्ञात करो।

हल (Solution)—दिए प्राप्तांकों का मध्यमान

$$= \frac{15+10+6+8+11}{5} = 10$$

प्राप्तांक (Scores)	*मध्यमान (Mean)*	*मध्यमान से विचलन (Deviation from the Mean)*	
X	M	(X–M) = x	| x |
15	10	5	5
10	10	0	0
6	10	–4	4
8	10	–2	2
11	10	1	1
N = 5			Σ| x | = 12

सूत्र का प्रयोग करने पर

$$A.D. = \frac{\Sigma|x|}{N} = \frac{12}{5} = 2.4$$

(ii) वर्गीकृत प्रदत्तों से मध्यमान विचलन ज्ञात करना (Computation of Average Deviation from Grouped data): वर्गीकृत प्रदत्तों से मध्यमान विचलन अग्र सूत्र द्वारा निकाला जाता है–

$$A.D. = \frac{\Sigma|fx|}{N}$$

इस सूत्र का प्रयोग निम्न उदाहरण द्वारा समझा जा सकता है–

प्राप्तांक	*f*	*मध्य-बिन्दु*	*fX*	*x (X–M)* *M = 100.06*	*fx*	*|fx|*
110-114	4	112	448	11.94	44.76	47.76
105-109	4	107	428	6.94	27.76	27.76
100-104	3	102	306	1.94	5.82	5.82
95-99	0	97	0	–3.06	0	0
90-94	3	92	276	8.08	–24.18	24.18
85-89	3	87	261	–13.36	–39.18	39.18
80-84	1	82	82	–18.06	–18.06	18.06
	N = 18		1801			162.67

सोपान (Steps):

1. सबसे पहले मध्यमान निकाला जाता है।

$$\text{यहां मध्यमान} = \frac{\Sigma fX}{N}$$

2. इसके पश्चात् X के मूल्यों में से मध्यमान $= \frac{1801}{18} = 100.06$ को घटाते हुए x के मूल्य ज्ञात करते हैं और उन्हें 5वें खाने में लिखते हैं।

3. 6वें खाने में x के मूल्यों को सम्बन्धित आवृत्ति से गुणा कर लिखा जाता है।

4. इन गुणनफलों के बीजगणितीय चिन्हों (+ और –) को छोड़ दिया जाता है और इस तरह |fx| ज्ञात कर उसे 7वें खाने में लिख दिया जाता है।

5. इसके पश्चात् निम्न रूप में सूत्र का उपयोग किया जाता है–

$$A.D. = \frac{\Sigma|fx|}{N} = \frac{162.76}{18} = 9.04$$

(D) प्रामाणिक विचलन (Standard Deviation)

दिए हुए प्राप्तांकों के मध्यमान से लिए विचलनों के वर्ग के औसत के वर्गमूल को उन प्राप्तांकों का प्रामाणिक विचलन कहते हैं। (Standard Deviation of a set of scores is defined as the square root of the deviation of each score from the mean)

संकेत रूप से इसे इस तरह व्यक्त कर सकते हैं –

$$S.D. = \sqrt{\frac{\Sigma(X-M)^2}{N}} = \sqrt{\frac{\Sigma x^2}{N}}$$

यहां X प्राप्तांक का सूचक है, M मध्यमान, N प्राप्तांकों के योग तथा x प्राप्तांकों के मध्यमान से विलचन (deviation of each score from the mean) को प्रकट करता है।

इस विचलन को औसत विचलन का वर्गमूल (Root mean square deviation) भी कहते हैं। और इसे σ चिन्ह–द्वारा व्यक्त करते हैं। प्रामाणिक विचलन को विचलन का एक बहुत ही स्थिर (Stable) और विश्वसीय मान माना जात है। इसका कारण एक तो यह है कि इसमें प्राप्तांकों का विचलन मध्यमान से ज्ञात किया जाता है। चूंकि मध्यमान सभी केन्द्रवर्ती मानों में सबसे अधिक स्थिर और विश्वसनीय होता है, अत: उससे ज्ञात विचलन भी अपेक्षाकृत अधिक विश्वसनीय और स्थिर बन जाता है। दूसरे मध्यमान विचलन में जहां – चिन्हों को + मान लिया जाता है। यहां इसमें विचलन का वर्ग कर चिन्हों की समस्या ही समाप्त कर ली जाती हैं अत: यह विचलन कुछ अधिक प्रामाणिक बन जाता है।

(a) अवर्गीकृत प्रदत्तों से प्रामाणिक विचलन ज्ञात करना (Computation of Standard deviation from Ungrouped data): इस परिस्थिति में निम्न सूत्र प्रयोग में लाया जाता है– $\sigma = \frac{\sqrt{\Sigma x^2}}{N}$

नीचे एक उदाहरण द्वारा इस सूत्र का उपयोग स्पष्ट हो सकता है–

समस्या (Problem): निम्न प्राप्तांकों का प्रामाणित विचलन ज्ञात करो– 52, 50, 56, 68, 65, 62, 57, 70

हल (Solution): दिए हुए प्राप्तांकों का मध्यमान (M) $= \frac{480}{8} = 60$

प्राप्तांक *X*	*मध्यमान से विचलन* *X–M या x*	*विचलनों का वर्ग* x^2
52	– 8	64
50	– 10	100
56	– 4	16
68	8	64
65	5	25
62	2	4
57	– 3	9
70	10	100
N = 8		$\Sigma x^2 = 382$

$$\text{अत: } \sigma = \frac{\sqrt{\sum x^2}}{N} = \sqrt{\frac{382}{8}} = \frac{8}{\sqrt{47.75}} = 6.91$$

प्रामाणिक विचलन = 6.91

(b) वर्गीकृत प्रदत्तों से प्रामाणिक विचलन ज्ञात करना (Computation of SD from grouped data): इस परिस्थिति में प्रामाणिक विचलन (SD) निम्न सूत्र द्वारा ज्ञात किया जाता है– $\sigma = \frac{\sqrt{\Sigma fx^2}}{N}$

सूत्र का प्रयोग निम्न उदाहरण द्वारा समझा जा सकता है–

समस्या–नीचे समस्या के हल में सबसे बाईं ओर दिए हुए आवृत्ति वितरण का प्रामाणिक विचलन (SD) ज्ञात करो जबकि इस वितरण का मध्यमान 115 हैं।

हल–

I.Q. Scores	*f*	*X*	*M*	*x*	x^2	fx^2
127-129	1	128	115	13	169	169
124-126	2	125	115	10	100	200
121-123	3	122	115	7	49	147
118-120	1	119	115	4	16	16
115-117	6	116	115	1	1	6
112-114	4	113	115	–2	4	16
109-111	3	110	115	–5	25	75
106-108	2	107	115	–8	64	128
103-105	1	114	115	–11	121	121
100-102	1	101	115	–14	196	196
	N = 24					$\Sigma fx^2 = 1074$

$$\text{अत: } \sigma = \sqrt{\frac{\Sigma fx^2}{N}} = \sqrt{\frac{1074}{24}} = \sqrt{44.75} = 6.69$$

उपरोक्त गणना कार्य में हमने समस्या में दिए मध्यमान (M) का प्रयोग किया है। अगर (M) का मान नहीं दे रखा हो तो उसे निम्नलिखित प्रकार से निकाला जा सकता है–

मध्यमान की गणना (Calculation of Mean)

माना कल्पित मध्यमान (Assumed Mean) 116 है।

प्राप्तांक (Score)	f	X (मध्य-बिन्दु)	$x' = \frac{X-A}{i}$	fx'
127-129	1	128	4	4
124-126	2	125	3	6
121-123	3	122	2	6
118-120	1	119	1	1
115-117	6	116	0	0
112-114	4	113	–1	–4
109-111	3	110	–2	–6
106-108	2	107	–3	–6
103-105	1	104	–4	–4
100-102	1	101	–5	–5
		N = 24		fx' = –8

सूत्र $M = A + \frac{\sqrt{\sum fx'}}{N} \times i = 116 - \frac{8}{24} \times 3 = 116 - 1 = 115$

(c) वर्गीकृत प्रदत्तों से सरल विधि से प्रामाणिक विचलन ज्ञात करना (Computation of S.D. From grouped data by Short cut Method): वर्गीकृत प्रदत्तों से सरल विधि द्वारा प्रामाणिक विचलन निम्न सूत्र द्वारा ज्ञात किया जाता है–

$$\sigma = i\sqrt{\frac{\sum fx'^2}{N} - \left(\frac{\sum fx'}{N}\right)^2}$$

यहां $x' = \frac{X - A}{i} = \frac{X - \text{Assumed Mean}}{\text{Class Interval}}$

f = आवृत्ति

N = आवृत्तियों की कुल संख्या

इस सूत्र का प्रयोग निम्न उदाहरण द्वारा समझा जा सकता है–

I.Q. Score	f	X	$x' = \frac{X-A}{i}$	fx'	fx'^2
127-129	1	128	4	4	16
124-126	2	125	3	6	18
121-123	3	122	2	6	12

I.Q. Score	*f*	*X*	$x' = \frac{X-A}{i}$	*fx'*	fx'^2
118-120	1	119	1	1	1
115-117	6	116	0	0	0
112-114	4	113	–1	–4	4
109-111	3	110	–2	–6	12
106-108	2	107	–3	–6	18
103-105	1	104	–4	–4	16
100-102	1	101	–5	–5	25
		N = 24		Σfx' = –8	$\Sigma fx'^2 = 122$

सूत्र $\sigma = i\sqrt{\frac{\sum fx'^2}{N} - \left(\frac{\sum fx'}{N}\right)^2} = 3\sqrt{\frac{122}{4} - \left(\frac{-8}{24}\right)^2} = 3\sqrt{\frac{122}{24} - \frac{64}{24 \times 24}}$

$$= \frac{3}{24}\sqrt{122 \times 24 - 64} = \frac{1}{8}\sqrt{2864} = \frac{53.51}{8}$$

प्रमाणिक विचलन (Standard Deviation) = 6.69

8

सहसम्बन्ध
(Correlation)

विषय प्रवेश (Introduction)

कई बार हम अध्यापकों के सामने ऐसे अवसर आते हैं जब यह जानना आवश्यक होता है कि विद्यार्थियों की विभिन्न योग्यताओं में क्या कोई सम्बन्ध है अथवा वे एक दूसरे से बिल्कुल स्वतन्त्र हैं। फलस्वरूप कुछ निम्न प्रकार के प्रश्न सामने आते रहते हैं–

(i) क्या विद्यार्थी की शैक्षणिक उपलब्धि उसकी सामान्य बुद्धि पर निर्भर करती है?

(ii) क्या यह सही है कि बालकों की ऊंचाई उनकी आयु के साथ-साथ बढ़ती जाती है?

(iii) क्या सिर के आकार और सामान्य बुद्धि के बीच कोई सम्बन्ध होता है?

(iv) क्या यह सही है कि मन्द बुद्धि के बालकों की प्रतिभाशाली बालकों की अपेक्षा न्यूरोटिक (Neurotic) होने की अधिक सम्भावना रहती है?

इस प्रकार के प्रश्न और समस्याओं का, जिनमें किन्हीं दो चल राशियों (Variables) जैसे आयु और ऊंचाई, बुद्धि और उपलब्धि आदि में क्या सम्बन्ध है यह जानना आवश्यक होता है, अच्छी तरह उत्तर सहसम्बन्ध (Correlation) की सहायता से दिया जा सकता है।

सांख्यिकी में हम विभिन्न प्रकार के सहसम्बन्ध जैसे रेखिक सहसम्बन्धों (Linear Correlation), वक्र रेखिक (Curvilinear), बाईसीरियल (Biserial), आंशिक (Partial) या बहुसम्बन्ध (Multiple Correlation) आदि की गणना करते हैं। इस पाठ्य पुस्तक में चूंकि हमारा उद्देश्य सांख्यिकी का आधारभूत (प्रारम्भिक) ज्ञान प्राप्त करना है, अत: हम यहां केवल रेखिक सहसम्बन्ध (Linear Correlation) की ही चर्चा करना चाहेंगे।

रेखिक सहसम्बन्ध (Linear Correlation)

दो चल राशियों (Variables) अथवा प्राप्तांकों के समूहों (Set of Scores) में पाया जाने वाला यह सबसे सरल प्रकार का सहसम्बन्ध होता है। वास्तव में जब दो प्राप्तांकों के समूहों अथवा चल राशियों के बीच पाये जाने वाले सम्बन्ध को रेखा-चित्रीय रूप में एक सीधी रेखा द्वारा प्रदर्शित किया जा सके तो उस समय उस सम्बन्ध को रेखिक सहसम्बन्ध (Linear Correlation) का नाम दिया जाता है। इस प्रकार का सहसम्बन्ध स्पष्ट रूप से यह प्रकट करता है कि चल राशि के घटने या बढ़ने पर दूसरी चल राशि किस प्रकार घटती बढ़ती है।

इस रूप दो में चल राशियों अथवा प्राप्तांकों के समूहों में निम्न तीन प्रकार का सहसम्बन्ध पाया जाता है –

1. धनात्मक सहसम्बन्ध (Positive Correlation): जब एक चल राशि के बढ़ने या घटने पर दूसरी चल राशि भी बढ़े अथवा घटे तो दोनों चल राशियों में धनात्मक सहसम्बन्ध माना जाता है। उदाहरण के लिए आयु तथा ऊंचाई और बुद्धि एवं उपलब्धि के बीच उपस्थित सहसम्बन्ध को धनात्मक कहा जा सकता है।

2. ऋणात्मक सहसम्बन्ध (Negative Correlation): जब एक चल राशि के बढ़ने या घटने पर दूसरी चल राशि घटे या बढ़े तो दोनों चल राशियों के बीच ऋणात्मक सहसम्बन्ध माना जाता है। उदाहरण के लिए मोटेपन तथा दौड़ने की रफ्तार में ऋणात्मक सहसम्बन्ध होता है क्योंकि जो व्यक्ति जितने मोटे होते हैं वे उतने ही कम दौड़ पाते हैं।

3. शून्य सहसम्बन्ध (Zero or No Correlation): जब एक चल राशि के घटने-बढ़ने का दूसरी चल राशि के घटने बढ़ने पर कोई प्रभाव न पड़े तो दोनों चल राशियों के बीच शून्य सहसम्बन्ध पाया जाता है। उदाहरण के तौर पर बुद्धि और शरीर की ऊंचाई के बीच आपस में कोई सम्बन्ध नहीं होता, अतः यहां इनके बीच शून्य सहसम्बन्ध कहा जाएगा।

सहसम्बन्ध गुणांक (Coefficient of Correlation)

दो चल राशियों के परस्पर सहसम्बन्ध से हमें केवल इतना पता चलता है कि उनमें किस प्रकार का सहसम्बन्ध है परन्तु सहसम्बन्ध गुणांक में हमें इस सहसम्बन्ध की मात्रा (Quantity) या परिमाण जानने का अवसर मिलता है। हम यह जान सकते हैं कि उन दोनों चल राशियों के बीच सम्बन्ध कितना गहरा है। सहसम्बन्ध गुणांक एक प्रकार का अनुपात है जो यह प्रकट करता है कि एक चल राशि में होने वाले परिवर्तन किस सीमा तक दूसरी चलराशि को प्रभावित करते हैं। (It is a kind of ratio which expresses the extent to which changes in one variable are accompanied by changes in other variable)।

इसे किसी इकाई (Unit) में व्यक्त नहीं किया जाता। इस गुणांक को r चिन्ह द्वारा प्रदर्शित करता है। r का मान + 1 तथा −1 के बीच ही होता है। जब r का मान +1 हो तो हम कहते हें कि दोनों चल राशियों में पूर्ण धनात्मक सहसम्बन्ध (Perfect Positive Correlation) है। जब r का मान −1 हो तेा दोनों चल राशियों में पूर्ण ऋणात्मक सहसम्बन्ध (Perfect Negative Correlation) पाया जाता है और जब r का मान शून्य होता है तो दोनों चल राशियों में कोई सम्बन्ध नहीं होता।

अनुस्थिति अंतर विधि (Rank Difference Method)

व्यक्तियों के दो प्रकार के प्राप्तांकों के समूह में सहसम्बन्ध गुणांक ज्ञात करने के लिए हमें अनुस्थितियों (Ranks) की आवश्यकता पड़ती है। किसी व्यक्ति की अनुपस्थिति (Rank) किसी गुण या योग्यता विशेष के क्षेत्र में उस व्यक्ति का अपने पूरे समूह में क्या स्थान (Position) है, यह व्यक्त करती है। अगर यह कहा जाए कि गणित की परीक्षा प्राप्त अंकों की दृष्टि से रमेश की अनुस्थिति (Rank) 5 है तो इसका अर्थ यह हुआ कि रमेश के प्राप्तांकों से 4 अन्य विद्यार्थियों के अंक अधिक है और वह अपनी कक्षा में पांचवें स्थान (Position) पर है। अत: अनुस्थिति ज्ञात करने के लिए हमें दिए हुए प्राप्तांकों को आकार के अनुसार सजाना होता है। चूंकि यह विधि व्यक्तियों के प्राप्तांकों के स्थान पर किन्हीं A तथा B दो क्षेत्रों में प्राप्त उनकी अनुस्थितियों (Ranks) पर आधारित होती है, इसलिए हम विधि द्वारा प्राप्त सहसम्बन्ध गुणांक को अनुस्थिति सहसम्बन्ध गुणांक (Rank Correlation Coefficient) कह कर पुकारते हैं और रोमन अक्षर ρ (Rho) द्वारा प्रदर्शित करते हैं। कभी कभी इसे इसको निकालने की विधि का आविष्कार करने वाले महानुभाव स्पीयरमैन (Spearman) के नाम पर स्पीयरमैन सहसम्बन्ध गुणांक (Sperman's Coefficient of Correlation) भी कहा जाता है।

जब किन्हीं योग्यताओं के क्षेत्र में व्यक्तियों की अनुस्थितियां दी होती है तो ऐसे प्रदत्तों से, सह-सम्बन्ध के रूप में हम केवल अनुस्थिति सहसम्बन्ध गुणांक (Ranks correlation coefficient) ही निकाल सकते हैं। लेकिन इसका अर्थ यह नहीं कि अगर प्रदत्तों को अनुस्थिति के रूप में न देकर प्राप्तांकों के रूप में दिया हुआ हो तो ऐसी अवस्था में अनुस्थिति सह-सम्बन्ध गुणांक नहीं निकाला जा सकता जब प्रदत्तों को प्राप्तांकों के रूप में दिया जाता है तो हम उन्हें अनुस्थितिों (Ranks) के रूप में बदल कर अनुस्थिति सम्बन्ध गुणांक निकाल लेते हैं। यह कैसे किया जाता है, इसे निम्न पृष्ठ के पर दिये दो उदाहरणों द्वारा अच्छी तरह समझा जा सकता है-

उदाहरण 1

विद्यार्थी	इतिहास में प्राप्तांक X	नगरिक शास्त्र में प्राप्तांक Y	इतिहास में अनुपस्थिति R_1	नगरिक शास्त्र में अनुपस्थिति R_2	अनुपस्थिति (बिना + – अन्तर चिन्ह लगाए) | d | $\|R_1–R_2\|$	d^2
A	80	82	2	3	1	1
B	45	86	11	2	9	81
C	55	50	10	10	0	0
D	56	48	9	11	2	4
E	58	60	8	9	1	1
F	60	62	7	8	1	1
G	65	64	6	7	1	1
H	68	65	5	6	1	1
I	70	70	4	5	1	1
J	75	74	3	4	1	1
K	85	90	1	1	0	0
	N = 11					$\Sigma d^2 = 92$

सूत्र $\rho = 1 - \frac{6\Sigma d^2}{N(N^2-1)}$

$$= 1 - \frac{6\times 92}{11(11^2-1)} = 1 - \frac{6\times 92}{11\times 120}$$

$$= 1 - \frac{23}{55} = 1.42 = .58$$

दूसरा उदाहरण

व्यक्ति	प्रथम टैस्ट में प्राप्तांक X	द्वितीय टैस्ट के प्राप्तांक Y	प्रथम टैस्ट में अनुपस्थिति R_1	द्वितीय टैस्ट में अनुपस्थिति R_2	| d | = $\|R_1–R_2\|$	d^2
A	12	21	8	6	2	4
B	15	25	6.5	3.5	3	9
C	24	35	2	2	0	0

D	20	24	4	5	1	1
E	8	16	10	9	1	1
F	15	18	6.5	7	0.5	0.25
G	20	25	4	3.5	0.5	0.25
H	20	16	4	9	5	25
I	11	16	9	9	0	0
J	26	38	1	1	0	0
	N = 10					$\Sigma d^2 = 40.5$

अब $$\rho = 1 - \frac{6\Sigma d^2}{N(N^2-1)}$$

$$= 1 - \frac{6 \times 40.5}{10(10^2-1)} = 1 - \frac{6 \times 40.5}{10 \times 99} = 1 - \frac{8.1}{33}$$

$$= 1 - .245 = 0.755$$

अनुस्थिति सह-सम्बन्धी गुणांक (p) को निकालने के लिए सोपान
[Steps for the Calculation of (p)]

(1) सबसे पहले प्रत्येक व्यक्ति की दोनों टैस्टों (Tests) में जो अनुस्थितियां (Ranks) हैं उनकी गणना की जाती है। इन अनुस्थितियों को क्रमशः तीसरे और चौथे खाने में रख दिया जाता है। पहले उदाहरण जैसे मामलों में अनुस्थितियां निकालने में कोई कठिनाई नहीं आती, परन्तु दूसरे उदाहरण जैसे मामलों में जहां दो या अधिक व्यक्तियों के एक प्राप्तांक होते हैं कठिनाई पैदा हो जाती है। ऊपर के उदाहरण में पहले टेस्ट में B और F नाम के दो व्यक्तियों के समान, 15 अंक हैं। अगर प्राप्तांकों को अवरोही क्रम (Descending order) में व्यवस्थित किया जाये तो 26, 24, 20, 22, 21, 15, 15, 12, 11, 8 का रूप प्राप्त होता है। इस तरह 15 अंक, पूरे समूह में क्रमशः छठी, सातवीं स्थिति पर आते हैं। अब प्रश्न यह उठता है, इनमें से किस 15 को किस व्यक्ति का प्राप्तांक माना जाये अर्थात् B और F दोनों के बराबर अंक हैं तो किसको छटा और किसे सातवां स्थान दिया जाये। इस कठिनाई को दूर करने के लिए हमने छठी, सातवीं अनुस्थिति (Ranks) को इनके बीच समान रूप से वितरित कर दिया है और उन्हें 6.5 की अनुस्थिति (Ranks) प्रदान किया है।

इस तरह की परिस्थितियों में अनुस्थितियां (Ranks) निश्चित करने का नियम यह है कि जिस व्यक्तियों के प्राप्तांक समान हों तथा इन समान प्राप्तांकों को अवरोही क्रम में जो अनुस्थितियां प्राप्त होती हैं, उनका योग कर जितने व्यक्तियों की वे अनुस्थितियां होती हैं उनका भाग दे देते हैं। उदाहरण के लिए पहली श्रृंखला में 20 अंक तीन

व्यक्तियों (D, G और H) के हैं और 20 अंक को क्रम में तीसरा, चौथा और पांचवां स्थान प्राप्त होता है। अतः इन तीनों अनुस्थितियों को जोड़ने और भाग देने पर 4 अनुस्थिति आती है। D, G और H की पूरे समूह में यही Common अनुस्थिति (Rank) कही जाएगी। यही बात दूसरे टैस्ट के प्राप्तांकों में है जहां 25 तथा 16 प्राप्तांक क्रमशः 2 और 3 व्यक्तियों द्वारा प्राप्त किये जाते हैं।

(2) दोनों टैस्टों में सभी व्यक्तियों की अपनी-अपनी अनुस्थितियों (Ranks) को लिखे जाने के बाद इन अनुस्थितियों (Ranks) का अन्तर ज्ञात कर लिया जाता है। अन्तर ज्ञात करते समय बीजगणितीय चिन्ह + और – का धयान नहीं रखते। सभी को + ही मान कर चलते हैं। यह अन्तर 5वें खाने में, जिसे (d) नाम दिया जाता है, लिखा जाता है।

(3) d^2 नाम के अगले खाने में पाचवें खाने में लिखे अनुस्थितियों के अन्तर (Rank Differences) का वर्ग ज्ञात किया जाता है।

(4) d^2 वाले खाने में लिखी राशियों का योग ज्ञात कर लिया जाता है। इस योग का Σd^2 कहा जाता है।

(5) अब अनुस्थिति सहसम्बन्ध गुणांक (ρ) निम्न सूत्र द्वारा ज्ञात किया जाता है।

$$\rho = 1 - \frac{6\Sigma d^2}{N(N^2-1)}$$

यहां Σd^2 = अनुस्थितियों के अन्तरों में प्राप्त वर्गों का योग

N = कुल व्यक्तियों की संख्या

सहसम्बन्ध गुणांक निकालने की प्रोडक्ट मोमेण्ट विधि

(Product Moment Method of Computing Coefficient of Correlation)

इस विधि को ब्रिटिश नागरिक कार्ल पियर्सन (Karl Pearson) ने प्रचलित किया था। अतः उनके सम्मान में इसे पियर्सन प्रोडक्ट मोमेण्ट विधि (Pearson Product Moment Method) भी कहा जाता है। इस विधि से प्राप्त सहसम्बन्ध को प्रोडक्ट मोमेण्ट सहसम्बन्ध गुणांक (Product Moment Coefficient of Correlation) कहा जाता है तथा 'r' चिन्ह द्वारा प्रकट किया जाता है–

(1) अवर्गीकृत प्रदत्तों में r ज्ञात करना (The calculation of 'r; from ungrouped data)–इस परिस्थिति में निम्न सूत्र का प्रयोग किया जाता है–

$$r = \frac{\Sigma xy}{\sqrt{\Sigma x^2, \Sigma y^2}}$$

यहां x = X – Mx (Test X के प्राप्तांकों का उनके मध्यमान से विचलन)

y = Y – My (Text Y के प्राप्तांकों का उनके मध्यमान से विचलन)

इस सूत्र का प्रयोग निम्न उदाहरण द्वारा समझा जा सकता है–

व्यक्ति	Test X के प्राप्तांक	X के प्राप्त अंकों का मध्यमान Mx	Test Y के प्राप्तांक	Y के अंकों का मध्यमान Mx	X	y	Σxy	x^2	y^2
A	15	25	60	50	–12	10	–100	100	100
B	25	25	70	50	0	20	0	0	40
C	20	25	40	50	–5	10	50	25	100
D	30	25	50	50	5	0	0	25	0
E	35	25	30	50	10	–20	–200	100	400

$\Sigma xy = -250,\ \Sigma x^2 = 250,\ \Sigma y^2 = 1000$

सबसे पहले हर मध्यमान ज्ञात करते हैं:

Text X के प्राप्तांकों का मध्यमान $M_x = 25$

Text Y के प्राप्तांकों का मध्यमान $M_y = 50$

$$\text{सूत्र } r = \frac{\Sigma xy}{\sqrt{\Sigma x^2 \cdot \Sigma y^2}} = \frac{-250}{\sqrt{250 \times 1000}} = \frac{-250}{\sqrt{250000}} = \frac{-25}{500} = \frac{-1}{2} = -0.5$$

(2) मध्यमान विचलन ज्ञात किये बिना प्राप्तांकों से सीधे ही r ज्ञात करना [Computation of r directly from raw scores when deviations are taken from zero ¼without calculating deviations from the means]

यहां निम्न सूत्र का प्रयोग किया जाता है–

$$r = \frac{N\sum XY - \sum X.\sum Y}{\sqrt{[N\sum X^2 - (\sum X)^2][N\sum Y^2 - (\sum Y)^2]}}$$

इस सूत्र का प्रयोग निम्न उदाहरण द्वारा समझा जा सकता है

व्यक्ति	Test X के प्राप्तांक X	Test Y के प्राप्तांक Y	XY	X^2	Y^2
A	5	12	60	25	144
B	3	15	45	9	225
C	2	11	22	4	121
D	8	10	80	64	100
E	6	18	108	36	324
N = 5	ΣX = 24	ΣY= 66	ΣXY = 315	$\Sigma X^2 = 138$	$\Sigma Y^2 = 914$

$$r = \frac{5\times315-24\times66}{\sqrt{[5\times135-576][5\times914-66\times66]}}$$

$$= \frac{157-1650}{\sqrt{[960-576][4570-4356]}}$$

$$= \frac{-75}{\sqrt{114\times214}} = \frac{-75}{\sqrt{24396}} = \frac{-75}{156.2} = -0.48$$

Ans. r = –0.48

9

सामान्य संभाव्यता वक्र
(Normal Probability Curve)

सामान्य वितरण तथा सामान्य संभाव्य वक्र से अभिप्राय
(What is a Normal Distribution or Normal Probability Curve?)

सामान्य (Normal) पद का शाब्दिक अर्थ 'औसत' (Average) होता है। विभिन्न आकलन या मूल्यांकन प्रविधियों या साधनों, जैसे-उपलब्धि परीक्षण, मनोवैज्ञानिक परीक्षण, अनुसूचियों तथा निर्धारण मापनी आदि से सम्बन्धित प्रदत्तों, कोई औसत या मध्यमान मूल्य की गणना करते समय इसी पुस्तक के तीसरे अध्याय में हमने इस पद (Normal or Average) का प्रयोग किया है। किसी परीक्षण या साधन के द्वारा किसी गुण या विशेषता का आकलन या मूल्यांकन किए जाने पर जो विद्यार्थी मध्यमान मूल्य प्राप्त करते हैं, उन्हें सामान्य (Normal) कहा जाता है और जिसके प्राप्तांक इस मान (Value) से ऊपर या नीचे होते हैं उन्हें क्रमश: औसत से अधिक या औसत से नीचे माना जाता है। यदि हम एक आकलन प्रविधि के द्वारा विद्यार्थियों की एक जनसंख्या से प्राप्त प्रदत्तों का विश्लेषण करने की कोशिश करें तो हम देखेंगे कि उन सभी के प्राप्तांकों में बहुत अन्तर है। उपलब्धि और मनोवैज्ञानिक परीक्षणों से एकत्रित किए हुए अधिकांश प्रदत्त सामान्य वितरण के नियम और स्वरूप का ही अनुकरण करते हैं। आइए देखते हैं कि सामान्य वितरण (Normal distribution) पद से हमारा क्या अभिप्राय है?

प्रकृति इस बात को लेकर पूरी मेहरबान है कि उसने जनसंख्या में बहुत सी वस्तुओं और गुणों जैसे-ऊँचाई, भार, दौलत, सुन्दरता, बुद्धि आदि का समान रूप में, सामान्य ढंग में वितरण किया है। इस वितरण के अनुसार अधिकांश लोगों में इन सभी गुणों को लेकर यह विशेषता पाई जाती है कि अधिकांश व्यक्ति औसत क्षमता या योग्यता वाले होते हैं, जबकि सामान्य से बहुत अधिक या सामान्य से बहुत कम गुणों और विशेषता वाले व्यक्ति काफी कम होते हैं। यह बात विद्यालय शिक्षा के विभिन्न विषयों और अधिगम कार्य से सम्बन्धित आकलन या मूल्यांकन के सम्बन्ध में भी उतनी ही सही है। अगर हम सामान्य वितरण सम्बन्धी ऐसे प्रदत्तों को ग्राफ पेपर पर अंकित करें तो हमें एक रोचक और अद्‌भुत वक्र, जो अपने आकार और प्रकार की

दृष्टि से एक घंटी के आकार की दिखाई देती है, नजर आएगी (देखिए चित्र 9.1)। इस घंटी के आकार के वक्र को ही सामान्य वक्र कहा जाता है।

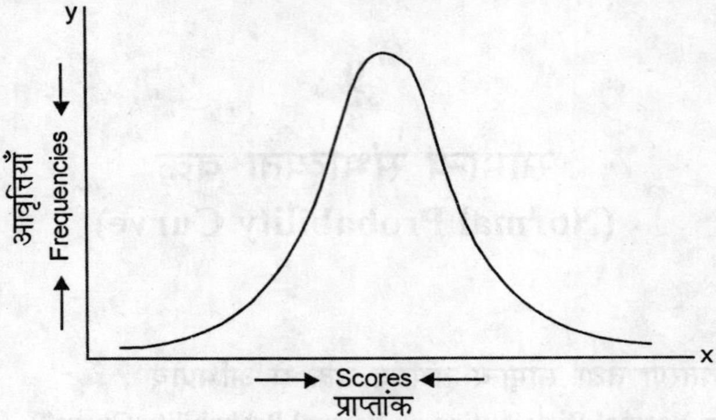

चित्र 9.1: सामान्य वक्र (Normal Curve)

एक सामान्य वक्र की विशेषताएँ एवं गुण
(Characteristics and Properties of a Normal Curve)

(1) इस वक्र में मध्यमान, मध्यांक और बहुलांक समान होते हैं।

(2) वक्र अपने मध्य से पूर्ण रूप से दोनों तरफ एक समान होता हैं।

(3) वक्र का आकार ऐसा होता है कि इसके दोनों तरफ के अन्तिम छोर आधार रेखा को नहीं छूते। इसलिए सिद्धान्त रूप से यह ऋणात्मक अनन्त (Minus infinity) से धनात्मक अनन्त (Plus infinity) तक फैली रहती है।

(4) चूंकि वक्र आधार रेखा को नहीं छूती इसलिए वक्र को काम में लाने हेतु वितरण के मध्यमान को प्रारम्भिक बिन्दु मानकर चला जाता है।

(5) इस वक्र की अधिकतम ऊँचाई प्रारम्भिक बिन्दु यानी वितरण के मध्यमान पर होती है।

(6) प्रारम्भिक बिन्दु (मध्यमान) से विचलन अर्थात् दूरी वितरण के प्रामाणिक विचलन (Sigma σ) को मापन की इकाई के रूप में स्वीकार कर आंकी जाती है।

(7) वक्र का विस्तार दोनों तरफ-बांयी तरफ -3σ से लेकर दांयी तरफ $+3\sigma$ की दूरी तक होता है।

(8) वक्र के उतार या चढ़ाव बिन्दु +1 तथा −1 प्रमाणिक विचलन इकाई ($=1\sigma$) दूरी जो मध्यमान के ऊपर और नीचे होती है, उससे शुरू होती है। इन्हीं बिन्दुओं से वक्र का आकार क्षैतिज आधार के सन्दर्भ में उत्तल (Convex) से अवतल (Concave) में परिवर्तित होता हुआ नजर आता है।

(9) वक्र का घिरा हुआ क्षेत्र -3σ से $+3\sigma$ के विस्तार में 10,000 मान कर चला

जाता है। मध्यमान से सिगमा (σ) इकाइयों में चलते हुए किसी निश्चित दूरी पर स्थित कुल क्षेत्र का निर्धारण एक विशेष प्रकार की सांख्यिकी तालिका द्वारा किया जाता है, जो अधिकतर सभी शैक्षिक सांख्यिकी पुस्तकों में उपलब्ध रहती है।

(10) इस तालिका के द्वारा हमें इस बात का पता लगता है कि 10,000 की जनसंख्या में से 3413 यानी 34.13% जनसंख्या मध्यमान और +1σ दूरी के बीच स्थित रहती है। इसी प्रकार वक्र के बांयी ओर मध्यमान और –1σ के बीच भी 34.13% जनसंख्या स्थित रहती है। फलस्वरूप इस वक्र का 68. 26% जनसंख्या वाला क्षेत्र मध्यमान से + (Plus) तथा – (Minus) प्रमाणिक विचलन (±1σ) दूरी से निर्धारित सीमाओं के भीतर स्थित रहती है। इसके अलावा यह बात भी देखी जा सकती है कि कुल जनसंख्या का 95.44% माइनस 2σ और प्लस 2σ के बीच में स्थित रहता है और –3σ और +3σ के बीच 99.74% जनसंख्या आ जाती है। इस तरह 10,000 में से केवल 26(10000–9974) जनसंख्या को प्रदर्शित करने वाली इकाइयाँ ही ±3σ के बाहर स्थित होती हुई अनुमानित की जा सकती हैं, जैसा कि नीचे आकृति 9.2 में दिखाया गया है–

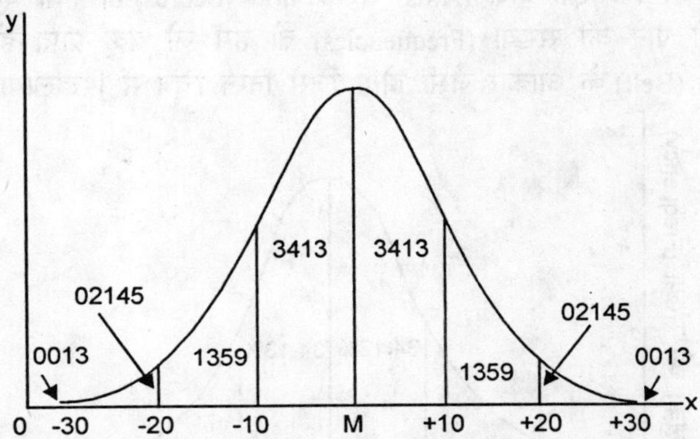

चित्र 9.2: मध्यमान से विभिन्न दूरी के क्षेत्र दिखाती हुई एक सामान्य वक्र
(Normal curve showing areas at different distances from the Mean)

सामान्य वितरण और वक्र की अवधारणा का एक उदाहरण
(An Illustration of the Concept of Normal Distribution and Curve)

सामान्य वितरण और वक्र की अवधारणा को स्पष्ट करने हेतु हम एक ऐसे उदाहरण की सहायता लेना चाहेगे जिसमें परीक्षार्थियों की एक दी हुई जनंसख्या के उपलब्धि प्राप्तांकों से प्राप्त वितरण को काम में लाया जा रहा है।

गुणों के सामान्य वितरण की प्रकृति को एक वक्र, जिसे सामान्य वितरण वक्र

(Normal Distribution Curve) का नाम दिया जाता है, उससे अच्छी तरह समझा जा सकता है। ऐसा वक्र बनाने के लिये चलो ऐसा करते हैं-केन्द्रीय माध्यमिक शिक्षा परिषद (CBSE) के ऑफिस में जाकर दसवीं कक्षा के वार्षिक परिणाम की रिपोर्ट लेते हैं। इन कई लाखों बालकों के परिणाम अनुक्रमांक अनुसार मिल जायेंगे। अब हम इनमें से 100,000 बालकों को अपने अध्ययन के लिये चुनते हैं। लिखे गये अनुक्रमांकों में से हर सौंवे (100) बालक को चुनते हुए हम 10 लाख में से 10000 का चयन कर सकते हैं। अब अगर इन 10000 बालकों द्वारा अर्जित कुल प्राप्तांकों (Total Marks) को लेकर उसका औसत निकाला जाये तो इससे हमें इन बालकों की चयनित जनसंख्या का मध्यमान (Mean) या औसत मिल सकता है। हम यह पायेंगे कि 10000 बालकों में से बहुत से बालकों के कुल प्राप्तांक (जो डिवीजन के लिये काम में लाये जाते हैं) इस औसत मान के नजदीक ही मिलेगे और यही कारण है कि द्वितीय श्रेणी यानी सैकन्ड डिवीजन पाने वालों की संख्या प्रथम या तृतीय श्रेणी पाने वालों से अधिक हुआ करती है। बहुत ही कम ऐसे होते हैं जिन्हें मेरिट पोजीशन प्राप्त होती है अथवा सामान्य या औसत से बहुत ही कम अंक प्राप्त होते हैं। अब अगर इन 10000 बालकों द्वारा अर्जित प्राप्तांकों को एक ग्राफ पेपर पर इस तरह अंकित कर ले कि एक अक्ष (Axis) पर प्राप्तांक (Scores) हो तथा दूसरे पर इन प्राप्तांकों को पाने की संख्या (Frequencies) तो हमें जो वक्र प्राप्त होगा उसकी आकृति घंटे (Bell) के आकार जैसी होगी जिसे निम्न चित्र में दिखलाया गया है।

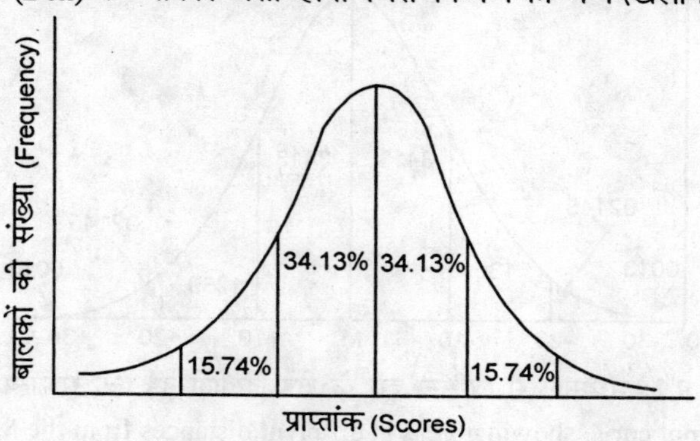

चित्र 9.3: परीक्षार्थियों की जनसंख्या में प्राप्तांकों का वितरण।

अब अगर उपरोक्त चित्र में दर्शाये गये प्राप्तांकों के वितरण प्रतिशत पर हम नजर डाले तो हम पायेंगे कि इस वक्र का मध्य क्षेत्र काफी बड़ा है। इसमें 34.13 + 34.13 = 68.26 बालकों के प्राप्तांक हैं। इससे यह प्रदर्शित होता है कि 1000 बालकों के प्राप्तांकों का जो मध्यमान (Average of mean) है वही प्राप्तांक 68.26% बालकों यानी 10000 में 6826 बालकों का है। दूसरे शब्दों में 10000 में से 6826 बालक ऐसे हैं जिन्हें औसत या सामान्य उपलब्धि वाले बालक कहा जाता है। सामान्यता से हट कर दोनों तरफ 15.74% बालक आते हैं।

वक्र प्रदर्शित करता है कि 10000 बालकों में से 1574 बालक शैक्षणिक उपलब्धि में औसत से ऊपर है और इसी प्रकार 1574 बालक औसत से कम हैं। 10वीं कक्षा की फाइनल परीक्षा में शैक्षणिक उपलब्धि की दृष्टि से ये बालक औसत से कम या ज्यादा योग्यता वाले कहे जाएगे। इससे स्पष्ट होता है कि बहुतायत तो ऐसे ही बालकों की होती है जिनके प्राप्तांक समूह के मध्यमान प्राप्तांक (Mean scores) के नजदीक ही होते हैं। सामान्य से बहुत कम या बहुत अधिक प्राप्तांक वाले बालकों की संख्या इनकी तुलना में बहुत ही कम होती है।

उपर्युक्त जानकारी और विश्लेषण के आधार पर हम आसानी से यह निष्कर्ष निकाल सकते हैं कि किसी दी गई जनसंख्या में आकलन के प्राप्तांकों का वितरण एक सामान्य वक्र के स्वरूप का अनुकरण करता है।

सामान्य सम्भाव्यता वक्र के उपयोग
(Uses and Applications of Normal Probability Curve)

शिक्षा से सम्बन्धित मापन के क्षेत्र में सामान्य सम्भाव्यता वक्र का काफी महत्व और अनुप्रयोग है। इसके कुछ महत्वपूर्ण अनुप्रयोगों की चर्चा निम्न रूप से की जा सकती है:

1. एक प्रतिमान के रूप में उपयोग (Use as a Model)–सामान्य सम्भाव्यता वक्र वितरण के एक आदर्श रूप का प्रतिनिधित्व करती है। एक प्रतिमान के रूप में इसका उपयोग निम्न प्रकार से देखा जा सकता है

(i) इसके साथ विभिन्न वितरणों की तुलना करना, जैसे–यह कहना कि क्या वितरण सामान्य है या नहीं और यदि सामान्य नहीं है तो यह सामान्य से किस प्रकार भिन्न है।

(ii) दो या दो से अधिक वितरणों को उनमें पाई जाने वाली समानताओं अथवा असमानताओं के सम्बन्ध में तुलना करने में सहायक होना।

(iii) विद्यार्थियों के प्राप्तांकों से उनकी निष्पतियों का आकलन या मूल्यांकन करना।

2. शतांश मान या शतांश अनुस्थिति की गणना करना (Computing Percentiles and Percentile Ranks)–एक दिए हुए सामान्य वितरण में शतांश मान और शतांश अनुस्थिति की गणना करने के लिए सामान्य सम्भाव्यता वक्र बड़ी सुविधानुसार उपयोग में लाई जा सकती है।

3. मापन की मानक त्रुटियों के सम्प्रत्यय को समझना और अनुप्रयोग करना (Understanding Applying the Concept of Standard errors of Measurement)–जैसा कि पहले भी कहा जा चुका है सामान्य वक्र को इस आधार पर, कि यह मापन की मानक त्रुटियों के सम्प्रत्यय को समझने में सहायता करती है, त्रुटियों की सामान्य वक्र या त्रुटियों की वक्र के रूप में भी जाना जाता है। उदाहरण के लिए, यदि हम केवल एक अकेली समष्टि (Population) से लिए हुए विभिन्न प्रतिदशों के वितरण के लिए मध्यमान की गणना करते हैं, तो ये सभी मध्यमान पूरी समष्टि के मध्यमान के इर्द-गिर्द सामान्य रूप से वितरित होते हुए पाए जाते हैं। इस अवस्था में किसी एक

प्रतिदर्श के मध्यमान की सिगमा दूरी उस प्रतिदर्श के मध्यमान के मापन में होने वाली प्रामाणिक त्रुटि (Standard error) को ज्ञात करने में मदद करती है।

4. योग्यताओं के आधार पर समूह निर्धारण (Ability Grouping) –एक सामान्य वक्र की सहायता से व्यक्तियों के एक समूह को असानी से कुछ विशेषताओं अथवा गुणों के सन्दर्भ में (जिनके बारे में यह कहा जा सके कि समष्टि में सामान्य रूप से वितरित हैं) कुछ विशिष्ट श्रेणियों जैसे–A, B, C, D, E (बहुत अच्छा, अच्छा, औसत, बुरा, बहुत बुरा) में विभाजित किया जा सकता है।

5. गुणात्मक प्रदत्तों का रूपान्तरण और इकट्ठा करना (Transforming and Combining qualitative Data) –किसी चर (Variable) विशेष का सामान्य रूप से वितरण हो रहा है, इस मान्यता के आधार पर गुणात्मक प्रदत्तों (जैसे–मूल्यांकन कर्ताओं द्वारा प्रदत्त रेटिंग, अक्षरात्मक ग्रेडिंग (Letter grades) और किसी मापनी पर प्रदत्त रेन्किंग) के समूह को सुविधापूर्वक इस प्रकार रूपान्तरित और मिलाया जा सकता है कि उसके आधार पर इस प्रकार के सभी गुणात्मक प्रदत्तों के समूह से एक ऐसे मान/मूल्य की गणना हो सके जो प्रत्येक विद्यार्थी के लिये उसकी निष्पति का औसत मान बनकर सामने आये।

6. मूल प्राप्तांकों को तुलनात्मक प्रामाणिक सामान्यीकृत प्राप्तांकों में बदलना (Converting Raw Scores into Comparable Standard Normalized Scores) –कई बार हम विद्यार्थियों की निष्पत्ति को दो या दो से अधिक प्रकार के मापन परीक्षणों से मापन करके अलग-अलग प्रकार के प्राप्तांक अर्जित करते हैं, जैसे–गणित और अंग्रेजी के उपलब्धि परीक्षणों से प्राप्त अलग-अलग प्राप्तांक तथा इसके बाद हम यह पता लगाना चाहते हैं कि विद्यार्थी ने गणित या अंग्रेजी किसमें अधिक निष्पत्ति स्तर अर्जित किया है। पर इस प्रकार की तुलना हम तब तक नहीं कर सकते जब तक कि गणित और अंग्रेजी के इन दोनों परीक्षणों की मापनी एक जैसी हो। एक सामान्य वक्र की सहायता से विभिन्न परीक्षणों के मूल प्राप्तांकों को हम प्रामाणिक सामान्यीकृत प्राप्तांकों में परिवर्तित कर सकते हैं, जैसे सिगमा (या Z स्कोर) और टी स्कोर। एक दिए गए मूल प्राप्तांक को Z प्राप्तांक में परिवर्तित करने के लिए वितरण के प्राप्तांक के मध्यमान को सम्बन्धित मूल प्राप्तांक से घटाते हैं और इसे वितरण के प्रमाणिक विचलन से विभाजित करते हैं जैसे-$\left(Z = \frac{X - M}{\sigma}\right)$ इस प्रकार से एक प्रामाणिक प्राप्तांक स्पष्ट रूप से यह बताता है कि कोई एक मूल प्राप्तांक कितनी प्रामाणिक विचलन इकाइयाँ मध्यमान से ऊपर है या नीचे हैं और इस प्रकार सामान्य वक्र एक उपयोगी तुलना के लिए एक प्रामाणिक मापनी प्रदान करता है। क्योंकि Z मान नकारात्मक चिन्ह या दशमलव से युक्त हो सकते है, इसलिए इन्हें किसी स्थिरांक से गुणा कर और कोई एक और दूसरा स्थिरांक इसमें जोड़ कर T मान (T values) में परिवर्तित कर लिया जाता है और इसके लिए जिस सूत्र का उपयोग किया जाता है, वह है: T Score = 10 Z + 50

7. परीक्षण पदों या प्रश्नों की सापेक्षिक कठिनाई निर्धारित करना (Determining the relative Difficulty of Test Items)—सामान्य सम्भाव्यकता वक्र परीक्षण पदों या प्रश्नों की कठिनाई स्तर को निर्धारित करने हेतु एक बहुत ही सरल और तार्किक विधि को प्रस्तुत करने की सामर्थ्य रखती है। इसकी सहायता से परीक्षा प्रश्नों, समस्याओं तथा अन्य परीक्षण पदों की सापेक्षिक कठिनाई आसानी से ज्ञात की जा सकती है।

स्क्यूनेस या विषमता तथा कुर्टोसिस या ककुदता (Skewness and Kurtesis)

एक सामान्य संभाव्यता वक्र में प्रदत्तों का वितरण सदैव ही ऐसा रहता है कि प्रतिदर्श में शामिल अधिकांश व्यक्तियों के प्राप्तांक या निष्पत्ति अंक मध्यमान या औसत के इर्द गिर्द रहे। परंतु सदैव ही अनुसंधान अध्ययनों में इस प्रकार के वितरण का रहना जरूरी नहीं होता कि उससे सामान्य संभाव्यता वक्र की उपलब्धि होती रहे। उन मामलों में जहां अध्ययन प्रतिदर्श में शामिल व्यक्तियों के प्राप्तांक समूह के मध्यमान या औसत अंकों से बहुत अधिक विचलन प्रदर्शित करते हों तब हमें सामान्य संभाव्यता वक्र की उपलब्धि नहीं होती और इस अवस्था में प्राप्तांक वितरण और इससे प्राप्त वक्रों में निम्न दो प्रकार की भिन्नता दिखाई दे सकती है।

(a) स्क्यूनैस या विषमता (Skewness) के रूप में

(b) कुर्टोसिस का ककुदता (Kurtosis) के रूप में

आइये स्क्यूनैस तथा कुर्टोसिस संबंधी अवधारणा को अच्छी तरह समझा जाए।

स्क्यूनैस या विषमता-स्क्यूनैस या विषमता से तात्पर्य समानता या समरूपता के अभाव से है। एक सामान्य संभाव्यता वक्र पूरी तरह से समरूपता युक्त वक्र होती है। अगर इस वक्र को उसके मध्य में स्थित शीर्षाकार रेखा (जिसे वक्र के उच्चतम बिंदु से आधार रेखा पर लम्ब डालकर प्राप्त किया जा सकता है) के सहारे मोड़ा जाय तो आधार रेखा के दोनों ओर स्थित क्षेत्र एक दूसरे पर पूरी तरह आच्छादित होते हुए दिखाई देंगे। इस वक्र से संबंधित आवृत्ति वितरण में मध्यमान, मध्यांक तथा बहुलांक का मान समान होता है। परंतु अन्य आवृत्ति वितरणों में जिनसे सामान्य संभाव्यता वक्र की उपलब्धि नहीं होती, मध्यमान, मध्यांक तथा बहुलांक के मान समान नहीं होते तथा वक्र के दायी ओर बाईं ओर स्थित भागों में समरूपता के दर्शन नहीं होते। इस प्रकार के आवृत्ति वितरणों को स्क्यूपीड यानी विषमता के युक्त पाया जाता है जिसके दो रूप हो सकते हैं।

(i) या तो वे वक्र के केन्द्र से बाईं ओर अधिक झुक सकते हैं जैसा कि चित्र 9.4 में दिखाया गया है, अथवा (ii) वे वक्र के केन्द्र से दायीं ओर अधिक झुक सकते हैं जैसा कि चित्र 9.5 में दिखाया गया है।

इस प्रकार झुकी हुई वक्राकार आकृतियां किस रूप में तथा कितनी बाईं और दायीं और झुक कर एक बिना झुकी सामान्य संभाव्यता वक्र से कितनी अधिक अलग हो सकती हैं। यह जानने हेतु हम साथ में एक सामान्य संभाव्यता वक्र की भी आकृति चित्र 9.6 में प्रस्तुत कर रहे हैं।

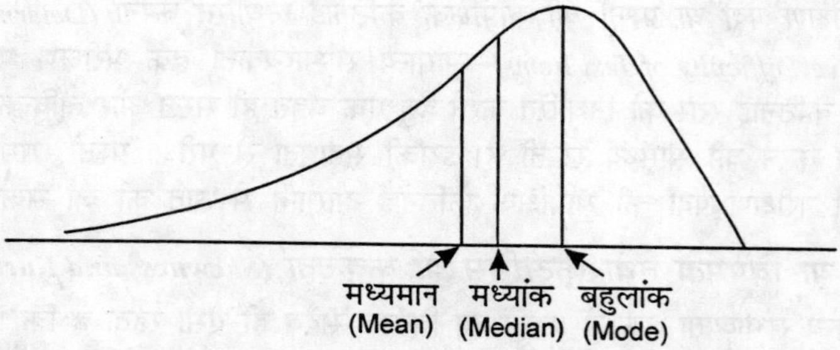

चित्र 9.4: ऋणात्मक स्क्यूनैस (Negative Skewness) (वक्र वायीं ओर अधिक झुकती है)

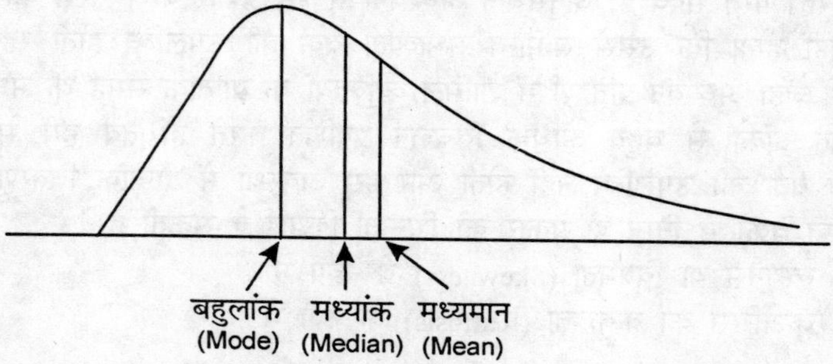

चित्र 9.5: धनात्मक स्क्यूनैस (Positive Skewness) (वक्र दायीं ओर अधिक झुकती है)

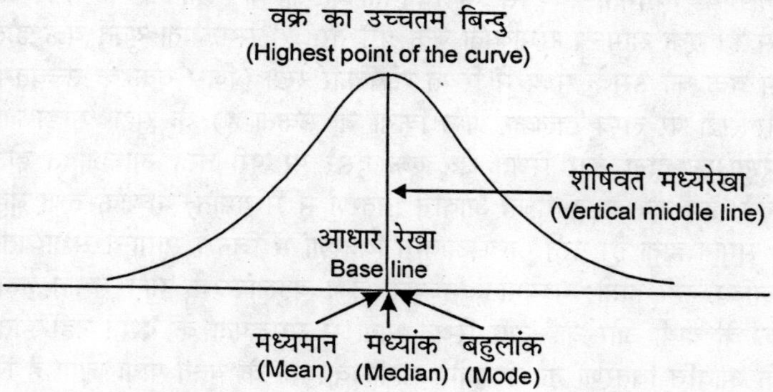

चित्र 9.6: सामान्य (समरूप) वक्र (Normal Symmetrical Curve)

जैसा कि उपरोक्त चित्रों में दिखाया गया है, स्पष्ट रूप से दो प्रकार के स्क्यूड यानी वैषम्य वितरण (Skewed Distribution) पाये जाते हैं। किसी आवृत्ति वितरण (Frequency Distribution) को ऋणात्मक स्क्यूड (Negative Skewed) तब कहा जाता है जब एक समूह विशेष में शामिल अधिकांश व्यक्तियों के प्राप्तांक समूह के मध्यमान प्राप्तांकों से अधिक होते हैं। इसी प्रकार किसी आवृत्ति वितरण को धनात्मक स्क्यूड (Positively Skewed) तब कहा जाता है जब एक समूह विशेष के शामिल अधिकांश व्यक्तियों के प्राप्तांक समूह के मध्यमान प्राप्तांकों से कम होते हैं।

स्क्यूनैस की गणना (Computation of Skewness)

किसी आवृति वितरण की स्क्यूनैस या विषमता की गणना करने हेतु निम्न सूत्रों का उपयोग करके आगे बढ़ा जा सकता है।

$$\text{स्क्यूनैस (Skewness)} = \frac{3(\text{मध्यमान–मध्यांक})}{\text{प्रामाणिक विचलन}}$$

यानी
$$S_K = \frac{3(M - M_d)}{SD}$$

परन्तु जब परसेन्टाइल्स ज्ञात हों तब एक्यूनैस की गणना हेतु निम्न सूत्र का उपयोग किया जा सकता है।

$$\text{स्क्यूनैस (Skewness)} = \frac{P_{90} + P_{10}}{2} - P_{50}$$

कुर्टोसिस या ककुदता (Kurtosis)

उस अवस्था में जब किसी समूह विशेष में शामिल व्यक्तियों में बहुत कम व्यक्ति ही ऐसे पाये जाते हैं जब उनके प्राप्तांक समूह के मध्यमान प्राप्तांक के नजदीक हों उस अवस्था में समूह विशेष के प्राप्तांकों को आवृत्ति वितरणों के प्रतिनिधि वक्र सामान्य वक्र की तुलना में बीच में से अधिक चपटे (Flattened in the middle) दिखाई देते हैं। परंतु जब समूह में ऐसे व्यक्तियों की तादात अधिक होती है जिनके प्राप्तांक समूह के मध्यमान प्राप्तांक के नजदीक हो उस अवस्था में समूह विशेष के प्राप्तांकों के आवृत्ति वितरणों में प्रतिनिधि वक्र सामान्य वक्र की तुलना में बीच में से अधिक ऊपर उठते हुए (Peaked in the middle) दिखाई देते हैं।

इन चपटे तथा ऊपर उठते हुए दोनों प्रकारों को एक वक्र विशेष की कुर्टोसिस या ककुदता संबंधी विशेषता का नाम दिया जाता है।

कुर्टोसिस या ककुदता के प्रकार (Types of Kurtosis)

कुर्टोसिस या ककुदता के प्राय: तीन रूप या प्रकार होते हैं–

1. प्लेटीकर्टिक (Platykurtic)–एक आवृत्ति वितरण वक्र को प्लेटीकर्टिक तब कहा जाता है जब वह एक सामान्य संभाव्यता वक्र (Normal Probability Curve) की तुलना में अधिक चपटी (Flattened) नजर आये जैसा कि चित्र 9.7 में दिखाया गया है।

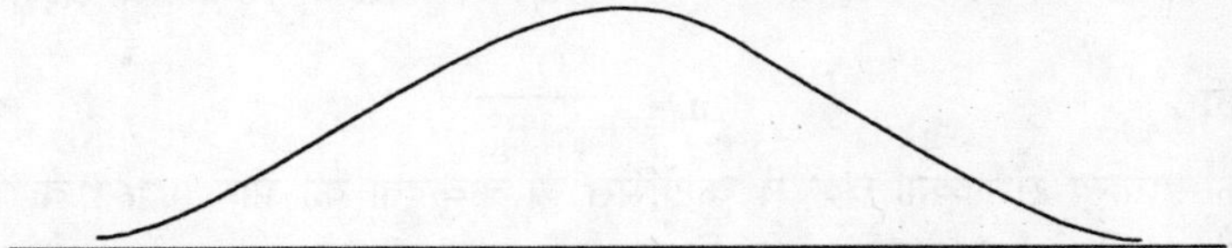

चित्र 9.7: प्लेटीकर्टिक (Platykartic)

2. लेप्टोकर्टिक (Leptokurtic)–एक आवृति वितरण का प्रतिनिधित्व करने वाले वक्र को लेप्टोकर्टक तब कहा जाता है जब वह एक सामान्य संभाव्यता वक्र (Normal Probability Curve) की तुलना में अधिक पतली और ऊपर उठी हुई (Peaked) नजर आये। जैसा कि चित्र 9.8 में दिखाया गया है।

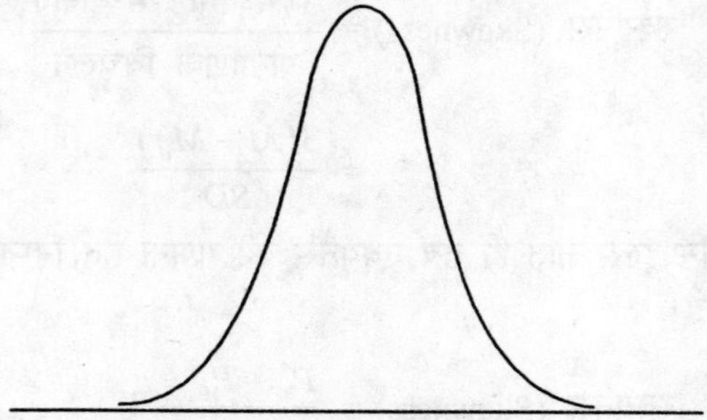

चित्र 9.8: लेप्टोकर्टिक

3. मीसोकर्टिक (*Mesokertic*)–एक आवृत्ति वितरण का प्रतिनिधित्व करने वाले वक्र को मीसोकर्टिक तब कहा जाता है जब वह लगभग उसी तरह नजर आये जैसा कि एक सामान्य संभाव्यता वक्र नजर आती है जैसा कि चित्र 9.9 में दिखाया गया है।

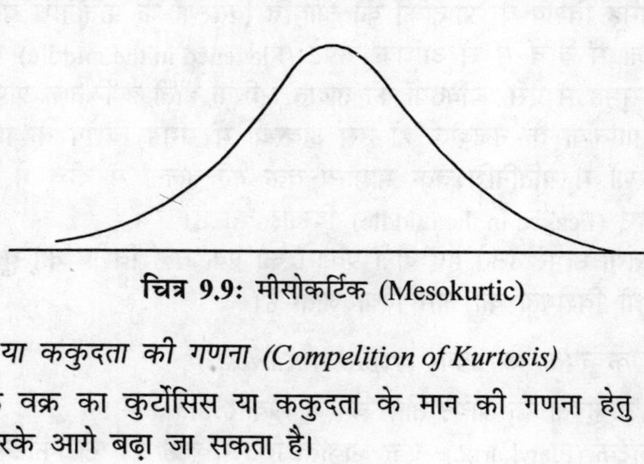

चित्र 9.9: मीसोकर्टिक (Mesokurtic)

कुर्टोसिस या ककुदता की गणना (Compelition of Kurtosis)

किसी एक वक्र का कुर्टोसिस या ककुदता के मान की गणना हेतु निम्नसूत्र का उपयोग करके आगे बढ़ा जा सकता है।

$$\text{कुर्टोसिस या ककुदता (Kurtosis)} = \frac{\text{चतुर्थांस विचलन (Quartile Deviates)}}{\text{90वाँ परसेन्टाइल} - \text{10वाँ परसेन्टाइल}}$$

यानी
$$Ku = \frac{Q}{P_{90} - P_{10}}$$

एक सामान्य संभाव्यता वक्र में कुर्टोसिस या ककुदता का मान 0.263 के बराबर होता है। इसलिये जब एक आवृति वितरण की ककुदता का मान 0.263 से अधिक होता है उस वितरण को प्लेटीकर्टिक कहा जाता है। परंतु जब वह 0.263 से कम हो तब उस वितरण को लेप्टोकर्टिक कहा जाता है।

10

मूल्यांकन में नवीन प्रवृत्तियां
(New Trends in Evaluation)

विषय प्रवेश (Introduction)

जैसा कि हम इस पुस्तक के पहले अध्यायों में चर्चा कर चुके है कि मूल्यांकन या आकलन शिक्षण अधिगम की विभिन्न प्रक्रियाओं के परिणामस्वरूप विद्यार्थियों में होने वाले अधिगम प्रतिफलों के बारे में निर्णय लेने में हमारी सहायता करता है। विद्यार्थियों के अधिगम परिणामों का आवश्यक मूल्यांकन या आकलन करने के लिए हम मूल्यांकन के अनेक उपकरणों, तकनीकों और युक्तियों का प्रयोग करते हैं और फिर जरूरी निष्कर्ष निकालने के लिए अंकन करने, प्रक्रियाकरण करने और विश्लेषण तथा व्याख्या करने का कार्य सम्पन्न किया जाता है और तब इसके आधार पर शिक्षण अधिगम प्रक्रिया और परिणाम में सुधार लाने तथा उत्तम बनाने के लिए आवश्यक पृष्ठपोषण प्रदान किया जाता है।

अधिगम परिणामों के मूल्यांकन के इस प्रकार के सभी पक्षों और आयामों में जो भी कार्य किया जाता है, वह पूर्ण रूप से व्यवस्थित, वस्तुनिष्ठ एवं प्रयोजन पूर्ण होना चाहिए और इसीलिए आकलन या मूल्यांकन के क्षेत्र में क्रियाशील प्रवृत्तियों या व्यवहारों में आवश्यक सुधार लाने के प्रयत्न हमेशा ही किए जाते रहते हैं। परिणामस्वरूप आज हमें अपनी इस वर्तमान स्थिति में बहुत-सी ऐसी नवीन आधुनिक प्रवृत्तियों को प्रयोग में लाने सम्बन्धी बातें नजर आ रही हैं जिनसे विद्यार्थियों के अधिगम परिणामों का मूल्यांकन हो सके। साथ ही अभी कुछ ऐसी मूल्यांकन प्रवृत्तियाँ भी अपने प्रयोग को लेकर प्रतीक्षारत हैं जो मूल्यांकन में काफी सहयोग दे सकती हैं। परन्तु प्रस्तुत अध्याय में हम निम्न नवीन मूल्यांकन प्रवृत्तियों की चर्चा करने जा रहे हैं।

(i) ग्रेडिंग प्रणाली (Grading System)
(ii) विकल्प आधारित क्रेडिट प्रणाली (Choice based Credit System)
(iii) कम्प्यूटर आधारित ऑनलाइन परीक्षा (Computer based Online Examination)
(iv) खुली पुस्तक परीक्षा (Open Book Examination)
(v) प्रश्न बैंक (Question Bank)

(vi) मांग आधारित परीक्षा (Examination on demand)

आइए इन सभी की एक एक कर चर्चा करते हैं।

ग्रेडिंग प्रणाली (Grading System)

ग्रेडिंग प्रणाली में विद्यार्थियों को उनकी शैक्षिक उपलब्धि से संबंधित मूल्यांकन परिणामों को व्यक्त करने के लिए उन्हें पास-फेल घोषित करने या पूर्णांकों में से कितने प्रतिशत अंक प्राप्त किए हैं ऐसा बताने की अपेक्षा अक्षर ग्रेड (Letter grades) जैसे A, B, C, D, E, या O, A, B, C , D इत्यादि प्रदान किए जाते हैं। इस प्रणाली की परंपरागत डिवीजन तथा प्रतिशत अंक प्रणाली से निम्न बातों को लेकर अच्छा समझा जाता है-

(i) उत्तर या उपलब्धि विशेष के लिए सही-सही कितने अंक दिए जाएँ इसकी अपेक्षा पक्षपात तथा आत्मगतता (biases and subjectivity) पर आवश्यक अंकुश लगाते हुए ग्रेड प्रदान करना ज्यादा आसान तथा युक्तिसंगत प्रतीत होता है।

(ii) अगर एक ही परीक्षण तथा परीक्षा से संबंधित परीक्षा केंद्रों की उत्तर पुस्तिकाएँ अलग-अलग परीक्षकों के पास जाएँ या अलग-अलग परीक्षक विभिन्न विद्यार्थियों, विद्यार्थी समूहों की परीक्षाएँ लें तो उनके मूल्यांकन में आत्मनिष्ठा तथा अंकन स्तर की विभिन्नता को लेकर अंतर आना स्वाभाविक ही है। ग्रेडिंग, परीक्षकों की इस प्रकार की आत्मनिष्ठा तथा अविश्वसनीयता पर रोक लगाने का प्रयास करना है।

(iii) प्रचलित प्रणाली में प्रतिशत अंक लेने के आधार पर विद्यार्थियों को पास, फेल घोषित करने या प्रथम, द्वितीय, तृतीय श्रेणी प्रदान करने का चलन है। एक या दो नम्बर इधर-उधर होने से विद्यार्थी पास से फेल तथा द्वितीय से तृतीय डिवीजन में पहुँच जाते हैं। 100 में 59 अंक लेने वाला विद्यार्थीं द्वितीय श्रेणी प्राप्त करता है जबकि केवल एक अंक ज्यादा लेने से ही वह प्रथम श्रेणी प्राप्त कर होशियार, प्रतिभाशाली बालकों की श्रेणी में आकर अनेक सुविधाओं जैसे आगे की कक्षाओं में प्रवेश लेना, नौकरियों में साक्षात्कार देने के काबिल बन जाना, वजीफा लेना इत्यादि को प्राप्त कर लेता है। ग्रेडिंग में वर्गीकरण का आधार बढ़ जाता है जैसे 55% से 65% तक अंक पाने वाले को एक-सा ग्रेड देकर प्रचलित दोष को बहुत कुछ सीमा तक दूर किया जा सकता है।

(iv) कई बार पाठ्यक्रम के विविध विषयों में पूर्णांक एक जैसे नहीं होते और विषय विशेष की परीक्षाओं जैसे मौखिक, लिखित तथा क्रियात्मक परीक्षाओं या आंतरिक मूल्यांकन में भी पूर्णाक तथा प्राप्तांकों का सीमा विस्तार (range) एक जैसा नहीं होता, परन्तु पास, फेल घोषित करने या डिवीजन

प्रदान करने हेतु इन सभी प्रकार के असमान और विसंगत मूल्यांकन परिणामों या प्राप्तांकों को जोड़ लिया जाता है। गणित और संख्यिकी की दृष्टि से ऐसा करना युक्तिसंगत नहीं है। ग्रेडिंग प्रणाली इस दोष को दूर करने हेतु एक अच्छा विकल्प प्रस्तुत करती है।

(v) मूल्यांकन चाहे अलग-अलग विभिन्न परीक्षकों द्वारा किया जाए या विभिन्न विषयों, कार्यक्षेत्रों तथा विभिन्न मूल्यांकन तकनीकों से किया जाए, सभी अवस्थाओं में एक जैसा आधार प्रदान करके उचित तुलनात्मक अध्ययन करने तथा सभी अवस्थाओं के मूल्यांकन परिणामों का उचित संकलन (Summation) करने के लिए ग्रेडिंग प्रणाली काफी वस्तुनिष्ठ तथा विश्वसनीय आधार प्रदान करती है।

ग्रेडिंग विधियाँ (Methods of Grading): ग्रेडिंग प्रणाली में प्रायः दो प्रकार के अक्षर ग्रेड जैसे A, B, C, D, E तथा O, A, B, C, D देने का रिवाज है। इनके द्वारा क्रमशः उत्कृष्ट (Out-standing). बहुत अच्छा, अच्छा, कम या बहुत कम उपलब्धि स्तर का प्रतिनिधित्व किया जाता है। इन अक्षर ग्रेडों को प्रदान करने हेतु प्रायः निम्न दो विधियों का अनुसरण किया जाता है–

निरपेक्ष ग्रेडिंग विधि (Absolute Grading Method): इस विधि में अक्षर ग्रेड प्रदान करने हेतु कोई पूर्व निर्धारित स्तर चुन लिया जाता है। ऐसा निम्न दो तरह से किया जा सकता है–

(a) यह तय कर लिया जाता है कि किस अक्षर ग्रेड को प्रदान करने हेतु कितने प्रतिशत अंक चाहिए। दूसरे शब्दों में मूल्यांकन परिणामों के रूप में विद्यार्थियों को जो प्रतिशत अंक प्राप्त होते हैं हम उनकी अलग-अलग विस्तार सीमाएँ (Ranges) बनाकर उन्हें भिन्न-भिन्न अक्षर ग्रेड प्रदान कर देते हैं जैसा कि नीचे दिखाया गया है–

ग्रेड (Grade)	*अंक प्रतिशत (Scores percentage)*
O	80% और उससे अधिक
A	70-79%
B	60-69%
C	50-59%
D	50% प्रतिशत से कम

(b) निरपेक्ष ग्रेडिंग (absolute grading) का दूसरा अन्य रूप कसौटी या मानदंड संदर्भित ग्रेडिंग (Criterion Referenced Grading) कहलाता है। इसमें परीक्षण का कठिनाई स्तर कैसा है तथा विद्यार्थियों से किस प्रकार की अधिगम निष्पति (learning performance) की अपेक्षा की जा सकती है, इन दोनों बातों को ध्यान में रखते हुए परीक्षक द्वारा निष्पत्ति स्तर का एक मानदंड निर्धारित कर लिया जाता है और फिर उसी के हिसाब से अक्षर ग्रेड प्रदान करने का काम किया जाता है। दूसरे शब्दों में,

विद्यार्थियों का मूल्यांकन करने से पहले ही यह निर्णय ले लिया जाता है कि विद्यार्थियों की किस प्रकार की उपलब्धि या निष्पत्ति (व्यवहार परिवर्तन के संदर्भ में) उनको कौन-कौन से अक्षर ग्रेड दिलाएगी। निष्पत्ति के स्तर तथा अक्षर ग्रेडों को निम्न रूप में प्रदर्शित किया जा सकता है –

ग्रेड (Grade)	*निष्पत्ति स्तर (पूर्व निर्धारित उद्देश्यों की प्राप्ति के संदर्भ में) (Performance Level (In Relation to the Attainment of Pre-determined Objectives)*
O	बहुत ही अच्छा या उत्कृष्ट (Outstanding)
A	सामान्य से ऊपर उत्तम (Above Average or Very Good)
B	सामान्य या अच्छा (Average or Good)
C	सामान्य से कम या कमजोर (Below Average or Poor)
D	बहुत ही कमजोर या निराशाजनक (Inadequate or Very Poor)

सापेक्ष ग्रेडिंग विधि (Relative Grading Method): इस विधि में विद्यार्थियों की अपनी कक्षा या समूह विशेष में अपनी उपलब्धि या निष्पति के आधार पर जो सापेक्षिक स्थिति या मेरिट पोजीशन (Ranks) होती है उसी के आधार पर उनकी ग्रेडिंग कर दी जाती है। व्यावहारिक रूप में इस प्रकार के ग्रेड वितरण में "सामान्य वक्र वितरण" (Normal curve Distribution) के सिद्धांत का अनुसरण किया जाता है। इसके पीछे यही मान्यता कार्य करती है कि विद्यार्थियों की किसी भी एक निश्चित जनसंख्या में अंकों का वितरण "सामान्य वक्र वितरण" के अनुरूप ही होता है। इस दृष्टि से सामान्य वक्र क्षेत्र को सांख्यिकी विधि का प्रयोग करते हुए जितने ग्रेड दिए जाने होते हैं उनते ही खंडों में बाँटकर यह निश्चित कर लिया जाता है कि खंड विशेष में दी हुई जनसंख्या (population) के कितने प्रतिशत विद्यार्थी शामिल होंगे। इस प्रकार की जानकारी आगे जाकर हमें ग्रेडिंग करने हेतु निम्न प्रकार का निर्णय लेने में सहायक बनती है–

ग्रेड (Grade)	*विद्यार्थियों का प्रतिशत जिन्हें यह ग्रेड दिया जाना है (Percentage of cases for being assigned the given grade)*
O	कक्षा या समूह के शीर्षस्थ 7%
A	कक्षा या समूह के शीर्षस्थ से नीचे 24%
B	कक्षा या समूह के मध्य 38%
C	कक्षा या समूह के मध्य से कुछ नीचे 24%
D	कक्षा या समूह के सबसे नीचे वाले 7%

शीर्ष के 7% और इसके बाद के 24% तथा मध्य के 38% तथा उसके नीचे के 24 तथा 7% विद्यार्थियों में किस-किस की गिनती की जाएगी इस बात का निर्णय

विद्यार्थी विशेष द्वारा किसी परीक्षण या मूल्यांकन तकनीक विशेष में अर्जित अंकों के आधार पर ही लिया जाता है। जितने अंक या रेटिंग स्कोर विद्यार्थियों ने अर्जित किए होते हैं उनके इन प्राप्तांकों को घटते हुए क्रम (descending order) में व्यवस्थित कर लिया जाता है। किसके कितने अंक हैं, इसकी पहचान हेतु उन विद्यार्थियों के रोल नं. भी साथ लिख दिए जाते हैं और फिर शीर्ष पर स्थित 7% विद्यार्थियों को O grade, उसके बाद के 24% को A ग्रेड, उसके नीचे के 38% को B ग्रेड तथा बाद के 24% तथा 7% को क्रमश: C तथा D ग्रेड प्रदान कर दिया जाता है।

विकल्प आधारित क्रेडिट व्यवस्था (Choice Based Credit System)

आजकल बहुत से महाविद्यालयों और विश्वविद्यालयों में प्रचलित प्रवृति "विकल्प आधारित क्रेडिट व्यवस्था", "शिक्षा और मूल्यांकन के क्षेत्र में प्रचलित बहुत सी प्रवृत्तियों जैसे- विद्यालय शिक्षा और उच्चतर शिक्षा व्यवस्था में उपस्थित सेमेस्टर प्रणाली, ग्रेडिंग प्रणाली और समग्र एवं सतत मूल्यांकन (CCE) आदि के अलावा एकदम से नवीन प्रवृत्ति का प्रतिनिधित्व करती है। आइए यहाँ हम यह जानने का प्रयास करते हैं कि यह क्या है और यह कैसे कार्य करती है?

विकल्प आधारित क्रेडिट व्यवस्था क्या है?

(What is choice based credit systems ?)

विद्यालय अनुदान आयोग (UGC) की पहल, मार्गदर्शन, समर्थन तथा सहायता के द्वारा 'विकल्प आधारित क्रेडिट व्यवस्था' वर्तमान उच्चतर शिक्षा व्यवस्था में किए गए विभिन्न मूल्यांकन-सह-शैक्षणिक सुधारों में एक महत्वपूर्ण सुधार है। इसका मुख्य उद्देश्य विद्यार्थियों और उच्चतर शिक्षा संस्थानों को उचित स्वायत्तता प्रदान करते हुए मूल्यांकन एवं शैक्षणिक व्यवस्था में इस प्रकार के गुणात्मक सुधार लाना है जिससे वर्तमान दौर की चुनौतियों विशेषकर वैश्वीकरण से सम्बन्धित बातों से सामंजस्य करने में सफलता मिले। अपने नाम के अनुसार विकल्प आधारित क्रेडिट व्यवस्था में विकल्प और क्रेडिट के नाम से जाने जाने वाले दो मुख्य आकर्षण और विशेषताएँ देखने को मिलती है:

A. इस व्यवस्था में विकल्प पद से तात्पर्य है:

(i) अधिगमकर्ता क्या सीखना चाहता है, इसके लिए उसे स्वीकृति देना (प्रस्तावित पाठ्यक्रम में से चयन करना, जैसे- अनिवार्य, वैकल्पिक या अन्य कौशल कोर्सस के रूप में निर्देशित विषय या पेपर)

(ii) अपनी स्वयं की गति से अधिगम करने के सन्दर्भ में अपना विकल्प चयन करने की स्वीकृति देना।

(iii) जिस विद्यालय में वे पढ़ रहे हैं, वहीं पर अपना अध्ययन जारी रखने या अपने आगे के अध्ययन के लिए नई संस्था या कार्यक्रम में, अब तक अर्जित क्रेडिट के स्थानान्तरण की सुविधा सहित, प्रवेश लेने की स्वीकृति देना।

(iv) संस्था (विद्यालय, महाविद्यालय या विश्वविद्यालय) के लिए विकल्प पद से अभिप्राय यह है कि उन्हें क्या पढ़ाना है और कैसे पढ़ाना है इसके बारे में अपनी स्वयं के चयन या विकल्पों के बारे में निर्णय लेने के लिए पूर्ण रूप से स्वतन्त्र हैं और इसमें वे अपनी स्वायत्तता का उपयोग कर सकती है। कोई भी कोर्स या कार्यक्रम चलाने के बारे में उनके स्वयं के द्वारा निर्णय लिया जा सकता है। वे राष्ट्रीय फ्रेमवर्क नीति के अनुसार शिक्षा में गुणात्मकता लाने के लिए जो भी उचित समझती है, इसके लिए वे निर्णय लेने में पूर्णरूप से स्वतन्त्र है।

B. इस व्यवस्था में क्रेडिट पद का सम्बन्ध शिक्षण अधिगम प्रक्रिया और इसके परिणामों के प्रबन्धन और मूल्यांकन से है। किसी एक या अन्य पाठ्यक्रमों के शिक्षण के सन्दर्भ में संस्थाओं में क्या कार्य किया गया है या क्या पढ़ाया गया है और विद्यार्थियों ने क्या अधिगम किया है जैसा कि प्रचलित मूल्यांकन प्रक्रिया ने प्रदर्शित किया है, उस सबके आधार पर विद्यार्थियों को क्रेडिट अंक प्रदान करने की यह व्यवस्था सिफारिश करती है।

विकल्प आधारित क्रेडिट व्यवस्था अपनाने की आवश्यकता क्यों महसूस की गई? (What has Prompted to Adopt Choice Based Credit System ?)

यहाँ प्रश्न यह उठता है कि ऐसी क्या बातें है जिन्होंने उच्चतर शिक्षा में विकल्प आधारित क्रेडिट व्यवस्था (CBCS) को अपनाने के लिए अनुबोधित किया:

1. एक आवश्यकता आधारित अधिगमकर्ता केन्द्रित शिक्षा व्यवस्था के द्वारा शिक्षक केन्द्रित तथा विषय केन्द्रित शिक्षा व्यवस्था को हटाने की एक बड़ी जरूरत महसूस की जा रही थी।

2. प्रदान की जा रही सूचनाएँ और रटन्त अधिगम का सम्पूर्ण उच्चतर शिक्षा का मूल्यांकन-सह-शैक्षणिक शिक्षा व्यवस्था पर आधिपत्य था। एक जरूरत आधारित शिक्षण अधिगम व्यवस्था के द्वारा इसे बदलने की जरूरत थी। विद्यालयों में जो कुछ पढ़ाया जा रहा है और विद्यार्थियों द्वारा जो भी अधिगम किया जा रहा है उसका बच्चों के वास्तविक जीवन की जरूरतों और समस्याओं से सीधा सम्बन्ध होना चाहिए। पाठ्यक्रम, कार्यक्रम तथा गतिविधियों का चयन और क्रियान्वयन इस प्रकार किया जाए जिनसे अधिगमकर्ता को अपने वर्तमान रहन-सहन और भविष्य के जीवन के लिए सहायता मिले।

3. अधिगमकर्ताओं में रुचियों, अधिगम क्षमता, भावी योजनाओं आदि के सन्दर्भ में काफी ज्यादा वैयक्तिक भिन्नताएँ होती हैं। इसलिए इस बात की बहुत जरूरत थी कि विद्यार्थियों को कोई भी डिग्री/सर्टिफिकेट पाठ्यक्रम का चयन करने या कोई विशेष कोर्स का अध्ययन करने के लिए महाविद्यालय और विश्वविद्यालयों में अपनी इच्छा और रुचि के अनुसार अपने अधिगम के लिए कोई कोर्स का चयन करने की

सुविधा प्रदान की जाए और इसके लिए संस्थाओं में अनेक प्रकार के कोर्स चालू किए जाएं।

4. महाविद्यालयों और विश्वविद्यालयों के नई पीढ़ी के युवाओं का निम्न बातों को लेकर काफी दबाव था–

- जो युवा अंशकालीन नौकरी या व्यवसाय में सेवारत हैं उन्हें अपना डिग्री कोर्स निर्धारित तीन वर्ष की बजाय उनकी सुविधानुसार 4 या 5 वर्ष में पूरा करने की छूट क्यों नहीं दी जा सकती है।
- एक डिग्री कोर्स तीन वर्ष में ही पूरा करना क्यों अनिवार्य होना चाहिए। उनकी अपनी अधिगम क्षमता और योग्यता के आधार पर कम या अधिक समय में कोर्स पूरा करने की छूट क्यों नहीं होनी चाहिए।
- उन्होंने पहले विद्यालय या विश्वविद्यालय में जो क्रेडिट अर्जित किए हैं, उनका लाभ दूसरे कॉलेज या विश्वविद्यालय में स्थानान्तरण होने पर उन्हें क्यों न प्राप्त हो? और यह छूट उन्हें राष्ट्रीय और अन्तर्राष्ट्रीय स्तर पर भी क्यों न उपलब्ध रहे।
- औद्योगिक संस्थानों तथा रोजगार देने वाले अन्य संस्थानों में अनुभव ग्रहण करने यानी इन्टर्नशिप का प्रावधान शैक्षणिक व्यवस्था में क्यों नहीं होना चाहिए और इन संस्थानों में प्राप्त किए गए अनुभव का क्रेडिट विद्यार्थियों को प्रदान कर उसका उल्लेख या उसका श्रेय उन्हें अपने कोर्स या प्रोग्राम के लिए कुल प्राप्तांकों या निष्पत्ति स्तर की गणना करने हेतु क्यों नहीं होना चाहिए।
- मूल्यांकन प्रणाली का सतत और समग्र मूल्यांकन के रूप में परिवर्तन कर उनके सर्वांगीण निष्पति को महत्व क्यों न प्रदान किए जाए। वर्ष के अन्त में केवल एक शैक्षणिक मूल्यांकन की बजाय सतत एवं सभी प्रकार से निर्माणात्मक (Formative) मूल्यांकन को श्रेय और महत्व क्यों न दिया जाए।
- किसी डिग्री प्राप्त करने या एक कोर्स पास करने के लिए कुछ निश्चित पाठ्य विषयों को पढ़ने के लिए बाध्य करने की बजाय अपनी रुचियों, जरूरतों तथा योग्यताओं के अनुसार किसी एक या अन्य कोर्स का अध्ययन करने में विद्यार्थियों के लिए अनेक विकल्प या विषयों का चयन करने की व्यवस्था क्यों न की जाए?

इस प्रकार से ऐसी बहुत सी बातें थी जिनका भारत सरकार तथा उच्च शिक्षा के प्रबन्धन और संगठन के लिए उत्तरदायी संस्थानों पर काफी दबाव था। इसके अलावा कई समितियों की रिपोर्टों तथा आयोग जैसे राष्ट्रीय ज्ञान आयोग (2008-2009), यशपाल कमेटी (2009) आदि की इस मामले में अनेक सिफारिशें भी थी जिन्होंने उच्चतर शिक्षा के क्षेत्र में विकल्प आधारित क्रेडिट व्यवस्था को प्रारम्भ करने के लिए एक उचित आधार प्रदान किया।

विकल्प आधारित क्रेडिट व्यवस्था किस तरह कार्य करती है?
(How does the Choice Based Credit System Operates or Function?)

विकल्प आधारित क्रेडिट व्यवस्था की कार्यप्रणाली को हम निम्नलिखित बातों या बिन्दुओं के आधार पर समझ सकते हैं:

A. विकल्प आधारित क्रेडिट व्यवस्था में प्रयुक्त शब्दों या पदों की जानकारी
B. विकल्प आधारित क्रेडिट व्यवस्था के अवयवों की जानकारी।

आइए एक-एक करके इनको स्पष्ट करने की कोशिश करते हैं।

(A) विकल्प आधारित क्रेडिट व्यवस्था में प्रयुक्त शब्दों या पदों की जानकारी (Terminology used or key words employed): विकल्प आधारित क्रेडिट व्यवस्था को काम में लाने हेतु सबसे पहले यह जरूरी है कि हमें इसको अच्छी तरह काम में लाने के लिए सहायता पहुँचाने वाली शब्दावली और पारिभाषिक पदों की अच्छी तरह जानकारी हो। इस सम्बन्ध में विश्वविद्यालय आयोग ने अपनी मार्गदर्शिका में इनको भलीभाँति प्रदान किया है। यह जानकारी उनकी वेबसाइट पर भी पूर्णरूप से उपलब्ध है और वहाँ से भलीभाँति अर्जित की जा सकती है। इनका स्पष्टीकरण हम इस अध्याय में आगे चर्चा करते हुए स्थान-स्थान पर करते रहेंगे।

(B) विकल्प आधारित क्रेडिट व्यवस्था के अवयव या भाग (Components or constituents of choice based credit system): विकल्प आधारित क्रेडिट व्यवस्था के पाँच अवयव या भाग हैं जिनका इस व्यवस्था की सफल कार्यप्रणाली के लिए ध्यान रखना और संगठित करना जरूरी होता है।

1. सेमेस्टर प्रणाली अपनाना
2. विभिन्न प्रकार के कोर्स (पाठ्यक्रमों) और उनके शिक्षण की सुविधा प्रदान करना
3. क्रेडिट प्रणाली का प्रयोग
4. सतत एवं समग्र मूल्यांकन व्यवस्था
5. ग्रेडिग प्रणाली का प्रयोग।

इन सभी का विस्तृत विवरण आगे दिया जा रहा है।

सेमेस्टर प्रणाली अपनाना (Adoption of Semester System): विकल्प आधारित क्रेडिट व्यवस्था को क्रियान्वित करने के लिए सर्वप्रथम महाविद्यालयों और विश्वविद्यालयों में परम्परागत वार्षिक शिक्षा व्यवस्था को बदल कर सेमेस्टर प्रणाली को अपनाना होगा। इस कार्य के लिए एक शैक्षणिक वर्ष को दो सेमेस्टरों में विभाजित किया जाता है। (एक सेमेस्टर जुलाई से दिसम्बर और दूसरा जनवरी से जून तक हो सकता है, इसमें पूरे शैक्षणिक वर्ष के शिक्षण दिवसों के बराबर ही दो भागों में शिक्षण दिवसों 15 से 18 सप्ताह प्रति सेमेस्टर शिक्षण कार्य किया जाता है)। इसमें यह स्पष्ट कर दिया जाता है कि शिक्षण कार्य और मूल्यांकन कार्य प्रति सेमेस्टर अलग-अलग होगा। इसमें विद्यार्थी की प्रगति का आकलन लगाए गए समय की बजाय अपनाए गए कोर्स

के आधार पर होता है। विश्वविद्यालय अनुदान आयोग के मानकों के अनुसार प्रत्येक सेमेस्टर में कम से कम 90 दिन शिक्षण अधिगम काम किया जाएगा।

विभिन्न प्रकार के कोर्स और उनके शिक्षण की सुविधा प्रदान करना (Making provision for the different types of courses and their teaching): विकल्प आधारित क्रेडिट व्यवस्था का क्रियान्वयन तभी किया जा सकता है जबकि किसी एक या दूसरे कोर्स को अपनाने के लिए बहुत से विकल्पों की व्यवस्था हो जिससे विद्यार्थी अपनी सुविधा, रुचि आवश्यकता तथा क्षमता के अनुसार मनचाहे कोर्स में प्रवेश ले सकें। विश्वविद्यालय अनुदान आयोग द्वारा प्रदत्त मार्गदर्शिका के अनुसार एक कार्यक्रम (डिग्री प्राप्त करने के लिए शैक्षिक कार्यक्रम) में तीन प्रकार के कोर्स हो सकते हैं:

1. *अनिवार्य कोर्स (Core course):* प्रत्येक सेमेस्टर में एक कोर कोर्स होगा, जिसका अध्ययन डिग्री प्राप्त करने के लिए प्रत्येक विद्यार्थी को करना होगा। यह एक प्रोग्राम को पूरा करने के लिए जरूरी शर्त (core requirement) है।
2. *ऐच्छिक (Elective course):* इसे कई दिए गए विषयों में से विकल्प के रूप में चुना जा सकता है। इन विकल्पों का स्वरूप निम्न प्रकार का हो सकता है:
   - ऐसे विषय जो अध्ययन के मुख्य विषय को अच्छी तरह समझने में सहायता पहुँचाते हों।
   - जो मुख्य विषय में अतिरिक्त रूप से कुशलता और प्रवीणता प्राप्त करने में या उससे सम्बन्धित ऊँची शिक्षा प्राप्त करने में सहायक हों।
   - जो मुख्य विषय के अतिरिक्त अन्य विषयों से अच्छी तरह परिचित कराने में सहायक हो।
   - जो विद्यार्थी के नैपुण्य और कौशलों की वृद्धि में सहायक हों।

इन वैकल्पिक कोर्सों को मुख्य रूप से दो भागों में बांटा जा सकता है–

(a) जेनेरिक इलेक्टिव (Generic elective)–जो जेनेरिक कुशलता बढ़ाते हैं।

(b) डिसीप्लिन सेन्ट्रिक (Discipline centric)–ऐसे वैकल्पिक कोर्स को मुख्य कोर्स से अलग किसी अन्य डिसीप्लिन में से चुना जा सकता है, इसे ओपन इलैक्टिव (open elective) कहा जाता है।

3. फाउन्डेशन कोर्स (Foundation course): ये कोर्स दो प्रकार के हो सकते हैं एक अनिवार्य फाउन्डेशन और दूसरा वैकल्पिक फाउन्डेशन।

- अनिवार्य फाउन्डेशन (compulsory foundation) कोर्स वे होते हैं जो ज्ञान वृद्धि से सम्बन्धित विषय वस्तु पर आधारित होते हैं। ये प्रत्येक शैक्षिक कार्यक्रम के लिए अनिवार्य होते हैं।
- वैकल्पिक फाउन्डेशन (elective foundation) कोर्स मूल्य आधारित होते हैं जिनका लक्ष्य मानव निर्माण शिक्षा होता है।

उपरोक्त तीन प्रकार के कोर्स के अलावा कुछ और कोर्स भी होते है जिनके लिए क्रेडिट न देकर केवल 'सन्तोषजनक' या 'असन्तोषजनक' लिखकर आकलन किया जाता है। एस जी पी ए/सी जी पी ए की गणना में इनको शामिल नहीं किया जाता

है। ऊपर वर्णित केवल तीनों कोसों का ही प्रभावशाली एवं सन्तुलित परिणाम के लिए आकलन एवं मूल्यांकन किया जाता है।

क्रेडिट प्रणाली का प्रयोग (Use of Credit System)

विकल्प आधारित क्रेडिट व्यवस्था में प्रत्येक कोर्स (कोर, इलेक्टिव और फाउन्डेशन) की पहचान एक विशेष कोर्स कोड (a unique course code) से की जाती है। प्रत्येक कोर्स का बराबर-बराबर महत्व नहीं होता है।

जब किसी कोर्स के लिए कोई पाठ्यक्रम निर्धारित किया जाता है तब उसका पूरे प्रोग्राम में कितना मूल्य (weighage) रहेगा इसका निर्धारण पहले से ही कर लिया जाता है। इस निर्धारण मूल्य को ही क्रेडिट का नाम दिया जाता है। इस तरह जब कोई विद्यार्थी उस कोर्स में पास घोषित किया जाता है तब उसे उस कोर्स से सम्बन्धित क्रेडिट अर्थात् निर्धारण मूल्य प्राप्त हो जाते हैं।

क्रेडिट की गणना कैसे की जाती है? (How Credits are Computed ?)

प्रत्येक कोर्स में क्रेडिट प्रदान करने हेतु प्रत्येक सप्ताह में, उस कोर्स में शामिल लेक्चर, ट्यूटोरियल, प्रयोगशाला कार्य तथा फील्डवर्क के लिए प्रति सप्ताह लगाए गए घंटो (जो उस कोर्स के लिए प्रति सप्ताह जरूरी होते हैं) की संख्या के आधार पर क्रेडिट प्रदान किए जाते हैं। एक अध्ययन कोर्स को पूरा करने के लिए प्रति सप्ताह निम्न गतिविधियों का करना जरूरी होता है–

- प्रत्येक शिक्षण या व्याख्यान या ट्यूटोरियल
- प्रयोगशाला कार्य या प्रयोगात्मक कार्य या फील्डवर्क

इन सभी के लिए क्रेडिट प्रदान करने का आधार निम्न प्रकार से होता है –

- 1 क्रेडिट = शिक्षण, व्याख्यान, प्रदर्शन या ट्यूटोरियल के लिए प्रतिसप्ताह एक घंटा
- 1 क्रेडिट = प्रयोगशाला कार्य/फील्ड कार्य/प्रोजेक्ट कार्य के लिए प्रतिसप्ताह दो घटे।
- इस तरह 3 क्रेडिट का एक कोर्स इस प्रकार निर्धारित किया जाता है कि दो क्रेडिट सैद्धान्तिक (लेक्चर/ट्यूटोरियल) और 1 क्रेडिट प्रयोगशाला/फील्ड कार्य/प्रोजेक्ट कार्य के लिए होते हैं।
- 4 क्रेडिट का एक कोर्स इस प्रकार निर्धारित होता है कि उसमें 3 क्रेडिट सैद्धान्तिक शिक्षण (लेक्चर/ट्यूटोरियल) और 1 क्रेडिट प्रयोगशाला/फील्ड/प्रोजेक्ट कार्य के लिए होते हैं।

एक सेमेस्टर के लिए कोर कोर्स, वैकल्पिक कोर्स ओर फाउन्डेशन कोर्स की क्रेडिट रूपरेखा निम्न प्रकार से होती है:

कोर कोर्स (अनिवार्य)	*जेनेरिक वैकल्पिक कोर्स*	*अनिवार्य फाउन्डेशन कोर्स*
कोर्स I - 3 क्रेडिट कोर्स II — 3 क्रेडिट कुल 6 क्रेडिट प्रतिसेमेस्टर	2 क्रेडिट प्रतिसेमेस्टर	2 क्रेडिट प्रतिसेमेस्टर
कोर वैकल्पिक (एलाइड)	डिसीप्लिन सेन्ट्रिक वैकल्पिक/ओपन इलेक्टिव	वैकल्पिक फाउन्डेशन
कोर्स I – 3 क्रेडिट कोर्स II – 3 क्रेडिट कुल 6 क्रेडिट प्रतिसेमेस्टर	2 क्रेडिट प्रतिसेमेस्टर	2 क्रेडिट प्रतिसेमेस्टर

इस प्रकार कोर कोर्स (अनिवार्य और वैकल्पिक) के लिए प्रतिसप्ताह 12 क्रेडिट होते हैं। इलेक्टिव कोर्स (जेनेरिक और वैकल्पिक) के लिए प्रतिसप्ताह 4 क्रेडिट और फाउन्डेशन कोर्स (अनिवार्य एवं वैकल्पिक) के लिए भी प्रति सप्ताह 4 क्रेडिट होते हैं। इस प्रकार एक सामान्य स्नातक कार्यक्रम के प्रतिसप्ताह 20 क्रेडिट और सभी छः सेमेस्टरों (तीन शैक्षणिक वर्षों के लिए) के लिए 120 क्रेडिट होते हैं।

एक कॉलेज या विश्वविद्यालय में एक सामान्य स्नातक कार्यक्रम के अलावा ऑनर्स (Honours) तथा विशेष स्तरीय कार्यक्रम (डिग्री कोर्स) की व्यवस्था भी होती है और इन प्रोग्रामों को पास करने के लिए निम्न प्रकार से क्रेडिट व्यवस्था होती है:

प्रोग्राम का प्रकार	*अर्जित किए जाने वाले क्रेडिट*
1. G. सामान्य स्तर कार्यक्रम	120 ग्रेडिट
2. A. हॉनर्स स्तर कार्यक्रम	140 क्रेडिट
3. S. (विशेष स्तर) चार वर्षीय विशेष कार्यक्रम	190 क्रेडिट

सतत एवं समग्र (व्यापक) मूल्यांकन का प्रयोग
(Use of Continuous and Comprehensive Evaluation)

विकल्प आधारित क्रेडिट व्यवस्था के क्रियान्वयन के लिए जरूरी है कि विद्यार्थियों के अधिगम परिणामों का आकलन और मूल्यांकन करने के लिए सतत एवं व्यापक मूल्यांकन व्यवस्था को अपनाया जाए। सेमेस्टर प्रणाली में सतत मूल्यांकन को सामान्यतः आन्तरिक मूल्यांकन के नाम से जाना जाता है जो ज्यादातर अनुदेशक (कोर्स टीचर) के द्वारा विभिन्न प्रकार के साधनों, जैसे–लिखित परीक्षण, प्रेक्टिकल, प्रयोगशाला/सेमेस्टर तथा फील्ड कार्य आदि के अवलोकन, प्रोजेक्ट कार्य आदि के प्रस्तुतीकरण, क्विज, समूह परिचर्चा और ट्यूटोरियल आदि में सक्रियता आदि के द्वारा किया जाता है। इस प्रकार के सतत और निर्माणात्मक मूल्यांकन द्वारा प्राप्त पृष्ठपोषण को शिक्षण अधिगम प्रक्रिया में वांछित और जरूरी सुधार लाने के लिए सही ढंग से प्रयोग में लाना चाहिए।

ग्रेडिंग प्रणाली को अपनाना (Employment of Grading System)

विकल्प आधारित क्रेडिट व्यवस्था में ग्रेडिंग एक अति आवश्यक अवयव है। ग्रेडिंग को सापेक्षिक ग्रेडिंग या निरपेक्ष ग्रेडिंग किसी भी तरीके से प्रयोग में लाया जा सकता है। यू. जी. सी. ने 10 बिन्दु ग्रेडिंग प्रणाली को निम्न वर्णों के साथ अपनाने की सिफारिश की है।

वर्ण ग्रेड *(Letter Grade)*	ग्रेड पॉइन्ट *(Grade Point)*
O (Outstanding)	10
A+ (Excellent)	9
A (Very good)	8
B+ (good)	7
B (Above Average)	6
C (Average)	5
P (Pass)	4
F (Fail)	0
Ab (Absent)	0

इनके साथ-साथ सेमेस्टर ग्रेड पॉइन्ट एवरेज (SGPA) और संचित ग्रेड बिन्दु औसत Cumulative Grade Point Average - CGPA) की गणना भी की जानी चाहिए। आइए देखते हैं इनकी गणना कैसे की जाती है:

सेमेस्टर ग्रेड पॉइन्ट एवरेज (Semester Grade Point Average—SGPA)

यह एक विद्यार्थी की, एक सेमेस्टर में सर्वांगीण निष्पत्ति की ओर संकेत करता है। अर्थात् एक सेमेस्टर में विद्यार्थी ने सभी कोसों में कितने क्रेडिट अर्जित किए और उस सेमेस्टर में उन कोसों के लिए कितने क्रेडिट निर्धारित थे। इसकी निम्न सूत्र से गणना की जाती है।

$$\text{SGPA} = \frac{\text{एक सेमेस्टर में अर्जित कुल क्रेडिट पोइन्ट}}{\text{उस सेमेस्टर के लिए निर्धारित क्रेडिट}}$$

क्रेडिट पॉइन्ट की गणना के लिए निम्न सूत्र अपनाया जा सकता है:

कोर्स विशेष के लिए क्रेडिट पॉइन्ट = कोर्स के लिए निर्धारित क्रेडिट की संख्या × कोर्स में प्राप्त किए गए ग्रेड पॉइन्ट

संचित ग्रेड बिन्दु औसत (Cumulative Grade Point Average – CGPA)

यह एक डिग्री प्राप्त करने में सहायक एक प्रोग्राम के सभी सेमेस्टरों के सभी कोर्सों में विद्यार्थी की सर्वांगीण निष्पत्ति को प्रदर्शित करता है। इसकी गणना निम्न सूत्र से की जाती है:

$$\text{CGPA}=\frac{\text{सभी सेमेस्टरों के कुल क्रेडिट पॉइन्ट}}{\text{सभी सेमेस्टरों के कुल क्रेडिट}}$$

SGPA और CGPA की गणना का एक उदाहरण–

(i) SGPA की गणना–

कोर्स	*क्रेडिट*	*ग्रेड अक्षर*	*ग्रेड पॉइन्ट*	*क्रेडिट पॉइन्ट*
कोर्स 1	3	A	8	3 × 8 = 24
कोर्स 2	4	B+	7	4 × 7 = 28
कोर्स 3	3	B	6	3 × 6 = 18
कोर्स 4	3	O	10	3 × 10 = 30
कोर्स 5	3	C	5	3 × 5 = 15
कोर्स 6	4	B	6	4 × 6 = 24
	20			139

इस प्रकार SGPA 139/20 = 6-95

(ii) CGPA की गणना

सेमेस्टर 1	सेमेस्टर 2	सेमेस्टर 3	सेमेस्टर 4	सेमेस्टर 5	सेमेस्टर 6
क्रेडिट = 20 SGPA = 6.9	क्रेडिट = 22 SGPA = 7.8	क्रेडिट = 25 SGPA = 5.6	क्रेडिट = 26 SGPA = 6.0	क्रेडिट = 26 SGPA = 6.3	क्रेडिट = 25 SGPA = 8.00

$$\text{इस प्रकार CGPA} = \frac{20\times6.9+22\times7.8+25\times5.6+26\times6.0+26\times6.3+25\times8.0}{144} = 6.73 \text{ है।}$$

विकल्प आधारित क्रेडिट व्यवस्था की उपयोगिता

(Advantages of Choice Based Credit System - CBCS)

विकल्प आधारित क्रेडिट व्यवस्था को अपनाने की जो उपयोगिताएं है, उनको संक्षेप में निम्न प्रकार स्पष्ट किया जा सकता है:

1. इससे परम्परागत शिक्षक केन्द्रित और विषय केन्द्रित उपागम के बदले अधिगमकर्ता केन्द्रित उपागम को अपनाया जा सकता है।
2. इस व्यवस्था में बहुत से विषयों में से अध्ययन के लिए कोर्स चयन करने का विकल्प प्राप्त होता है। इस व्यवस्था में विषयों को पढ़ने और कार्य करने सम्बन्धी जो विकल्प विद्यार्थियों को प्रदान किए जाते हैं उसे कैफेटेरिया उपागम का नाम दिया जाता है। यह इस बात का सूचक है कि जैसे किसी कैफेटेरिया या कैन्टीन में जाकर एक व्यक्ति अपनी पसन्द की खानपान की

चीजों की माँग कर सकता है वैसे ही यहाँ इस विकल्प आधारित क्रेडिट व्यवस्था की सुविधा प्रदान करने वाली किसी शैक्षणिक संस्थान में विद्यार्थी अपनी पसन्द और रुचि के विषयों और क्रियाओं का चुनाव कर सकते हैं।

3. इसमें विद्यार्थी अपनी गति से तथा अपनी सुविधानुसार किसी एक या अन्य कोर्स का अध्ययन कर सकते हैं।
4. यह व्यवस्था विद्यार्थियों को अपने विषय क्षेत्र से बाहर किसी अन्य कोर्स का अध्ययन करने की सुविधा प्रदान करती है। परिणामस्वरूप विज्ञान का एक विद्यार्थी कोमर्स, भाषा, ह्यूमेनिटीस समूह से सम्बन्धित विषय का अध्ययन करने के अवसर प्राप्त कर सकता है। यह विद्यार्थियों को अपनी सर्वांगीण वृद्धि और विकास में सहायक अन्य समूहों का ज्ञान और कौशल प्राप्त करने की सुविधा प्रदान करती है।
5. यह व्यवस्था विद्यार्थियों को अपने कोर्स के लिए निर्धारित क्रेडिट के अलावा अन्य कोर्स का अध्ययन करने की भी स्वीकृति देती है। परिणामस्वरूप प्रतिभाशाली, सृजनात्मक और तीव्रगति अधिगमकर्ता अपनी क्षमता, योग्यता तथा शक्ति का सदुपयोग करने के पूर्ण अवसर प्राप्त करते हैं।
6. इसका एक बड़ा लाभ क्रेडिट के स्थानान्तरण को लेकर है, जैसे–
   - जरूरतबन्द विद्यार्थियों को अपने देश या बाहर के कॉलेजों या विश्वविद्यालयों में अपना माइग्रेशन कराने की सुविधा प्राप्त होती है।
   - किसी कोर्स के एक भाग का अध्ययन एक संस्था में करते हुए किसी अन्य कोर्स के लिए किसी भाग का अध्ययन किसी दूसरी संस्था में कर सकते हैं।
7. यह व्यवस्था उनके कौशलों के विकास के लिए काफी सहायक सिद्ध हो सकती है और इसके माध्यम से उन्हें विभिन्न प्रकार के प्रोजेक्ट और अधिन्यासों के सम्पादन तथा उपयोगी औद्योगिक प्रतिष्ठानों तथा कार्यस्थानों में व्यवसायिक प्रशिक्षण तथा इन्टर्नशिप करने हेतु विशेष प्रोत्साहन मिल सकता है।
8. इसके माध्यम से विद्यार्थियों को औद्योगिक जगत और रोजगार देने वाले संस्थानों के साथ तालमेल बैठाने और देश की कौशल क्षमताओं के स्तर को ऊँचा उठाने तथा रोजगार के अवसर प्राप्त करने में सहायता मिल सकती है।

कम्प्यूटर आधारित ऑनलाइन परीक्षा प्रणाली
(Computer Based Online Assessment or Examination System)

कम्प्यूटर आधारित ऑनलाइन आकलन या परीक्षा प्रणाली औपचारिक शिक्षा की नियमित तथा ऑनलाइन प्रणाली में अध्ययनरत अधिगमकर्ताओं के अधिगम परिणामों के मूल्यांकन या आकलन के क्षेत्र में उभरती हुई नई प्रवृत्ति का प्रतिनिधित्व करती है।

अपने शाब्दिक अर्थ में कम्प्यूटर आधारित ऑनलाइन आकलन या परीक्षा प्रणाली इस प्रकार का आकलन या परीक्षा प्रणाली है जो कम्प्यूटर की इन्टरनेट सेवा या स्थानीय एरिया नेटवर्क (LAN) की सहायता से ऑनलाइन आकलन की सुविधा प्रदान करती है। कम्प्यूटर आधारित ऑनलाइन आकलन या परीक्षा की प्रमुख विशेषताएं एवं गुण संक्षेप में निम्न प्रकार से हैं:

1. इसमें विद्यार्थियों के वांछित अधिगम परिणामों का आकलन करने के लिए परीक्षण या आकलन पत्र कम्प्यूटर के नेटवर्क द्वारा ऑनलाइन प्रेषित किया जाता है।

2. इस परीक्षण या आकलन पत्र की विषयवस्तु, मूल्यांकन जैसे-निर्माणात्मक, निदानात्मक या संकलनात्मक के द्वारा प्राप्त किए जाने वाले प्रयोजनों पर निर्भरता के कारण अलग हो सकती है।

3. शिक्षा के क्षेत्र में और विशेषकर शिक्षण अधिगम के मामले में ऑनलाइन आकलन विशेष तौर पर संज्ञानात्मक योग्यताओं को मापने, किसी एक विशेष शैक्षिक गतिविधि के सम्पन्न होने के बाद जैसे एक इकाई या अध्याय पूरा होने के बाद विद्यार्थियों ने क्या अधिगम किया; इसका प्रदर्शन करने, के लिए प्रयुक्त किया जाता है। जब एक लम्बी अवधि के बाद होने वाले अधिगम का प्रदर्शन करने या प्रयोगात्मक योग्यताओं का आकलन करना हो तब अक्सर ऑनलाइन पोर्टफोलियों (Portfolio) का उपयोग किया जाता है। अतः एक ऑनलाइन कोर्स के शिक्षण में सबसे पहले जो चीज या अवयव तैयार करना होता है वह है 'आकलन' (Assessment)। आकलन का प्रयोग यह निर्धारित करने के लिए किया जाता है कि किस तरह का शिक्षण सम्पन्न हो रहा है, और इसमें परिवर्तन करने की कैसी जरूरत है।

4. परीक्षण पत्र कम्प्यूटर के पर्दे पर परीक्षार्थी के सामने दिखाई देता है। अब वह उसका उत्तर देने के लिए उसे ठीक प्रकार से पढ़ सकता है। सामान्यतः इसमें परीक्षण की विषयवस्तु में शामिल बहुविकल्पीय प्रश्न होते हैं और परीक्षार्थी को उनमें से किसी एक पर (जो उसकी समझ में सही उत्तर है) माउस से किल्क करके उत्तर देना होता है।

5. ऑनलाइन परीक्षण के लिए ऑनलाइन अनुक्रिया करने के विद्यार्थियों को बहुत से महत्वपूर्ण लाभ होते हैं जो कि परम्परागत कागज पैन्सिल परीक्षण में प्राप्त नहीं हो सकते हैं। केन्द्रीय विद्यालय शिक्षा परिषद् (CBSE) ने कम्प्यूटर आधारित ऑनलाइन आकलन के सम्बन्ध में निम्नलिखित रूप में यह भलीभाँति स्पष्ट कर दिया है कि:

(i) परीक्षण पत्र की पूरी विषय वस्तु परीक्षा की पूरी अवधि में विद्यार्थियों के लिए पूरी तरह खुली रहेगी। वे उसे पुनः देख सकते हैं, या परीक्षा की अवधि के दौरान वे किसी भी प्रश्न के किसी भी बिन्दु पर पुनः अनुक्रिया कर सकते हैं।

(ii) परीक्षार्थी माउस की केवल एक क्लिक मात्र से सम्पूर्ण परीक्षा अवधि के दौरान किसी समय अपने उत्तर के किसी भी विकल्प को परिवर्तित कर सकते हैं।

(iii) इसमें एक सुविधा और भी होती है कि सभी प्रश्नों की संख्या को अलग-अलग रंग योजना में दिखाया जा सकता है, यह बताने के लिए कि किन प्रश्नों का उत्तर दे दिया गया है, और किनका उत्तर नहीं दिया गया है और किन प्रश्नों को पुन:वीक्षण करने के लिए चिन्हित किया गया है।

6. परीक्षण पत्र के उपयोग के द्वारा आकलन किए जाने के साथ-साथ विद्यार्थियों को इस बात के लिए भी अवसर प्राप्त होता है कि वे आकलन के अन्य उपयोगी रूपों जैसे–अधिन्यास, प्रोजेक्ट रिपोर्ट, फील्डवर्क तथा सर्वेक्षण से प्राप्त निष्कर्ष आदि प्रदान करके भी अपने अधिगम परिणामों का वांछित आकलन करा सकते हैं।

7. नई तकनीकों जैसे-वेब (web), डिजीटल वीडियो, साउन्ड एनीमेशन, अन्त:क्रियात्मक गतिविधि, ऑडियो वीडियो कान्फ्रेंस सुविधा, कम्प्यूटर और स्मार्ट फोन पर उपलब्ध मोबाइल सम्पर्क आदि के प्रयोग ने ऑनलाइन आकलन के लिए उत्साहवर्धक अनेक अवसर प्रदान किए हैं। आजकल अध्यापकों से बहुत दूर स्थान में बैठे हुए विद्यार्थियों की निष्पत्ति या अधिगम परिणाम का आकलन ऑडियो वीडियो प्रदर्शन और कम्प्यूटर, लैपटॉप या स्मार्टफोन पर उपलब्ध ऑनलाइन अन्त:क्रिया ने काफी आसान बना दिया है। कोई भी शिक्षक अपने कम्प्यूटर के पास बैठा हुआ या अपने स्माटर्फोन के द्वारा अपने विद्यार्थियों की सेमीनार, समूहपरिचर्चा, समूह प्रोजेक्ट, प्रयोगशाला कार्य की गतिविधियों या स्वतन्त्र रूप से उनके सृजनात्मक या रचनात्मक कार्यों के प्रतिफलों का आकलन काफी सुविधापूर्वक सन्तोषजनक रूप में कर सकता है। साथ ही वह तत्काल अपने विद्यार्थियों को पृष्ठपोषण प्रदान कर सकता है और उनके प्रयासों के परिणाम के बारे में अपना निर्णय भी उनको प्रेषित कर सकता है।

8. कम्प्यूटर/लैपटॉप/स्मार्टफोन पर ऑनलाइन आकलन काफी सन्तोष पूर्ण ढंग से मूल्यांकन के विभिन्न प्रयोजनों या कार्यों को सम्पन्न करने में काफी सहायक सिद्ध होते हैं, जैसे –

(i) किसी एक अवधारणा के शिक्षण अधिगम प्रारम्भ होने से पूर्व विद्यार्थियों के ज्ञान की जाँच करने के लिए एक परीक्षण युक्ति के रूप में प्रयुक्त करने में।

(ii) निदानात्मक/निर्माणात्मक/संकलनात्मक परीक्षण या मूल्यांकन की आवश्यकताओं और प्रयोजनों को पूरा करने में।

(iii) विद्यार्थी जब भी जैसे भी चाहें, उनकी इच्छानुसार परीक्षण का अभ्यास करने के लिए एक साधन एवं रंगमंच प्रदान करने में।

इस प्रकार से कम्प्यूटर आधारित ऑनलाइन आकलन शिक्षण अधिगम के नियमित और दूरवर्ती शिक्षा दोनों रूपों के क्षेत्र में अधिगम के लिए आकलन और अधिगम का आकलन दोनों से ही सम्बन्धित उपयोगी प्रयोजनों की प्राप्ति में सहायता करता है।

परन्तु इसके प्रयोगकर्ताओं द्वारा सामान्य रूप से इसका प्रयोग करने में कुछ कमियों या दोषों का अनुभव किया गया है। ये शैक्षणिक बेईमानी या धोखेबाजी से सम्बन्धित हैं। क्योंकि ऑनलाइन में प्राय: इस बात का खतरा रहता है कि परीक्षार्थी के स्थान पर कोई

अन्य विद्यार्थी या अधिक कुशल व्यक्ति उत्तर देने लगता है या किसी और के काम को अपना बता कर ऑनलाइन डाल देता है।

1. इनमें से पहले प्रकार की धोखेबाजी से बचने के लिए निम्न उपाय काम में लाए जा सकते हैं:

- संस्थागत परीक्षण केन्द्रों निरीक्षित परीक्षा का आयोजन या एक निश्चित समय पर परीक्षा के लिए विद्यार्थियों को आने के लिए कहना।
- दूरसंचार या ऑडियो वीडियो कान्फ्रेन्सिंग के द्वारा विद्यार्थियों से सम्प्रेषण करके उनकी आवाज या चेहरे से परिचित होना।
- परीक्षण अधिन्यासों को विद्यार्थियों की पृष्ठभूमि से या तात्कालिक गतिविधियों के साथ वैयक्तिकरण करना। इससे विद्याथी अधिन्यास अपने वैयक्तिक जीवन के साथ अनुप्रयुक्त करते हुए पूरा करते है और अनुदेशक को विश्वास दिलाते हैं कि वास्तविक विद्यार्थी स्वयं अधिन्यास पूरा कर रहा है।
- अनुदेशक को विद्यार्थियों पर अधिन्यास का बहुत ज्यादा बोझ नहीं डालना चाहिए जिससे कि विद्यार्थी ज्यादा दबाव में न रहे और अपने आप कार्य करें।

2. दूसरे प्रकार की धोखेबाजी में व्यक्तियों के कार्य को अपना बताकर प्रस्तुत करने के कार्य को प्लेगिएरिज्म (Plagiarism) कहा जाता है। ऑनलाइन परीक्षण में इस बात की सम्भावना रहती है कि किसी एक स्रोत से इन्टरनेट द्वारा कॉपी पेस्ट करके या पुनःटाइप करके अपना स्वयं का बताकर उत्तर दे दिया जाए या अधिन्यास या प्रोजेक्ट प्रस्तुत कर दिया जाए। दूसरों के कार्य को अपना बता कर प्रस्तुत करने वालों के फ्राड (Freud) या धोखे को पकड़ने के लिए बेव साइटें और सॉफ्टवेयर उपलब्ध हैं।

विद्यार्थियों को यह भी सिखाया जाए कि किसी दूसरे के कार्य का उपयोग करते हुए उस स्रोत का उल्लेख अवश्य करें।

खुली पुस्तक परीक्षा (Open Book Examination)

खुली परीक्षाएँ क्या है? (What is an Open Book Examination ?): परीक्षा प्रणाली में आवश्यक सुधार लाने हेतु खुली पुस्तक परीक्षा का सुझाव दिया जाता है। परिभाषा की दृष्टि से हम खुली पुस्तक परीक्षा को एक ऐसी परीक्षा के रूप में समझ सकते हैं जिसमें परीक्षार्थियों को परीक्षा में प्रश्नों के उत्तर देने हेतु यह सुविधा रहती है कि वे इस कार्य के लिए पाठ्यपुस्तकों, कक्षा में बनाए गए नोट्स तथा अन्य मान्यता प्राप्त सामग्री का अपनी सुविधानुसार प्रयोग कर सकें। इसे खुली पुस्तक परीक्षा इसलिए भी कहा गया है क्योंकि इसमें विद्यार्थियों को परीक्षा प्रश्नों के उत्तर देने हेतु अपनी जरूरत के अनुसार पुस्तक या अन्य सामग्री को खोलकर देख सकते हैं और अपने काम में ला सकते हैं।

खुली पुस्तक परीक्षा क्यों? (The Rational Behind Open Book Examination ?): किसी विद्यालय विषय की परीक्षा हेतु खुली पुस्तक परीक्षा क्यों आयोजित की जानी चाहिए, इस प्रश्न का उत्तर देने के सम्बन्ध में निम्न बातें कही जा सकती हैं:

(i) नकल की प्रवृत्ति पर अंकुश लगाना (A Cure for the Menace of Copying): आए दिन परीक्षा भवनों में नकल करने की प्रवृत्ति का जिस प्रकार का नजारा दिखाई देता है वह काफी दुर्भाग्य पूर्ण है। विद्यार्थी नकल की और क्यों प्रवृत होते हैं इसके पीछे सीधा सा कारण है–जिन प्रश्नों के उत्तर उन्हें परीक्षा में देने हैं उनसे सम्बन्धित सामग्री उन्हें नकल के लिए बनाए गए कागज या पर्चियों अथवा पुस्तकों में से फाड़े हुए पृष्ठों में से आसानी से मिल जाती है और फिर उन्हें यह लालच हो जाता है कि इस आसान तरीके से वे अपनी परीक्षा परिणाम को अपने अनुकूल बना सकते हैं। उनका यह लालच बढ़ता जाता है और फिर इस काम हेतु नए–नए तरीके अजमाते रहते हैं और इसमें सहयोग हेतु फिर उनके मित्र, सगे सम्बन्धी और मातापिता भी आगे आ जाते हैं। इस प्रवृत्ति पर रोकथाम हेतु जो भी प्रयास किए जाते हैं उन्हें मात ही खानी पड़ती है। इस अवस्था में एक आशा की किरण इस सुझाव में नजर आती है कि क्यों न उन्हें वे पुस्तकें परीक्षा भवन में ही उपलब्ध करा दी जाएं जिनसे पेज फाड़ने और पर्चीं बनाने का कष्ट उन्हें उठाना पड़ता है और साथ ही उनकी अधिगम उपलब्धियों का मूल्यांकन सही ढंग से करने के लिए परीक्षा में ऐसे प्रश्न पूछे जाएं जिनके उत्तर वे अपनी नकल सामग्री के आधार पर न दे सकें। खुली पुस्तक परीक्षा प्रणाली यही सब कुछ करने का प्रयत्न करती है और इसलिए यह दावा करती है कि अगर नकल की बुराई को खत्म करना है तो इस प्रणाली को अपनाने में संकोच नहीं करना चाहिए।

(ii) अधिगम प्रक्रिया को सूचना प्राप्ति से सूचना प्रक्रियाकरण में परिवर्तित करने में सहायक (Helpful in Transforming Learning Process from Information Receiving to Information Processing): दूसरी बड़ी बात जो खुली पुस्तक परीक्षा के समर्थन में मजबूती से कही जा सकती है वह यह है कि यदि इस व्यवस्था को अपना लिया जाए तो हमें शिक्षण अधिगम प्रणाली को उसके सही पथ पर लाने में पर्याप्त मदद मिल सकती है। यह बात पूरी तरह स्पष्ट है कि कक्षा शिक्षण में विषय विशेष को पढ़ने–पढ़ाने हेतु वही सब कुछ किया जाता है जिससे परीक्षा सम्बन्धी आवश्यकता ठीक तरह पूरी होती रहे। आजकल की परीक्षा प्रणाली में ऐसे प्रश्न पूछे जाते हैं जिनके उत्तर विद्यार्थी के रटे रटाए ज्ञान पर आधारित होते हैं और ऐसा ज्ञान उन्हें अध्यापकों से अथवा पुस्तकों से प्रत्यक्ष अनुदेशन और अधिगम विधियों से मिलता रहता है। उनका अधिगम स्मृति स्तर तक ही सीमित रहता है, बोध या चिन्तन स्तर तक नहीं पहुँच पाता। प्राप्त ज्ञान का उपयोग केवल परीक्षा पास करने के लिए ही हो सकता है उनसे उनकी मानसिक शक्तियों का उचित विकास नहीं हो पाता है। सृजनशीलता और रचनात्मकता जो आज के युग में प्रबुद्ध नागरिकों को चाहिए, उसका उनमें नितान्त अभाव ही रहता है। परन्तु अब यहाँ अगर परीक्षा में ऐसे प्रश्न पूछे जाएं जो रटे रटाए ज्ञान या केवल सूचना प्राप्ति के आधार पर जिनके उत्तर न दिए जा सकें और जिनके लिए विकसित संज्ञानात्मक जैसी क्षमताओं की जरूरत पड़े तो फिर शिक्षण अधिगम प्रणाली में अपेक्षित परिवर्तन आ जाएगा। अध्यापकों का

शिक्षण और विद्यार्थियों के अधिगम का उद्देश्य महत्व सूचना प्राप्ति या ज्ञान का वितरण न रहकर, सूचना का प्रक्रियाकरण कैसे किया जाए और ज्ञान की सृष्टि कैसे की जाए और प्राप्त ज्ञान का उपयोग कैसे किया जाए ये सभी बातें कक्षाकक्ष शिक्षण में स्वतः ही शामिल हो जाएंगी। खुली पुस्तक परीक्षा में इसी प्रकार के प्रश्नों को स्थान देकर शिक्षा प्रणाली को सूचना प्राप्ति पर आधारित न रहकर सूचनाओं के प्रक्रियाकरण में परिवर्तित करने की क्षमता आती है अन्तः इसे लागू करना काफी हितकारी सिद्ध हो सकता है।

खुली पुस्तक परीक्षा के प्रकार
(Types and Forms of Open Book Examination)

खुली पुस्तक परीक्षाओं के प्रायः निम्न दो रूप देखने को मिल सकते हैं:

1. *नियन्त्रणहीन खुली पुस्तक परीक्षाएँ (Unrestricted Open Book Examinations):* इस प्रकार की खुली पुस्तक परीक्षाएँ ही वास्तव में अपने सही खुले रूप का प्रतिनिधित्व करती हैं। इसमें परीक्षार्थियों के ऊपर किसी प्रकार की निरर्थक पाबन्दियाँ नहीं लगाई जाती हैं। वे अपने साथ पाठ्यपुस्तक सहायक पुस्तक शिक्षकों द्वारा दिए हुए नोट्स, अपने स्वयं के बनाए हुए नोट्स और मान्यता प्राप्त कोई भी सामग्री परीक्षा भवन में ले जा सकते हैं जो उन्हें परीक्षा में प्रश्नों का उत्तर देने में सहायक हो।

2. *नियन्त्रित खुली पुस्तक परीक्षा (Restricted Open Book Examination):* इस प्रकार की परीक्षा में विद्यार्थियों को इस प्रकार की स्वतन्त्रता नहीं होती जैसी कि नियन्त्रणहीन खुली पुस्तक परीक्षा में होती है। यहाँ उन्हें केवल विषय विशेष से सम्बन्धित अनुभोदित पुस्तकें, शब्दकोष, लॉगटेबल इत्यादि का उपयोग करने की अनुमति होती है, वे अपने साथ कोई ऐसी हस्तलिखित या मुद्रित सामग्री नहीं ले जा सकते जिसकी अनुमति उस परीक्षा में न दी गई हो। इस तरह का प्रतिबन्ध लगाने से इन परीक्षाओं और पूर्व प्रचलित परम्परागत परीक्षा में कोई विशेष अन्तर नहीं रह जाता और ये खुली पुस्तक परीक्षा के वृहद् प्रयोजनों को सही ढंग से पूरा नहीं कर पाती है।

खुली पुस्तक परीक्षा के बारे में भ्रान्तियाँ और आलोचनाएँ
(Misconception and Criticism about Open Book Examinations)

खुली पुस्तक परीक्षा के बारे में कई प्रकार की भ्रान्तियाँ फैली हुई है और जिन बातों को लेकर इनकी आलोचना की जाती है। उनमें से कुछ प्रमुख निम्न हैं:

1. *विद्यार्थियों की अधिगम से विमुखता और अरुचिं (Disinterest and Apathy of Students Towards Learning):* यह सोचा जाता है कि यदि विद्यार्थियों को परीक्षा भवन में पुस्तकें और नोट्स प्राप्त होंगे तो फिर उनकी पढ़ने में रुचि ही नहीं रहेगी। वे यह समझ लेंगे कि यहाँ पुस्तकों को पढ़ने से क्या फायदा या अध्यापक के कक्षा शिक्षण में जाने की क्या जरूरत। क्योंकि उनके बनाए नोट्स और पाठ्यपुस्तकें उन्हें परीक्षा भवन में उपयोग लाने हेतु मिल ही जाएंगी। उन्हें किसी प्रकार के अधिगम की कोई जरूरत नहीं है। परन्तु उनकी यह धारणा बिल्कुल निर्मूल है। यहाँ तो उनका

अध्ययन सम्बन्धी उत्तरदायित्व और भी बढ़ जाता है। वे खुली पुस्तक परीक्षा में पूछे गए प्रश्नों का उत्तर ठीक प्रकार से तभी दे सकते हैं जब उन्होंने विषय विशेष का अध्ययन गहराई एवं सूक्ष्म चिन्तन से किया हो। अध्ययन के अभाव में पुस्तक सामने होने पर भी उसका कोई फायदा नहीं। इसलिए यह कहना अधिक उपयुक्त रहेगा कि खुली पुस्तक परीक्षा व्यवस्था विद्यार्थियों को उपयुक्त अध्ययन और अधिगम करने के अभिप्रेरित करती है, विमुख नहीं और ना ही अधिगम में अरुचि उत्पन्न करती है।

2. शिक्षकों की शिक्षण के प्रति लापरवाही (Breeding Negligence on the Part of Teachers): यह कहा जाता है कि अगर खुली किताब परीक्षा लागू कर दी गई तो शिक्षकों का ध्यान विद्यार्थियों को विषय का उपयुक्त शिक्षण देने से हट जाएगा। वे यह सोच लेंगे कि जिन पुस्तकों से वे ज्ञान बांट रहे हैं, वे तो उन्हें परीक्षाभवन में प्राप्त हो ही जाएंगी तो फिर उनके इस परिश्रम का क्या फायदा। परन्तु यह धारणा भी मिथ्या और आधारहीन है क्योंकि खुली पुस्तक परीक्षा प्रणाली लागू करने से उनकी शिक्षण सम्बन्धी जिम्मेदारियाँ और भी बढ़ जाएंगी। उन्हें कक्षा शिक्षण अधिगम का आयोजन केवल स्मृति स्तर पर न कर, बोध और चिन्तन स्तर पर करना होगा। विद्यार्थियों को रटी रटाई सूचनाओं को ग्रहण करने की बजाय उन्हें स्वयं के प्रयत्नों से प्राप्त करने तथा प्राप्त ज्ञान का उपयुक्त उपयोग करने के काबिल बनाना होगा। उनमें खुली पुस्तक परीक्षा में पूछे जाने वाले प्रश्नों का उत्तर देने सम्बन्धी उचित मानसिक क्षमताओं का विकास करना होगा आदि आदि।

3. परीक्षाएं मजाक बन कर रह जाएंगी (Making Mockery of the Examination or Evaluation): यह कहा जाता है कि अगर परीक्षा में खुले रूप से विद्यार्थियों को पुस्तक और नोट्स मिल जाएंगे तो फिर परीक्षा आयोजित करने का अर्थ ही क्या रह जाएगा। परन्तु हम यहाँ यह बात भूल जाते हैं कि परीक्षा या मूल्यांकन का उद्देश्य यहाँ केवल रटे रटाए ज्ञान की जाँच करना ही नहीं बल्कि यह देखना है कि विद्यार्थी उपलब्ध ज्ञान का उपयोग भलीभांति कर पाते हैं या नहीं? यह बात सही है कि ज्ञान और सूचनाएँ पुस्तकों तथा साथ में लिए जाने वाली लिखित सामग्री में मिल जाएंगी परन्तु यह बात उन्हें ज्ञान का उपयोग कैसे किया जाए, इसे समझाने और निर्देशित करने में सहायक नहीं हो सकती। वे परीक्षा में पूछे गए प्रश्नों का उत्तर तभी ठीक प्रकार दे सकते हैं जब उन्होंने ज्ञान को ठीक ढंग से ग्रहण किया हो और उसे उपयोग में लाने के लिए सिद्धहस्तता अर्जित की हो। इसी प्रकार का शिक्षण अधिगम करने और कराने पर खुली पुस्तक परीक्षा व्यवस्था में जोर दिया जाता है और विद्यार्थियों के अधिगम से होने वाली इन्हीं अपेक्षाओं का मूल्यांकन उचित प्रश्न पूछ कर किया जाता है। तो फिर किस तरह इस परीक्षा प्रणाली को मजाक कहा जा सकता है जबकि यह परीक्षा या मूल्यांकन का सही रूप कैसा हो, इस बात का सही और उचित प्रतिनिधित्व करती है।

खुली पुस्तक परीक्षा के प्रभाव एवं निहितार्थ
(The Impact and Implications of Open Book Examinations)

(A) शिक्षकों और उनके शिक्षण पर प्रभाव
(Impact on Teachers and their Teaching)

(i) अध्यापक की भूमिका में परिवर्तन आएगा। वह मात्र ज्ञान या सूचना का प्रदाता न होकर एक पथप्रदर्शक, सलाहकार, प्रशिक्षण और सहायक के रूप में कार्य करेगा। ताकि वह विद्यार्थियों को स्वयं ज्ञान का सृजन और उनकी मानसिक शक्तियों को उपयोगी ढंग से काम में लाने में मदद कर सके।

(ii) अध्यापकों को अब परम्परागत शिक्षण की तुलना में विद्यर्थियों को खुली पुस्तक परीक्षा में पूछे गए प्रश्नों का उत्तर देने के लिए तैयार करने में अधिक परिश्रम करना पड़ेगा।

(iii) शिक्षक द्वारा प्रयोग में लाई जाने वाली शिक्षण विधियों, तकनीकों और व्यूहरचनाओं में भी काफी बदलाव आएगा। अगर अब प्रत्यक्ष अनुभव प्रदान करने वाली विधियों जैसे-व्याख्यान, प्रदर्शन तथा अन्य ऐसी विधियों जो मात्र सूचना प्रदान कर रटने पर बल देती हैं, उनसे काम नहीं चलेगा। ऐसी शिक्षण विधियाँ और तकनीक जैसे-खोज विधि, समस्या समाधान विधि, परिचर्चा विधि, सहयोग एवं सहकारिता अधिगम विधि, प्रोजेक्ट और क्रिया केन्द्रित उपागम तथा स्वाध्याय एवं अधिन्यास आधारित शिक्षण अधिगम आधारित कार्यक्रमों पर जोर दिया जाएगा और इस तरह परिदृश्य व्यवहारवादी विचारधारा को अपनाने के स्थान पर संज्ञानात्मक एवं रचनात्मकतावादी शिक्षण अधिगम पर केन्द्रित हो जाएगा।

(B) अधिगमकर्ता और उनके अधिगम पर प्रभाव एवं निहितार्थ
(Impact Over Students and their Learning)

(i) जो सबसे ज्यादा तत्काल प्रभाव विद्यार्थियों पर पड़ेगा वह उनकी बिना सोचे समझे सूचनाओं को जैसे-तैसे रट लेने और उन्हें परीक्षा भवन में प्रस्तुत करने वाली आदत पर पड़ेगा। वे यह समझने लगेंगे कि रटा-रटाया ज्ञान परीक्षा प्रश्नों के उत्तर देने में ज्यों का त्यों काम नहीं आ सकता। सूचनाओं को प्राप्त करने की बजाय उनका प्रक्रियाकरण करना तथा उचित रूप में उपयोग करने का ढंग सीखना अधिक आवश्यक और महत्वपूर्ण है।

(ii) इससे उनकी परीक्षा में अनुचित रूप से नकल करने की प्रवृत्ति पर अंकुश लगेगा।

(iii) इस व्यवस्था में पूछे गए प्रश्नों की चुनौती से निपटने हेतु अब उन्हें यह आवश्यकता अनुभव होगी कि वे अपनी संज्ञानात्मक क्षमताओं को इस तरह विकसित और प्रशिक्षित करें कि उनमें आवश्यक रूप से चिन्तन, मनन, संश्लेषण, विश्लेषण तथा समस्या समाधान की उचित योग्यता पनप सके

तथा वे नए विचार तथा नए ज्ञान के सृजन में अपना समुचित योगदान दे सकें।

(C) परीक्षा प्रश्नों के निर्माण पर प्रभाव
(Impact Over the Framing of the Test Questions)

खुली पुस्तक परीक्षा पद्धति में जो प्रश्न पूछे जाएंगे उनके निर्माण में भी स्वाभाविक रूप से काफी क्रान्तिकारी परिवर्तन आएगा। अब ऐसे प्रश्न पूछने का कोई अर्थ नहीं रह जाएगा, जैसे-पानीपत की लड़ाई कब हुई थी और किनके बीच हुई थी, सूर्यग्रहण और चन्द्रग्रहण कैसे और कब होता है? आदि। अगर ऐसे प्रश्न पूछे जाएंगे तो विद्यार्थियों को इनके उत्तर अपने साथ लाई गई पुस्तकों और नोट्स से आसानी से मिल जाएंगे। अब यहाँ परीक्षण निर्माणकर्ताओं को विशेष रूप से यह ध्यान रखना होगा कि उनके प्रश्नों का उद्देश्य रटे हुए या पहले से ही दूसरों के द्वारा सृजित ज्ञान की परीक्षा करना नहीं है बल्कि इस बात की जाँच करना है कि जो विषय सम्बन्धी ज्ञान विद्यार्थियों ने अपने स्वअध्ययन द्वारा ग्रहण किया है उसे वे किस सीमा तक किस रूप में, किस तरह उपयोग करने में सक्षम हैं। उन्हें सूचनाओं को प्राप्त करने की अपेक्षा सूचनाओं का प्रक्रियाकरण करना कितनी अच्छी तरह आता है। वे सामने आने वाली समस्याओं तथा उठाए जाने वाले मामलों का उपयुक्त समाधान ढूंढ़ने में किस रूप में सक्षम हैं आदि।

दूसरी बड़ी बात जो उन्हें प्रश्न निर्माण में ध्यान रखनी है कि प्रश्न ऐसे हों जिनके उत्तर वे अपने पास उपलब्ध सामग्री से ज्यों की त्यों नकल कर ना दे सके।

इस प्रकार से उपरोक्त सभी बातों को देखते हुए यह निष्कर्ष निकालने में कोई असुविधा नहीं होनी चाहिए कि वर्तमान में चल रही परीक्षा प्रणाली में अपेक्षित सुधार एवं परिवर्तन लाने हेतु खुली पुस्तक परीक्षा व्यवस्था को काफी प्रभावशाली माना जा सकता है, अगर इसे सही ढंग से प्रयोग में लाया जाए तो यह अध्यापक और विद्यार्थियों के उचित हित सम्पादन में भरसक सहयोगी सिद्ध हो सकती है। इस दिशा में कदम उठाने हेतु जो थोड़ी बहुत परेशानी आ सकती है वह इस परीक्षा हेतु उचित प्रश्नों के निर्माण को लेकर है। परन्तु यह परेशानी भी अनुसन्धानकर्ताओं तथा अनुभवी शिक्षकों के उचित प्रयासों से भलीभाँति दूर की जा सकती है।

प्रश्न बैंक
(Question Banks)

प्रश्न बैंक जैसा कि नाम से ही स्पष्ट हो सकता है इस प्रकार के बैंक या कोषागार हैं जहाँ विभिन्न विषयों के मूल्यांकन सम्बन्धी विविध प्रश्नों का अमूल्य संग्रह होता है। इस प्रकार के प्रश्नों का संग्रह हमें उचित मुद्रित तथा सजिल्द रूप में अपने विद्यार्थियों का मूल्यांकन करने हेतु प्राप्त हो सकता है।

प्रश्नों के इस प्रकार के खजाने को बनाने की आवश्यकता पर जोर देते हुए

'राष्ट्रीय पाठ्यक्रम प्रारूप- 2005 (NCF-2005) ने अपने विचार निम्न रूप से प्रस्तुत किए हैं: वर्तमान परीक्षा को अधिक वैध बनाने के लिए पर्चा बनने की प्रक्रिया में पूरे बदलाव की जरूरत है। ध्यान अच्छे प्रश्न बनाने पर हो न कि महज पर्चा-निर्धारण पर। इस प्रकार के प्रश्न केवल विशेषज्ञों द्वारा ही नहीं बनाए होने चाहिए। अच्छी तरह प्रचारित कर शिक्षकों से, विषय के प्रोफेसरों से, राज्य के शिक्षाविदों और यहाँ तक कि विद्यार्थियों से भी सालभर के दौरान अच्छे प्रश्न मंगा लेने चाहिए। इन प्रश्नों को विशेषज्ञों की मदद से सावधानी पूर्वक संपादन करवा कर कठिनाई के स्तर, क्षेत्र, अवधारणा/दक्षता जिसका कि मूल्यांकन किया जाना है तथा हल करने में लगने वाले समय के आधार पर वर्गीकृत किया जा सकता है। इन प्रश्नों के बनने के दौरान, इन्हें इनके उपयोग और परीक्षण के रिकॉर्ड के साथ संभाला जाना चाहिए ताकि प्रश्न-पत्र बनाते समय उन्हें काम में लिया जा सके। (NCF-2005: 128)

इस प्रकार से प्रश्नों का संग्रह कम्प्यूटर सॉफ्टवेयर के रूप में भी उपलब्ध रह सकता है। शिक्षक ही नहीं स्वयं विद्यार्थी भी इन्हें स्व-मूल्यांकन हेतु उपयोग कर सकते हैं। प्रश्न पत्र बनाने वालों के लिए इस प्रकार के बैंक बहुत ही सहयोगी सिद्ध हो सकते हैं। प्रश्न बैंकों में उपलब्ध ये प्रश्न गुणवत्ता की दृष्टि से बहुत श्रेष्ठ होते हैं क्योंकि इनकी रचना विषय के अच्छे जानकार, अनुभवी तथा शिक्षा विशेषज्ञों की देखरेख में इस तरह की जाती है कि विभिन्न कक्षाओं के विषय विशेष के शिक्षण अधिगम संबंधी उद्देश्यों की पूर्ति यानी विद्यार्थियों के व्यवहार में होने वाले सभी प्रकार के ज्ञानात्मक, क्रियात्मक एवं भावात्मक परिवर्तनों की जाँच भलीभाँति हो जाये। इस प्रकार के प्रश्न बैंक से होने वाले मूल्यांकन संबंधी लाभों को हम संक्षेप में व्यक्त कर सकते हैं।

- अध्यापक को विद्यार्थियों के निदानात्मक कार्य (Diagnostic task) में सहायता पहुँचा सकते हैं।
- अध्यापक को अपने पाठ पढ़ाने के दौरान प्रस्तावना, प्रस्तुतीकरण तथा समापन स्तरों पर प्रयोग में लाने हेतु उचित प्रश्नों की प्राप्ति हो सकती है।
- इन प्रश्नों की सहायता से अध्यापक को कक्षा में अभ्यास कार्य (Drill work), एवं पुनरावृत्ति कार्य (Recapitulation work), तथा गृह कार्य (Home work) को देनें में बड़ी सुविधा हो सकती है। सभी तरह के प्रश्नों की उपलब्ध्धि होने से व्यक्तिगत अंतरों को ध्यान में रखते हुए सभी विद्यार्थियों की योग्यता के अनुरूप प्रश्न प्राप्त हो सकते हैं।
- प्रश्न बैंकों में उपलब्ध प्रश्न अध्यापक और संबंधित प्रशासकों को अनुदेशन कार्यक्रमों, पाठ्यक्रम तथा अनुदेशन प्रविधियों में समुचित सुधार लाने को प्रेरित कर सकते हैं।
- व्यवहार के सभी स्तरों और अनुक्षेत्रों को ध्यान में रखते हुए अपेक्षित अनुदेशनात्मक उद्देश्यों के निर्माण में इनसे पर्याप्त सहायता मिल सकती है।

- दिए हुए उत्तरों एवं हल संकेतों के माध्यम से विद्यार्थियों के उत्तरों की जाँच करने तथा अंक प्रदान करने में आसानी हो सकती है।
- परीक्षकों तथा परीक्षाओं को उचित दिशा निर्देश देने में सहायता मिल सकती है।
- शिक्षण अधिगम को उसके तीनों स्तरों स्मृति, बोध तथा चिंतन पर आयोजित करने हेतु आवश्यक प्रेरणा तथा सहायता मिल सकती है।
- विद्यार्थियों को विषय विशेष या प्रकरण में क्या पढ़ना है तथा किस प्रकार के अधिगम उद्देश्य अपने सामने रखने हैं इसका निर्धारण कर उन्हें शिक्षण अधिगम प्रक्रिया में बराबर प्रोत्साहित रहने तथा स्वाध्याय एवं स्वयं के प्रयत्नों द्वारा सीखने में प्रश्न बैंकों से उचित सहायता मिल सकती है।

इस तरह हम देखते हैं कि प्रश्न बैंकों से प्राप्त प्रश्न शिक्षक, छात्र तथा शिक्षण अधिगम से जुड़े हुए सभी व्यक्तियों को उनके अपने-अपने उत्तरदायित्व ठीक तरह से निभाने में यथेष्ट सहयोगी सिद्ध हो सकते हैं। इसकी सबसे बड़ी उपयोगिता उनकी इस विशेषता में छुपी रहती है कि जहाँ तक विषय संबंधी ज्ञान की जाँच तथा संपूर्ण व्यवहारगत मूल्यांकन का प्रश्न है इनके जैसे उपयुक्त प्रामाणिक, विश्वसनीय तथा यथार्थ संसाधन शिक्षक और शिक्षार्थियों को इतनी अधिक आसानी से उपलब्ध नहीं हो पाते। बाजार में आसानी से उपलब्ध होने के साथ-साथ इन्हें वे एन.सी.ई.आर.टी, विश्वविद्यालय अनुदान आयोग, राज्य पुस्तकालय, सार्वजनिक परीक्षाओं से जुड़े हुए संस्थान, महाविद्यालय तथा विश्वविद्यालय की पुस्तकालय सेवाओं द्वारा प्राप्त कर सकते हैं अथवा सूचना एवं विस्तार सेवाओं द्वारा अपने कप्यूटरों पर लोड कर सकते हैं।

मांग आधारित परीक्षा (Examination on Demand)

'मांग आधारित परीक्षा' उस मनोवैज्ञानिक सिद्धान्त पर आधारित है जिसके अनुसार जब एक विद्यार्थी को आवश्यकता या सुविधा हो तो उसके अनुसार उसकी मांग होने पर ही उसकी परीक्षा ली जाए। परीक्षा या आकलन के इस वैकल्पिक स्वरूप को शुरू करने की जरूरत परम्परागत परीक्षा प्रणाली में आवश्यक लचीलापन लाने की जरूरत के कारण ही महसूस की गई। यह तो एक खुला तथ्य है कि पूर्ण वर्ष में एक निश्चित तिथि पर एक बार या दो बार परीक्षा लेने की परम्परागत प्रणाली अधिगमकर्ता के आकलन में खुलापन और लचीलापन के मापदंड को प्राप्त नहीं कर सकती है। मांग आधारित परीक्षा (examination on demand) की अवधारणा विद्यार्थियों को जरूरी लचीलापन, खुलापन और स्वतन्त्रता देने के विचार के कारण ही अस्तित्व मे आई, जिससे विद्यार्थियों को अपनी अधिगम गति के अनुसार उनका मूल्यांकन या आकलन किया जा सके। साथ ही आकलन किए जाने के लिए उनकी तैयारी होने पर, किसी एक या अन्य समय में अपनी सुविधा के अनुसार परीक्षा देने के लिए इच्छुक होने पर उनका आकलन या मूल्यांकन किया जा सके।

इस प्रकार की आवश्यकता को महसूस करने के कारण ही राष्ट्रीय पाठ्यक्रम

प्रारूप –2005 में विद्यालय शिक्षा बोर्डों के लिए सुझाव दिया कि 'बोर्ड अपनी तैयारी इस तरह से कर सकते है कि मांग के अनुसार परीक्षाओं की व्यवस्था हो सके जिनमें शिक्षार्थी तब बैठ सकें, जब उन्हें लगे कि वे परीक्षा के लिए तैयार हैं।'

हमारे देश में मांग आधारित परीक्षा व्यवस्था को (i) 'नेशनल इंस्टीट्यूट ऑफ ओपन स्कूलिंग' द्वारा प्रशासित ओपन स्कूलिंग सिस्टम में विद्यालय शिक्षा के माध्यमिक स्तर पर और (ii) नेशनल सेन्टर फॉर इनोवेशन इन डिस्टेन्स एजुकेशन (NCIDE) IGNOU, नई दिल्ली द्वारा उच्चस्तर शिक्षा अवस्था पर अपनाया जा रहा है।

नेशनल इस्टीट्यूट ऑफ ओपन स्कूलिंग (NIOS) में मांग आधारित परीक्षा

नेशनल इस्टीट्यूट ऑफ ओपन स्कूलिंग सन् 2003 से माध्यामिक स्तर पर 'मांग आधारित परीक्षा' की अवधारणा पर कार्य कर रही है। इसका उद्देश्य है:

(i) सम्पूर्ण परीक्षा प्रणाली को समय के बन्धन से आजाद रखना।

(ii) विद्यार्थियों को अपनी इच्छा तथा तैयारी होने पर परीक्षा देने में सहायता करना।

इस प्रकार से NIOS के द्वारा मांग आधारित परीक्षा प्रणाली के द्वारा जिस आधारभूत अवधारणा की अनुपालना की जा रही है, उसके अनुसार विद्यार्थी इस संस्था द्वारा स्थापित परीक्षा केन्द्रों में, जब भी वे अपने आपको परीक्षा के लिए तैयार समझते हैं, परीक्षा देने के लिए जा सकते हैं।

माध्यमिक स्तर पर मांग आधारित परीक्षा व्यवस्था की सफलता से इस संस्था ने अक्टूबर 2007 से उच्च माध्यमिक स्तर पर भी यह परीक्षा प्रणाली प्रारम्भ कर दी है।

यह संस्था नोएडा और 13 उपकेन्द्रों के द्वारा माध्यमिक एवं उच्च माध्यमिक स्तर पर निम्न विषयों में मांग आधारित परीक्षा का संचालन कर रही है।

माध्यमिक स्तर पर: हिन्दी, अंग्रेजी, संस्कृत, गणित, विज्ञान, तकनीकी, सामाजिक विज्ञान, अर्थशास्त्र, गृहविज्ञान, व्यवसाय अध्ययन, मनोविज्ञान, डाटा एन्ट्री ऑपरेशन, भारतीय संस्कृति और विरासत तथा चित्रकला।

उच्च माध्यमिक स्तर पर: हिन्दी, अंग्रजी, संस्कृत, गणित, भौतिकी, रसायन विज्ञान, जैविकी विज्ञान, इतिहास, भूगोल, राजनीति विज्ञान, अर्थ शास्त्र, व्यवसाय अध्ययन, एकाउन्टेन्सी, गृह विज्ञान, मनोविज्ञान, समाजशास्त्र, चित्रकला, पर्यावरण विज्ञान, और डाटा एन्ट्री ओपरेशन।

प्रश्नपत्र का माध्यम: प्रश्नपत्र अंग्रेजी और हिन्दी माध्यम में उपलब्ध होते हैं। हालांकि क्षेत्रीय भाषाओं के विद्यार्थियों को प्रश्नपत्र का उत्तर क्षेत्रीय भाषा में देने की छूट होती है। परन्तु क्षेत्रीय भाषा में प्रश्नपत्र नहीं दिया जाता है।

इंदिरा गाँधी राष्ट्रीय मुक्त विश्वविद्यालय (IGNOU) में दूरवर्ती शिक्षा में मांग आधारित परीक्षा (On Demand Examination in Distance Mode of IGNOU)

इंदिरा गाँधी राष्ट्रीय मुक्त विश्वविद्यालय (इग्नू) नई दिल्ली द्वारा संचलित दूरवर्ती शिक्षा व्यवस्था में मांग आधारित परीक्षा प्रणाली पूर्णरूप से कार्य कर रही है। इग्नू अपने 18 क्षेत्रीय केन्द्रों की सहायता से 135 से भी ज्यादा कोर्सों में मांग आधारित

परीक्षा का संचालन करा रहा है। यह अपने दूरवर्ती शिक्षा कार्यक्रम के विद्यार्थियों को अपनी आवश्यकता और सुविधा के अनुरूप मांग आधारित परीक्षा मे बैठने की अनुमति देता है। इस व्यवस्था की सबसे अच्छी बात यह है कि इसमें विद्यार्थी ऑनलाइन रजिस्ट्रेशन शुल्क जमा कर सकते हैं ऑन लाइन उपस्थिति का रिकार्ड रखा जाता है। सॉफ्टवेयर अपने शिक्षक वर्ग द्वारा प्रदत्त डिजाइन और ब्ल्यूप्रिन्ट के अनुसार बहुत सारे अलग-अलग तथा समानान्तर प्रश्नपत्रों को तैयार करता है। इस समय इग्नू अपने 18 क्षेत्रीय केन्द्रों ऐजवाल, भुवनेश्वर, कोची , चेन्नई, देहरादून, दिल्ली-1, दिल्ली-2, हैदराबाद, जबलपुर, जम्मू, जयपुर, करनाल, कोरापट, मदुरै, नागपुर, नोएडा, राँची और श्रीनगर द्वारा विभिन्न कार्यक्रम के 135 कोर्सों में मांग आधारित परीक्षा की सुविधा उपलब्ध करा रहा है।

मांग आधारित परीक्षा प्रणाली के मुख्य लाभ (The main advantage drawn through the system of On Demand Examination–ODE)

मांग आधारित परीक्षा व्यवस्था से प्राप्त किए जा सकने वाले लाभों को संक्षेप में निम्न प्रकार से अभिव्यक्त किया जा सकता है:

- यह विद्यार्थियों को, जब भी वे तैयार हों तो परीक्षा देने की अनुमति प्रदान करता है। यह तैयारी संस्था या विभाग पर नही बल्कि विद्यार्थियों पर निर्भर करती है।
- यह विद्यार्थियों को अपनी परीक्षा की तिथि का चयन करने की अनुमति देता है।
- यह परीक्षा में फेल होने के भय को कम करता है।
- यह सत्र के अन्त में होने वाली परम्परागत परीक्षा से सामान्यत: उत्पन्न भग्नाशा या हताशा (frustration), आत्मगौरव की समाप्ति (loss of self esteem), सहपाठियों की भर्त्सना (Peer group redicule) और निराशा (depression) आदि को दूर करता है।
- इसमें विद्यार्थी अपने अधिगम निष्पति के स्तर और डिग्री के बारे में स्वयं निर्णय लेता है। निष्पत्ति स्तर असन्तोष जनक होने पर उसमें सुधार करने के लिए वह जितनी बार चाहे परीक्षा में बैठ सकता है, जब तक कि उसे सन्तुष्टि प्राप्त न हो जाए।
- यह व्यवस्था परीक्षा में होने वाली दूषित प्रवृत्तियों पर भी अंकुश लगाती है क्योंकि यह एक ऐसी व्यवस्था है जिसमें प्रत्येक वैयक्तिक विद्यार्थी के लिए अलग-अलग परीक्षा उपकरण का प्रयोग किया जाता है। प्रश्न पत्र विद्यार्थी के कठिनाई स्तर के अनुसार अलग-अलग होते हैं।
- मांग आधारित परीक्षा विद्यार्थी की वैयक्तिकता और प्रभुसत्ता का सम्मान करती है।

References and Suggested Readings

Adams, G.S. *Measurement and Evaluation in Education, Psychology and Guidance*, New York; Holt, Rinehart and Winston, 1964.

Ahmans, J.S. and Glock, M., *Evaluating Pupil Growth,*, Boston; Allyn and Bacon, 1959.

Best, J.W. and Kahn, J.V., *Research in Education*, (10th edition), New Delhi; PHI Learning Pvt. Ltd.,2010

Bhargava, Mahesh, *Modern Psychological Testing and Measurement*, (VII ed.), Agra; Harprasad Bhargava, 1987.

Bloom, B.S., Hasting, J.T. and Madaus, G.F., *Hand Book on Formative and Summative Evaluation of Student Learning*, New York: McGraw-Hill, 1971.

Bloomers, P and Lindquist, B.F., *Elementary Statistical Methods in Psychology and Education*, New York: Houghton Mifflin, 1960,

Crisewell in J.L. Moreno, *The Sociometric Reader, Glencoe*, Illinois: The Free Press, 1960.

Cronbach, L.J., *Essentials of Psychological Testing* (3rd ed.), New York: Harper and Row, 1970.

Encyclopaedia Britannica, Erickson, F; Qualitative Methods in Research on Teaching in M.C. Wittrock (Ed.), *Hand Book of Research on Teaching* (3rd edition), New York: Macmillan, pp. 119-161

Garrett, H.E., *Statistics in Psychology and Education* (6th Indian ed.), Vakils, Feffer and Simon, Bombay: 1971.

Good, C.V., *Dictionary of Education*, New York: McGraw-Hill, 1959.

Gronlund, N.E. and R.L. Linn, *Measurement and Evaluation in Teaching*, (5th ed.), New York; Macmillan,1990.

Loftland, J. *Analysing Social Settings: A Guide to Qualitative Observation and Analysis*, Belmont, CA; Wedsworth.

Moreno, Jacob Levy, *Who shall Survive?* Beacon, NY: Beacon House 1934, Revised edition 1953

NCERT, *National Curriculum Framework for School Education*, New Delhi: NCERT Publication Department, 2005.

Report of the Secondary Education Commission (1952-53), New Delhi: Ministry of Education, Govt. of India, 1953.

Report of Education Commission (1964-66), New Delhi: Ministry of Education, Govt. of India (1966).

Remmers, H.H., Gage, N.L. and Rumel, J.F., *A Practical Introduction to Measurement and Evaluation*, New York: Harper and Row, 1960.

Stufflebeam, D.L. et. al, *Educational Evaluation and Decision Making*, Bloomington: Phi Delta, Kappa, 1971.

Tate, M.W., *Statistics in Education*, New York: McGraw-Hill, 1956.

Torgerson, T.L. and Adams, G.S., *Measurement and Evaluation*, New York: John Wiley, 1966.

Wrightstone, J.W., Hustman, J. and Robbins, G., *Evaluation in Modern Education*, New York; American Book Company, 1956.